本书系国家社会科学基金青年项目

"社会主义文化边界及其形塑路径研究"（20CKS011）结项成果

STUDY ON THE BOUNDARY
OF SOCIALIST CULTURE AND ITS SHAPING PATH

社会主义文化边界
及其形塑路径研究

刘旺旺 ｜ 著

上海三联书店

目 录

绪论　社会主义文化边界的研究理路

　　边界的存在由来已久，历史上关于边界的纷争也屡见不鲜。边界及边界意识在人们的日常生活中极为常见，但它是一种察而不觉、用而不知、体而不言的客观存在。在历史发展中，边界的内涵与外延不断扩展，已远远超出人们惯常意识中有形的物理边界和地理边界，走入无形的文化边界和思想边界。人们对边界问题的认识也随着历史的发展和实践的丰富不断深化与演变。无形的文化边界在全球化、市场化、信息化背景下逐渐走进世人的视野，成为人们关注和研究的焦点。文化边界作为特定文化的思想界域、活动场所、存在空间和影响范围，有别于有形的地理界线和鲜明的行政界线，标识着不同文化在历史发展中所形成的差别意识。科学社会主义诞生以来，以马克思主义理论为指导，以社会主义实践为基础，社会主义文化有了自己的边界。社会主义文化边界内含在社会主义的历史之中，并在其现实运动中不断得以形塑与发展。

一、　选题依据

　　对于一个良序发展的社会来说，文化是一个永不过时、常谈常新的话题。正因如此，文化也一直是不同时代、不同国家、不同阶层、不同学科关注最多、谈论最多的话题。改革开放以来，中国社会出现的"文化热"一直没有降温，"文化学"也成为一种名副其实的"显学"。中国特色社会主义进入新时代，中国共产党提出了建设社会主义文化强国的奋斗目标，并明确了路线图和敲定了时间表。时代的发展、社会的进步、人民的期待，给社会主义文化的理论研究与实践发展提出了诸多新课题。但是，有一个基础性、前提性的问题横亘在人们面前需要回答，即什么是社会主义文化？社会主义文化有何规定？这本质上是一个边界问题。因为只有把这个问题说清楚、讲明白，人们才能更好增强文化自信、推进文化自强、铸就社会主义文化新辉煌。诚然，现时代的社会主义文化呈现出多元、多样、多变的特征，但在一些涉及根本性质和整体走向的基本问题上，必须要有明确的边界。唯有此，社会主义文化才能达到激浊扬清、革故鼎新的优质发展，中国特色社会主义文化才能实现行稳致远、康良有序的美好发展。本课题的选题依据主要基于以下三个方面的考量：

一是问题意识，回答人们对社会主义文化边界的种种疑问。问题意识是指人们在认识活动和实践活动中，经常会遇到一些难以解决的、令人疑惑的实际问题或理论问题，并产生一种怀疑困惑的心理状态和刨根问底的探究冲动。从这个意义上说，问题是人类社会进步的重要动力之一。每个时代总有属于它自己的问题以及由此产生的话语表达。当然，问题的类型有多种多样，有理论问题，也有实践问题，有历史问题，也有现实问题，等等。问题的生成也有不同渠道，可以从对话中产生，可以从争论中寻找，可以从经典中析出，可以从实践中探微。就社会主义文化边界研究而言，至少存在以下问题：文化是什么？或什么是文化？文化是否存在边界？或文化边界是否存在？社会主义文化边界是否成立？如果成立，其价值和意义又在哪里？如何正确把握社会主义文化边界？如何判断社会主义文化中的越界行为？如何在社会主义文化发展中守正创新？如何在社会主义文化发展中处理好多种关系？这些问题逐渐成为摆在中国共产党面前的严肃而又重要的课题，也成为经常萦绕在每一个抱有历史使命感和社会责任感的公民心中的问题。从大的方面说，上述问题关乎社会主义文化强国建设，从小的方面说，上述问题关涉每个公民对美好生活的追求。破解上述问题的一个关键就在于对社会主义文化边界予以学术梳理和理论回答。因此，基于对问题的追问与解答构成了本课题研究的一个特色。

二是思想脉络，研究社会主义文化边界的话语表达与演进。从概念角度来讲，社会主义文化是一个内涵不断丰富的、外延不断扩展的范畴。当代中国，坚持中国特色社会主义文化发展道路，就是要通过增强文化自信，围绕举旗帜、聚民心、育新人、兴文化、展形象来建设社会主义文化强国，发展面向现代化、面向世界、面向未来的，民族的科学的大众的社会主义文化。因此，社会主义文化的当代中国形态就是中国特色社会主义文化。社会主义文化的边界伴随着社会主义的历史进程，在演进中凸显，在凸显中形塑。在不同历史时期，社会主义文化所依存的国度和所存在的形态也各不相同，因此其边界的话语叙事也有所差异。有些话语随着时空环境的转换逐渐淡去，有些话语随着社会历史的前进渐次涌入，有些话语作为社会主义的底色依然鲜亮，有些话语作为社会主义的创新光彩照人。因此，有必要从思想层面对社会主义文化边界做一个历时性的梳理。这就需要关注以下问题：马克思、恩格斯关于社会主义文化边界有何认识与关注，列宁关于社会主义文化边界有何阐释与发展，中国共产党人关于社会主义文化边界有何继承与创新。梳理发现，马克思、恩格斯、列宁以及中国共产党人在其著作中流露着强烈的边界意识，也有着诸多的边界话语。如恩格斯在《家庭、私有制和国家的起源》中论述国家产生时写道："国家是承认：这个社会陷入了不可解决的自我矛盾，分裂为不可调和的对立面而又无力摆脱这些对立面。而为了使这些对立面，这些经济利益互相冲突的阶级，不致在无谓的斗争中把自己和社会消灭，就需要有一种表面上凌驾于社会之上的力量，这种力量应当缓和冲突，把冲突保持在'秩序'的范围以内；这种从社会中产生但又自居于社会之上并且日益同社会相异化的力量，就是国家。"[1] 这

---

[1] 《马克思恩格斯文集》第 4 卷，人民出版社 2009 年版，第 189 页。

段话中的"秩序"就是一种边界的话语表达，即国家诞生最直接的目的就是把社会冲突保持在一定的边界范围内，超出这个边界就会出现"革命性"的结局。因此，基于经典文献的思想挖掘和脉络梳理构成本课题研究的又一特色。

三是现实关怀，阐述社会主义文化边界的当代形态与要求。文化的现实比社会其他的现实更难为人所知。社会主义文化边界的存在更是如此。在历史之流与时空之维中，社会主义文化边界以不同的理论形式和话语表达演绎着。党的十八大以来，习近平多次强调在宣传思想工作中要"增强阵地意识"，在新闻舆论工作中要"掌控新闻舆论阵地"，网络舆论不能"超越了宪法法律界限"，文艺创作不能"观念没有善恶，行为没有底线"，不能"不讲对错，不问是非，不知美丑，不辨香臭"。这些论述本质上强调的是社会主义文化边界问题。这些问题在当今文化生活中是尤其突出存在的。如在现实文化生活中，"搬弄是非、颠倒黑白、造谣生事"造成的越界行为时常发生。在资本逻辑的左右下，文化领域出现了"无底线"的急功近利创作、"无节操"的低级趣味创作、"无厘头"的粗制滥造创作。对此，习近平特别强调："现在社会上出现的种种问题病根都在这里。这方面的问题如果得不到有效解决，改革开放和社会主义现代化建设就难以顺利推进。"[1] 心有所畏，其业可兴，行有所畏，其事可成。何者当行，何者当止，何者为己，何者益人，皆有量度，有其边界。明白人与人之间、物与物之间、人与物之间的边界，就会促使人类社会朝着良好的目标进步。生活中存在各种各样的边界，问题是要认识并接受这些边界，并让自己的行为保持在边界之内。人是有思想、有追求的存在物。有了这种创造人生意义的主观能动性，就有了应对和战胜风险危机的勇气和智慧。生活的理想是为了理想的生活，人生的终极意义在于幸福。我们提出文化边界、明晰底线、预判风险，目的是为了底线发力、把控风险，实现对幸福美好生活的向往。

---

[1]　习近平：《在文艺工作座谈会上的讲话》，人民出版社 2015 年版，第 22—23 页。

二、　研究内容

任何一项有意义的研究，必定有明确清晰的研究对象。本课题研究的对象是社会主义文化边界及其形塑路径。社会主义文化边界命题的提出，强调的是不同形态文化间要承认"边界差异"，秉持"和而不同"；不同结构文化间要尊重"边界规律"，遵循"差序有质"；文化政策方针要有其适用的"边界范围"，拒绝"囫囵吞枣"；思想文化领域要时刻不忘"边界意识"，担起"守土重任"。因此，提出社会主义文化边界是为了更好地促进社会主义文化的良序发展，这是我们寻找解决问题的策略，而不是一种具体的操作办法。基于此，课题认为社会主义文化边界存在形态域、结构域、限度域、意识域四个场域。换言之，社会主义文化边界要从这四个方面或维度进行理解与把握。

每种社会形态都有其具体的价值取向和特定的价值目标，社会主义亦是如此。科学社会主义自诞生之时起，就有自己鲜明的价值立场、价值取向和价值目标。这些构成了科学社会主义的边界规定。当然，科学社会主义所具有的边界规定不是一种先验的设定，更不是一种静止的状态，相反，它随着社会发展而不断丰富与完善，并扎根于现实运动之中。社会主义文化边界研究有两个方面的基本向度：一是从理论或思想叙事来看，包括马克思、恩格斯关于社会主义文化存在形式的边界标识、发展方式的边界厘定、应有样态的边界导向等相关论述，也包括列宁在领导苏俄社会主义实践中关于文化的边界限度、边界需要、边界扩容等方面的创新，还包括以毛泽东、邓小平等为主要代表的中国共产党人在上述方面的继承与发展。二是从实践或现实发展来看，包括社会主义文化在马克思、恩格斯所处时代和国度的呈现样态，也包括社会主义文化在列宁所处时代和国度的发展变化，还包括社会主义文化在中国革命、建设和改革进程中不同时期的守正创新。因此，对社会主义文化边界的研究，主要是结合科学社会主义诞生以来的理论创新和实践发展，在研读马克思主义经典著作基础上，每一个部分都努力将经典文献、理论叙事、实践发展、现实关照结合起来进行论述，把研究建立在扎实的文献、理论、历史、现实的基础之上。

边界意识是研究社会主义文化的重要思维方法。因此，课题紧扣"社会主义文化边界"进行深入研究，尽量避免将概念泛化和内容扩大，从而不至于大而不当，也不至于妄自菲薄。因为一旦陷入概念的纠缠中，就会走入"大而无边"或"窄而无路"的尴尬境地。课题分六章内容研究社会主义文化边界的相关概念、理论支撑、研究对象、基本特征、历史表达、变迁动力、当代形态、现实境遇、功能分析、时代症候、优化路径等基本问题。课题通过研究试图回答以下问题：第一，社会主义文化边界是否成立？如果成立，它的理论基础是什么？第二，社会主义文化边界的研究对象是什么？它又有何基本特征？第三，社会主义文化边界的历史表达是什么？又是什么因素促使了它的变迁？第四，社会主义文化边界在当代中国有何表现？它又处在何种境遇之中？第五，社会主义文化边界有何功能？它又面临哪些时代问题？第六，社会主义文化边界形塑的思路、原则、方法是什么？基于对上述问题的追问与思考，课题聚焦以下内容进行研究：

第一，提出"社会主义文化边界"的命题，研究它的相关概念和理论，梳理其思想脉络，论证其成立根据。这部分研究是基础和前提，主要包括：一是研究边界的历史发展与内涵演变，提出边界不仅是指物理空间的边界，而且包括思想文化的边界。人类历史发展是不断扩大地缘边界、扩展文化边界、扩延认知边界的过程，也是不断突破边界与建构边界的过程。在承认社会变革与范式转换之间存在密切关系的基础上，研究边界的相关概念，扩展对边界的理解，进而更好应对时空变化中边界的日益复杂化和日趋多样化，以及改变一直以来人们对于边界理论研究和建构实践的简单刻板认知。二是研究文化边界及其基本表征。研究世界上的不同国家正是因为核心价值的相异、宗教文化的区别、地域文化的差异、民族文化的不同才得以从文化上做出具有边界意义的区分。

不同的文化深深影响着人们的思维方式和文化行为，构成了他们隐形的价值导向和行动指南，体现着人对善恶对错的判断与选择。同时，它作为一种规范和调控机制，引导和塑造着人们的文化观念、价值态度和行为选择。三是研究社会主义文化边界的相关理论与基本特征。梳理文化边界在不同学科的多维叙事，增强社会主义文化边界的理论支撑。一种形态的文化区别于其他形态的文化，必然有属于自身的特征。因此，研究还明确了社会主义文化边界的基本特征，夯实其根基，从而防止走入边界认识的思想误区和实践盲区。

第二，梳理社会主义文化边界在不同阶段的话语叙事以及变迁的动力因素。社会主义文化边界在不同时期的经典著述中多有表达，这些构成了课题研究的学理根基。人和事在变化着，文化的边界也在变化着，社会主义文化也处在一个不断变化的场域中。它编织着无限的文化价值，扩展着有限的文化边界，时而简单，时而复杂，时而平稳和谐，时而强烈刺激。社会主义文化边界作为社会主义在文化领域的价值规定和目标指向，需要始终坚持社会主义的本质属性。这部分重点研究马克思、恩格斯、列宁关于社会主义文化边界的经典论述，研究中国共产党在百年奋斗进程中，基于不同的历史时期、依据不同的社会矛盾、面对不同的人民期待，其在坚守社会主义文化的本质规定与核心要义中，对社会主义文化内涵与外延的守正创新。与此同时，还要分析原初的社会主义文化、苏联的社会主义文化、中国的社会主义文化在历史流变和时空转变中边界变迁的原因。纵观社会主义发展史，不管社会主义的发展经历了怎样的曲折、演绎了怎样的实践，不管社会主义的理论出现了怎样的争论、表达了怎样的期待，社会主义都因其独特的价值追求和实践探索与其他一切社会形态区别开来。社会主义文化边界的变迁也只有放长视线、放宽视野才能看得更清楚、见得更明白。因此，回到历史语境和时代场景中，把不同阶段的话语叙事与不同时期的动力因素结合起来分析，更能阐明社会主义文化边界的发展脉络与变迁动因。由此也可窥探出，社会主义文化本身是"一导多元"的表现形态，且蕴含着丰富的诠释之可能，切不可陷入封闭、僵化、教条的思维定势和固有认知中去。人们可以根据具体的实际对其进行阐释，在不失本相的前提下坚持守正创新，表达出社会主义文化生机勃勃、与时俱进、守正创新的精神风貌和应有品质。

第三，明晰社会主义文化边界的当代形态、现实境遇、所具功能、时代症候。一是重点阐述党的十八大以来，习近平关于社会主义文化边界的相关论述，包括在宣传思想工作、新闻舆论场域、文学艺术创作、网络虚拟空间、价值观念叙事、文化制度实践等方面的重要论述。二是指出今日中国文化发展面临的环境已不同于传统社会的封闭环境，更不同于近代中国的压迫环境，而是要在竞争、开放、虚拟的环境中建设社会主义文化强国，助力民族伟大复兴之伟业。因为，考量研究对象所处的时空环境是破解其命门的前提所在，否则，就会滑入主观主义或虚无主义的泥潭。三是研究社会主义文化边界所具有的相关功能。从功能的角度看，文化在人类发展与民族进步中作用的发挥是由文化所具有的功能决定的。因此，文化的功能贯穿在人类历史发展之中，国家的发展、民族的进步、文明的提升与文化的功能都具有密切关联。四是探析社会主义文化边界所存在的问题。因为只有把问题阐明了，才好"对症施策"。研究市场经济的竞争环境中出现的资本逻辑对文化工作边界的践踏，研究一体多元的开放环境中出现的多样文化对主流文化边界的侵扰，研究网络时代的虚拟环境中出现的虚拟文化对现实文化边界的销蚀，研究"全球一家"的时代环境中出现的西方文化对中华文化边界的渗透。

第四，从思路谋划、原则要求、体系构建三个方面探究社会主义文化边界形塑的路径。社会主义文化边界的形塑在当今时代和社会发展中具有重要价值：一是推进文化自信自强的需要。革命文化和社会主义先进文化是社会主义文化的重要组成部分，更是坚定文化自信，实现文化自强的构成要素，形塑好社会主义文化边界有助于铸就社会主义文化新辉煌。二是维护文化安全的需要。全球化、市场化、信息化的迅猛发展不断改变着国家间综合国力的竞争方式。两极对立格局的不复存在使得硬实力的牵制力式微，软实力的竞争力凸显。文化交流交融的频繁使得文化间的交锋更加激烈，西方发达国家乘机打着"普世价值"的旗号实施文化和价值输出，利用文化竞争优势维护其文化霸权和意识形态话语霸权。这就要求必须重视社会主义文化边界的形塑。三是提高国家文化软实力的需要。在"西强东弱"的国际文化格局中，形塑好社会主义文化边界有助于提高中国自身的文化软实力。四是践行社会主义核心价值观的需要。形塑好社会主义文化边界有助于掌握价值观念领域的主动权、主导权、话语权。基于此，关于社会主义文化边界的形塑路径主要研究：一是在思路谋划上，要处理好文化方向、文化创新、文化传承、文化建设、文化样态、文化品位等多方面的辩证关系。二是在形塑原则上，要秉持阶级性原则、法律性原则、民族性原则、先进性原则、开放性原则、人民性原则、科学性原则等。这些原则是对社会主义文化边界的规定，也是社会主义文化边界形塑的要求。如强调社会主义文化边界必须站在无产阶级和人民群众的立场上，维护其利益。如强调社会主义文化边界必须在国家的法律法规范围之内，不能超出法律法规的界限。最后，着眼于体系建设提出社会主义文化边界形塑的具体方法。

三、　研究思路

研究社会主义文化边界需要有扎实的文献功夫、广阔的学术视野和强烈的现实关怀。课题以厘清相关概念为切入点，考其流化，辨其委源，分析社会主义文化边界的内涵和特征，从马克思主义发展史的视角探寻社会主义文化边界的历史表达、基本特征、重要地位，在此基础上研究社会主义文化边界存在的正向功能及失守的负面效应，最后研究新时代背景下如何形塑社会主义文化边界。依据这样的思路，课题在研究过程中注重把握以下原则：

一是聚焦主题进行系统研究。社会主义文化边界是一个系统的理论体系，也是历史的、具体的现实存在，要认识它、理解它，既要对它的相关概念、基础理论和影响因素做完整性分析，又要对它的历史表达、基本特征和重要地位做历时性考察，还要对它的现实形态、存在境遇、面临问题进行共时性探究。课题研究力求在"经典思想的现实回响，现实问题的思想探源"之间形成良性互动和有机融合，进而增进人们对社会主义文化边界问题的认识和研究。提出问题是课题研究的重要前提，分析问题是课题研究的必经环节，解决问题是课题研究的最终归宿。因此，课题以"何种状态、为何形塑、如何形塑"为抓手，厘清社会主义文化边界变更的影响因素及正面功能与负面效应，从多方面探寻社会主义文化边界的形塑之道。从整体上研究和回答社会主义文化边界"是什么"、"为什么"、"塑什么"、"怎么塑"等问题。上述关于社会主义文化边界的研究在课题中不是以集中方式呈现出来的，而是在每一章中依据逻辑演进和内容编排分别呈现出来。当然，本课题的研究也只是一个初步的思考与探索，其中涉及的每一个问题都还有很大的研究空间。因此，本课题研究的真正意义也许不在于社会主义文化边界本身，而在于引起人们对此问题的关注、讨论与重视，以寻求对社会主义文化边界的基本共识。

二是紧扣原著进行思想阐发。长期以来，人们对马克思主义文化理论呈现出一种"若即若离"的忽视态度。随着时代主题的转换，依据社会发展的要求，马克思主义文化思想越来越受到人们的重视，并作为一个重要的研究领域发展起来。但不可回避的是，文化是一个较为宏大的概念，内涵丰富，外延较大，这就需要通过分析归纳突出研究重点，望闻问切找出内在关联。因此，课题在研究过程中，始终秉持"从边界的视角看文化，从文化的视角看边界"，通过研读经典和解读原著，掌握马克思主义经典作家和中国共产党人关于边界、文化边界、社会主义文化边界的相关论述，厚实研究成果的学理性。在努力呈现经典本相的同时，挖掘流变中的思想资源和理论问题，在此基础上思考如何形成新表述、新观点、新思想。学术界关于边界研究的著作近年来成果颇多。如贺来的《边界意识与人的解放》、薛涌的《中国文化的边界》、澳大利亚学者乔治·戴德的《自我边界》、美国学者戴维·温伯格的《知识的边界》，以及美国学者伊恩·夏皮罗和卡西亚诺·海克考登主编的《民主的边界》，等等。但是，这些成果较为分散，观点也不集中。因此，本课题从"边界"视角切入社会主义文化研究，一方面增强马克思主义文化研究的学术深度，拓展马克思主义文化研究的学术视野，另一方面从马克思主义学科的立场对边界问题做出自己独特的回答。同时，课题研究坚持理论叙事与实践发展相映照，坚持尊重原典与解析思想相结合，切实探索社会主义文化边界的形塑之道。

三是跨学科比较增强学术借鉴。研究社会主义文化边界不能走入自说自话的泥潭，特别需要有宽广的学术视野。因此，课题研究借鉴了地理学、政治学、文艺学、经济学、哲学等不同学科关于文化边界的相关成果。如政治学领域有学者提出"权力的边界必须限定"，有学者提出"党内民主有其边界"，还有学者提出"协商民主的边界"。上述种种，不同的学者从不同的角度都表达出政治行为的开展不能是没有边界的。人天生是政治的动物，更是具有文化的动物，集政治意识与文化知识于一身的人必须要认识到政治行为的发生离不开文化边界的形塑。通过学术史的梳理发现，国内外学者们强调的并非是对现时代社会主义文化发展的否定和回拒，而只是对其以工具理性遮蔽价值理性、以理性逻辑遮蔽文化信仰的批评。他们强调的是文化发展要遵循自身规律，守得住边界和底蕴。就其成果形式来说，文本解读较多而价值探讨较少，理论阐释较多而学理分析较少，期刊报纸文章较多而著作成果较少。这也为后人的研究提供了新的增长点：一是系统性研究的加强。目前学术界对这一问题的研究较为分散，或从道德边界的视角切入，或从网络边界的视角切入，将社会主义文化边界作为一个整体进行系统性研究较为薄弱。二是深层性研究的丰富。学者们从不同学科、不同视角都提出要关注社会主义文化边界，但对社会主义文化边界内涵的深入性研究较为不足，需要从单一学科认识走向跨学科分析。三是文化边界的形塑路径的整合。

社会主义文化边界需要形塑已达成共识，但具体如何形塑，学术界仍有不同的意见分歧，对策路径研究略显薄弱，需要进一步整体性研究。

四、 研究意义

有了边界思维，才会有积极向上的生活态度和人生追求；有了边界思维，才会有真正的自律自省，进入从容豁达的人生境界；有了边界思维，才会有备无患、遇事不慌，牢牢掌握主动权。这里，提出并强调社会主义文化边界，其价值在于达到两个"力求"。之所以用"力求"是因为在文化认知上，实现人人心怀边界意识且不放松几乎是不可能的，在文化实践上，做到人人践行边界价值且不触碰也是不太现实的。因此，实事求是的价值意义在于"力求"的达成。

第一，文化认知上，力求实现"心中有边界"。"不自重者取辱，不自畏者招祸，不自满者受益，不自是者博闻。"[1] 文化首先是一种"形而上"的意识存在。因此，社会主义文化边界研究的首要价值在于提醒人们在文化认知上力求实现"心中有边界"。之所以强调这一点，是因为在社会主义文化发展中，出现了边界的失守，如红色地带淡漠、黑色地带恶化、灰色地带蜕变；边界的模糊，如核心文化与外来文化边界模糊、主流文化与大众文化边界模糊、高雅文化与低俗文化边界模糊；边界的虚化，如虚无历史文化、虚掩文化之用、虚浮线上线下，等等。究其原因在于文化认知上的边界意识缺乏，因为在现实生活中，既有法律法规的规范，又有政策方针的规引，更有风俗习惯的规约，但践踏边界的文化行为却不断上演。诚然，这与法律法规不健全，政策方针不明晰，风俗习惯不刚性有关，但本质上还是作为文化行为发生主体的人在文化认知上发生了偏向，或被利益诱惑，或被金钱收买，或被权力蒙蔽。就现实生活中的个体而言，首先需要的是关于自我存在的清晰边界

1　《格言联璧·持躬》。

意识，明确行为的限度。敬畏边界方能导向生活的秩序化，进而还原出人自身应有的生存样态，实现人生价值。

德国思想家马克斯·舍勒（Max Scheler）在《价值的颠覆》中提出了"羞感"存在与人的生存方式问题。他说："人在深处感到并知道自己是介于两种存在秩序和本质秩序之间的一道'桥梁'，一种'过渡'，他同样牢固的植根于这两种秩序之中，片刻也不能放弃它们，否则他就不再成其为'人'。"[1] 在他看来，神和动物都是不存在"羞感"的，唯有在人的身上存在。"但是人必须害羞——并非出于这种或那种'原因'，也不是因为他主要'面对'此者或彼者，而是因为他作为这种处于持续运动之中的过渡本身。归根究底，他是因为他自己并在他心中的上帝'面前'害羞。"[2] 人既不是上帝，也不是一般性动物。人一方面要面对自身的本质，一方面要面对社会的存在，欲求在两种秩序之间实现平衡与和谐，就要在自我的心中树立"害羞"意识。这种发自人内心的"害羞"意识移植到人的文化认知上来说，就是心中要有"边界"意识。随着全球场景的转换和社会结构的变化，基于特定环境存在的文化生态不可能一点不受影响。但是，社会的稳定与发展确实要求一些基本的行为准则与规范必须遵守。人们可以利用时代发展创造的有利条件做各式各样的事情，追求属于自己的目标，享受属于自己的生活，但无论如何，有些边界绝不能破，有些底线绝不能越。而现时代的社会文化生态恰恰亟需的是，提醒人们要守住心中的文化边界，守住社会主义文化边界，做先进文化的积极践行者，做优秀文化的忠实弘扬者。

第二，文化实践上，力求践行"时时敬边界"。内心认同才能自觉践行，但这两者之间并不存在必然性关联。假若作为思想认知前提的边界意识不清，那么在行为上就会不知敬畏边界，有意无意、时而不时地

1　[德] 马克斯·舍勒：《价值的颠覆》，刘小枫编，罗悌伦等译，生活·读书·新知三联书店1997 年版，第 168 页。

2　[德] 马克斯·舍勒：《价值的颠覆》，刘小枫编，罗悌伦等译，生活·读书·新知三联书店1997 年版，第 168 页。

跨越边界，进而社会生活也会是无序和混乱的，要达成和谐与取得稳定则更加是不可能的。当今社会，文化观念千帆竞发，思想观点百舸争流，不同群体拥有不同的利益诉求、价值取向和思维方式。但是不管人们追求什么样的文化生活或价值目标，都有一些基本的规则不能违反，有一些基本的界限不能逾越。如不能杀人掠夺、不能坑蒙拐骗、不能违反规律、不能为所欲为、不能草菅人命、不能肆无忌惮等。当然这是人作为人的自然义务，更是人之为人最基本的边界底线。另外，边界也是分层次、分场域的，"分层次"体现在对不同身份的人要求不一样，如教师要守师德，医生要守医德，官员要守政德，商人要守信德；"分场域"体现在对不同领域的事要求不一样，如不能以陈旧眼光看待现代文化，不能以现代标尺衡量传统文化。理解边界的概念和意义会让我们的思维产生质的提升，因为它让我们用不同的、更加认真的态度面对世界。生活中，社会主义文化边界的理论似乎简单，但要真正使人们认识并接受这些边界，并让自己的行为保持在边界之内并不容易。

纵然我们生存的世界和我们生活的国家，拥有的文化有太多的不完美，如传统文化的包袱"过重"，现代文化的进程"过急"，多元文化的交融"易乱"，主流文化的引领"不足"等，但是通过制度化来规范人们的边界行为，通过行为规范来构建稳健的边界秩序，通过秩序来实现边界融合而免于断裂，构成了我们不能放弃追求美好生活的目标和努力。因此，我们不能无视边界的存在，更不能否定人们已经建立的边界行为法则。如果不以正当的、合宜的、正义的方式建立起边界秩序，不论在何种边界意义上，都必将导致边界的断裂。人们的文化生活乃至社会生活都将陷入普遍性的困境，社会良好公共秩序的形成更是妄想。因为，"一个社会的稳定与发展确实极大地依赖于把这种逾越行为控制在一个很小的、不至蔓延的范围内，这不仅要靠健全的法律和制度规范，也要靠良心，靠我们内心的道德信念。"[1] 人的行为最基本的是要遵循一

1　何怀宏：《底线伦理》，辽宁人民出版社 1998 年版，第 6 页。

定的边界。只有靠我们自己的理性和良知，靠我们自己的实践和努力，才能去创造属于我们自己的新的生活方式。只有当遵循边界发展成为一种习惯时，当外在的边界化成内在的准则时，思有所"虑"、心有所"戒"、行有所"惧"，始终敬畏道德的力量和法律的威严，人们才能到达一种"从心所欲而不逾矩"的美好状态。

第一章　社会主义文化边界的相关概念与理论

概念的追问与理论的梳理是学术问题研究的一个起点。社会主义文化边界的研究首先要直面回答这一元问题。诚然，回答这一问题需要漫长而艰巨的探究，但首先需要厘清的是相关概念和理论，借此提供一种思想史的镜像观照，进而梳理并理解社会主义文化边界的建构理路。因此，本章主要论述两个问题：一是社会主义文化边界的相关概念，二是社会主义文化边界的基础理论。前者旨在通过相关概念的梳理和明确，论证社会主义文化边界的概念是成立的。后者旨在通过基础理论的支撑和阐述，论证社会主义文化边界的表达是多元的。

一、社会主义文化边界的相关概念

在自然状态下，文化与边界难解难分、彼此影响，一方面文化中蕴含着边界的要求，另一方面边界将不同的文化区别开来。但在人类历史发展中，边界总是被文化所遮蔽，以至于人们关注文化较多，而关注边界较少。社会主义文化伴随着马克思主义的登场而出场，在社会主义由理论到实践，由西方到东方的曲折发展中形成了独具特色的形态，并在此基础上确立了自己的边界。从概念史的视角看，研究边界到文化边界，再到社会主义文化边界，明确社会主义文化边界概念及其确立依据，旨在回答社会主义文化边界究竟是什么，又该如何理解。

（一）边界及其多样形态

边界自古有之，在不同的时代有不同的表征，在不同的国家有不同的意涵，并随着历史的发展内涵不断丰裕，外延不断移变。从社会形态的视角看，原始社会以部落为界，封建社会以土地为界，资本主义社会以政权为界。从有形的空间分布看，领土之间有边界、国家之间有边界、地区之间有边界。从无形的思想动态看，道德要求有边界、规章制度有边界、法律法规有边界。人是一种追求无限的存在，思想上追求超越，发展中追求跨越，而边界概念的提出恰恰在于承认人在思想上和行为上的有限性。

1. 疆域及领土边界

边，作为一个方位词，是指物体的周围部分，国家或地区交界处，如桌边、路边等。界，作为一个定位词，是指一个区域的边线和事物间的分界，如国界、地界等。按照国际法的规定，边界是有主权的国家行使其主权的界线，国家的边界是指划分不同主权国家的领土、一个国家内已经占领的和未被占领的土地之间实存的界线，也指一个国家的领土和公海以及国家领空和外层空间之间抽象的界线。在人类历史发展中，最早的边界存在形式是自然地貌，如高山、河流、湖泊、海洋等成为不同国家的划分界限，构成了不同国家的领域边界。如以喜马拉雅山为界划分了印度、尼泊尔、不丹、中国的领土边界，以格兰德河为界划分了美国与墨西哥的领土边界。在中国，以不同的地理标志划分了第一阶梯、第二阶梯、第三阶梯的大致界限，以秦岭淮河为界区分了南方与北方。当然，将自然地貌普遍用作边界并非完全是对"自然法"的尊崇，有时也是屈服于勘探、交通以及绘图之类的实际情形。事实上，人类历史发展中与自然边界相对应的人为边界也是领土边界划分的主要依据，与自然边界不同的是，人为边界可以是有形的，也可以是无形的，并且注入了人的主观文化因素。在当今世界政治地图上，人为边界多种多样，归纳起来主要有两种：一种是以政治力量作为划界标准，一种是以民族的宗教信仰、风俗习惯等文化因素作为划界标准。如以北纬 38 度为界，划分出了韩国和朝鲜，这是一条政治力量博弈后确定的边界。中国民族自治地方的民族组成和区域界线，是根据民族聚居地的民族成份、民族关系确定的边界。如西藏自治区、吉林省延边朝鲜族自治州等，这些是以某个少数民族聚居区为基础建立的。所以，现如今呈现在世人面前的疆域图景及其确立的领土边界，既与地理环境有关，也与国家权力有关，更与民族文化勾连，是综合因素共同形塑的结果。

从人们对边界的认知来看，有形的自然边界和空间边界已被人们所认知和接纳，建立在自然边界基础上的领土边界和建立在空间边界基础上的物理边界也为人们所认知和接纳。边界一词在地理学、政治学中已被广泛运用与认同，而无形的文化边界却在历史发展中不断移变。因此，边界一词在人文社科的不同语境中有着不同的表述。但是，不管是自然边界或是人为边界，都标识着一定主体的活动范围和存在空间，在此基础上造就了内属自身的独特文化。如中国西面有喜马拉雅山和帕米尔高原做屏障，东面有渤海、黄海、东海做屏障，在这相对隔绝的地理空间中，创造了五千多年连续不断的中华文明。位于地中海东部，扼欧、亚、非三洲要冲，地理范围大致以希腊半岛为中心，产生了光辉灿烂的希腊文化，对后世影响深远。玛雅文明是美洲印第安玛雅人在与亚、非、欧古代文明隔绝的条件下，独立创造的伟大文明。人类文化的发展史表明，文化是在一个特定的空间发展起来的历史范畴，不存在超越时空的文化。人类文明的创造无不与其所处的地理环境密切相关，不同的地理坐标也构成不同文明的存在边界。但话说回来，地理环境也不是脱离人类生活的纯客观事物，而是在不同时代和空间范围内成为人类文化创造的有机组成部分。"山川河流等作为边界也是人的边界，是以群体、组织形式出现的人的边界。"[1] 因此，强调地形、气候等自然条件对人类历史文化的形塑影响，包含着合理成份，但是不能将这种思想推

1　张康之：《在全球化、后工业化中看人的活动的边界》，《内蒙古社会科学》2021 年第 4 期。

向极端，扩张成"地理环境决定论"，切忌绝对主义的武断。如中国的青藏高原直至 20 世纪上半叶仍因地理障壁而处在落后的状态，但青藏铁路、青藏公路的修建，使得青藏地区打破了边界封闭状况，经济社会实现了长足的发展。这表明，地理环境的边界意义是相对的、有限的，同样的地理环境在不同的社会发展阶段可以产生不一样的结果。但是，也不要把人类对自然的改造加以直线化、简单化、夸张化的描述，最后上演"人定胜天"的荒谬。

2. 底线及道德边界

底线指最低的限度，标志着主体在接受范围和能力范围内的临界值，一旦跨越或超出临界值，将会发生变质或变异。底线也是做任何事情必须坚持的最低的界限、标准、原则、要求和规定，即做人、做事、行为、行事的"边界"。生活中，人们也常能听到关于底线的话语，如招生考试的录取分数线、18 亿亩耕地红线、坚守食品安全的底线，等等。底线是基础，是根本，是不能再退的最后一道防线，划定了不可逾越的红色线、警戒线、安全线，标识着限制范围和约束框架的存在，也意味着边界的存在。通过立法程序明文规定下来的是法律底线，社会成员约定俗成并共同遵守的是道德底线，各行各业自身所形成的规章制度是行业底线。目前学界关于底线的研究主要集中在两个点上：一是国家治理中的底线思维，二是道德发展中的底线伦理。前者从国家层面出发强调的是，在治国理政的顶层设计中不仅要指出什么是不可跨越的底线，而且要明示如何守住底线和掌握主动。后者从社会层面出发强调的是，在伦理道德的培育践行中不仅要明确社会运行所必须的基本道德规范，而且要明晰践踏底线的惩戒和道德建设的方向。本质上，两者都体现为一种思想文化层面的边界意识和边界思维，守住了这种边界，就守住了人类生存所必须的基本条件，就守住了社会运转所要求的稳固根基。事实上，一个社会最严重的价值危机并不是道德理想的失落，也不是功利主义和世俗主义的泛滥，而是文化发展中底线伦理的普遍崩溃。这种崩溃不仅会引发人们对社会进步的质疑，更会引发人们对人类自身的怀疑。当质疑或怀疑充斥社会时，社会发展的向心力、凝聚力就会大打折扣，进而引发社会的不稳定和人心的焦虑症。底线伦理崩溃表现为人必须遵守的最起码的伦理道德全面危机，一些极端的非道德行为越来越频繁地发生，如恶性报复社会去乱伤无辜，无忌法律和道德约束去攻击他人。他们失去了人之为人必须具备的最低要求，嘲解了人性中最起码的价值标准，冒犯和亵渎了作为文明象征的最后禁忌。

底线伦理是指维系人之为人本性、样态、特质等要素的最起码的基本道德，是一种与人的本性和本质具有同一性的基本伦理，是任何人都应该认可并遵循的普遍伦理。其确立的意义之一在于，它是人之为人的下限。人在人与兽之间，文明人与野蛮人之间划了一条界线，越过这一界线，就不是"人"之所为，或者说就"不是人"了。其确立的意义之二在于，它是人之为人的特质。人之所以为人，必然有"人"的类本质存在，使人免于沉沦和野蛮到"非人"的境地。其确立的意义之三在于，它是所有人都应该承认的共同道德和价值。凡具有"人"的基本特征，那么就应该认可、认同和遵循这种道德和价值。亚里士多德认为，"过度与不及都破坏完美，唯有适度才保存完美"，"德性就必定是以求取适度为目的的"。[1] 具体来说，"适度"是指"在适当的时间、适当的场合、对于适当的人、出于适当的原因、适当的方式感受这些感情，就既是适度的又是最好的。这也就是德性的品质。"[2] 这里强调的是，"适度"是人之德性品质的重要体现。梁漱溟先生认为，中国传统社会是一个典型的伦理本位社会，人人皆处在一定的"关系"之中。这种伦理关系划定了个体人的边界行为规范和活动界域。"男女之别"、"长幼之别"、"亲疏之别"等各有不同的名分、权利与责任，这种"别异"的划分就是要厘清各自的边界。传统社会中的"礼乐"文化就是建立在对多样性、差异性的尊重之上，力求通过"礼"来确立和彰显这种边界差

1　[古希腊] 亚里士多德：《尼各马可伦理学》，廖申白译注，商务印书馆2003年版，第49页。
2　[古希腊] 亚里士多德：《尼各马可伦理学》，廖申白译注，商务印书馆2003年版，第49页。

异，通过"乐"来维系和达成各方边界和谐，达到和而不同、边界有序、并行不悖的美好状态。

现实生活中，各种"道德冷漠"、"道德缺场"、"道德恐惧"事件的发生，引发了人们不断对伦理道德边界进行拷问。"道德滑坡说"认为当前中国的道德发展正在走下坡路。如有学者指出："无论我们基于何种道德价值立场，使用何种词语，我们都无法否认当今中国存在严重社会道德失范现象这一基本事实。……道德价值观扭曲，道德现状混乱，恰如同天空中厚重阴霾一样，社会风尚中弥漫着某种令人窒息的气氛。"[1] 持这种观点认知的人，对当今中国的道德现状抱以悲观的态度，因为在现实社会中确实存在着假冒伪劣、伪善虚假、人格分裂、暴力横行的现象。具体表现为，生活中有大量毫无廉耻、令人瞠目结舌和令人发指的行为，更表现为行为者没有任何负罪感和羞耻感，一副不以为然和行若无事的心态。"道德爬坡说"提出当前中国的道德发展正在艰难爬坡。如有学者指出："思想道德建设是一个不断爬坡、与时俱进的过程，跟经济建设一样需要根据社会现实作出积极调整，应对新的形势和挑战。"[2] 持这种观点认知的人，虽然认为现实生活中道德失范现象比较严重，但对当今中国的道德现状抱以乐观的态度。因为从整个社会的道德状况来看，道德号召力并未衰减，大多数人依然向美向善，生活中的美好仍是大多数。"道德转型说"秉持中性立场强调当前中国的道德发展在社会大转型背景下也处于深刻转型之中。持这种观点认知的人认为，处于转型期的中国，不同的道德观、多元的价值观交织碰撞，描绘出一幅复杂的图景，痛心与感动并存，忧虑与希冀相伴。人们对底线伦理的期盼或呐喊，在于提醒人们内心深处的羞耻感和罪恶感不能淡化甚至消失。因为，一个人一旦没有了羞耻感、知耻感、耻辱感，一旦丧失了负罪感、内疚感、忏悔感，就会造成人性道德中最后的、最起码的准

1　高兆明：《道德失范研究：基于制度正义视角》，商务印书馆 2016 年版，第 15 页。

2　毛颖颖：《思想道德建设爬坡永无止境》，《北京日报》2011 年 9 月 30 日。

则被践踏。底线伦理是文化和文明中一种严厉的禁忌。文明都透过强烈的耻感意识来维系基本的文化价值，道德和文明价值的建构，就是要在人们内心深处唤起这种警戒意识。只有这样，人们才会有自觉的价值意识。因此，坚持底线思维，守护道德边界，成为现时代人们孜孜以求和不断探寻的方向。但是，培育良好道德风尚，树立道德边界意识，要靠先进文化的支撑和完备制度的约束，是个"慢活"，要循序渐进，也要靠优秀文化的滋养和思想内心的认同，是个"细活"，要以小见大。

3. 规则及制度边界

规则，是指事物运行和运作所遵循的一般法则。一般说来，规则都是由最典型的边界所决定，由民众在民主协商的基础上制定，形成后由群体的所有成员一起遵守。在中国，儒家提出"絜矩之道"就是一种边界的话语表达："所谓平天下在治其国者，上老老而民兴孝；上长长而民兴悌；上恤孤而民不倍；是以君子有絜矩之道也。"[1] 絜，是测量围长的绳子，矩，是画定直角的尺子。首先絜矩本身就是标准，然后才能衡量、规范外物。有了规矩和尺度，就知道了边界之所在，就是"知止"。《大学》将"知止"看作是人"近道"之本："知止而后有定；定而后能静；静而后能安；安而后能虑；虑而后能得。物有本末，事有终始。知所先后，则近道矣。"[2] 这里，"止"就是行为的终点，尺度的底线。明确边界所在是前提，知道边界并恪守边界才能安定，安定才能平静，平静才能安宁，安宁才能正确思考，进而获得对事物本质的认识。"知止"是儒家边界话语的叙事表达。法家也认为，保护社会正常秩序，必须有规矩、尺度，也就是划定边界，突破边界的行为必须要严刑峻法来惩治。作为一个完整的"制度综合"，"礼"在中国传统社会发展中扮演着"边界支配"的角色。它如同天地法则一般，承载了万事万物的秩序，既合乎天道之必然，也顺应人情之实然。"礼"在中国传统社会中，不

1　《礼记·大学》。
2　《礼记·大学》。

只是外在的标准或规定，更是深藏在每个中国人内心的一种精神追求。它通过对不同等级关系中、不同交往情境中的行为主体进行"边界行为"的系统性规范，通过建构诸多的"边界秩序"来实现全体社会成员的普遍秩序。

规则在人类历史发展中出现了"明规则"和"潜规则"之分，这本身也构成一种边界存在。明规则即看得见的、明文规定的，通过相关程序约定俗成且要求人人必须遵守的规则；潜规则是指看不见的、明文未规定的，但在生活中却又被认同和实际起作用的一种规则，两者之间形成了一种此消彼长的张力关系。潜规则不破除，正常的社会秩序就难以运转，良好的社会风气就无法形成，久而久之，就会动摇人们对规则的信心、对制度的执行、对法律的敬畏。治理潜规则的决胜之道在于树立起规则意识，让依规办事成为习惯，突出制度作用，强化制度建设，在制度轨道上推进治理现代化。事实上，潜规则作为不成文和不公开的隐性规则，在实际运作中很大程度是抱着"钻空子"、"捡漏子"的心态游走在制度边界之外。对此，习近平也提出："破除潜规则，根本之策是强化明规则，以正压邪，让潜规则在党内以及社会上失去土壤、失去通道、失去市场。"[1] 从历史发展看，无论社会如何发展，无论技术怎样进步，规则始终是社会良序运转的基础。不管是全球治理，还是国家治理，都必须坚持规则导向，建立规则和遵守规则，才能受益于规则。在全球治理中，"以规则为基础加强全球治理是实现稳定发展的必要前提。规则应该由国际社会共同制定，而不是谁的胳膊粗、气力大谁就说了算，更不能搞实用主义、双重标准，合则用、不合则弃"。[2] 在国家治理中，要"知敬畏、存戒惧、守底线，习惯在受监督和约束的环境中工作"，要"让权力在阳光下运行，把权力关进制度的笼子"，要"完善和

---

[1]　中共中央文献研究室编：《习近平关于严明党的纪律和规矩论述摘编》，中央文献出版社2016年版，第54页。
[2]　《习近平谈治国理政》第3卷，外文出版社2020年版，第459页。

发展中国特色社会主义制度、推进国家治理体系和治理能力现代化。"[1]
在现代社会的文明肌体中，规则就是筋和骨，有了明确的规则，才能框定人们的思想边界和行为边界。

　　普遍的、公开的、理性的规则系统，作为现代社会治理的一个重要方面，越来越成为良好公共生活秩序的重要保证。人类不能没有制度、法律、风俗、文化等规则的约束，倘若没有，野蛮、混乱、无序、残暴的状态不可想象。所以，荀子说："人之生，不能无群，群而无分则争，争则乱，乱则穷矣。"[2] 一个社会如果没有规范、没有制度、没有法律，只凭借着本能、私欲，是不可能发展其文明和维护其秩序的。现实生活中有许许多多的规则，如游戏规则、交通规则、比赛规则、评审规则等。规则最直接的意义就是告知人们哪些行为是允许的，哪些行为是提倡的，哪些行为是要求的，哪些行为是禁止的。人们通过制度化行为将人类对自然法则和社会法则的价值抽象思维形式即文化观念，客观化为一种强制性的社会价值准则或价值体系。制度化带来的结果是，一方面，人类的各种文化观念如政治观念、价值观念等被客观化了，成为一种强制性的社会准则或价值体系，规约着人们的边界活动。另一方面，这些被客观化的文化观念，作为一种强制性的价值体系又反过来建构和强化着人类不同的文化价值观念，形塑着各自的边界。

　　人类创造了无限参差斑驳的规则，最初并不是出于神话般的幻想，或幼稚化的思考，而是出于非常现实的动机和群体生存活动需要的考虑。但实践的发展表明，只有规则显然是不够的，更重要的人们在生活中要有遵守规则的愿望和习惯，即规则意识的养成。因为规则意识的养成不仅取决于规则本身的特性，"另一方面取决于规则相关人们的相关能力和意愿"。[3] 因此，在国家治理体系和治理能力建设的路线图已经明

1　习近平：《决胜全面建成小康社会　夺取新时代中国特色社会主义伟大胜利——在中国共产党第十九次全国代表大会上的报告》，人民出版社 2017 年版，第 19 页。

2　《荀子·富国》。

3　童世骏：《论规则》，上海人民出版社 2019 年版，第 178 页。

确的情况下，人们规则意识的培育和养成应该提到更加重要的议事日程上来。在党的十九大报告中，"规则意识"一词首次出现在党的代表大会的报告之中。习近平在报告论述"坚定文化自信，推动社会主义文化繁荣兴盛"的第三部分"加强思想道德建设"中提出："推进诚信建设和志愿服务制度化，强化社会责任意识、规则意识、奉献意识。"[1] 童世骏在《论规则》一书中对"规则"问题进行了多方面的阐释，不仅具有强烈的现实关怀，而且努力在哲学基础理论层面有所推进，如他在书中明确了规则的四个特点：规范性、普遍性、广泛性、连贯性。与此同时，他还分析了规则意识与社会文明，规则意识与理性素质、规则意识的培育实践等具有重要现实价值的问题。总而言之，规则及其形成的制度边界，要求人们在现实生活中能够逐渐树立起与之相适应的边界意识。因为，从整个社会的发展来说，只有社会成员普遍具有高度的规则意识和边界意识，制度才能既维护社会的秩序，又保证个人的自由。

（二）文化边界及其基本表征

"文化"一词就其本义来说，有着强烈的边界意识与倾向。脱胎于"人文化成"的"文化"，就是通过知识传授、思想引领、道德教化，使人的各种文化情愫超越自然的本能状态，超越原始的野蛮状态走向文明。何为文明？就是人的思想、言行必须符合一定的规范，认识自己的追求和努力所能达到的限度，对人进行教化，进而保证人的自身、人的社会和国家能够健康稳定地发展。文化边界的出场始发于近代以来全球化的发展。在此以前，地球上不同地域、不同民族都在各自的空间中创造着属于本地域、本民族的文化，不同文化之间处于彼此隔绝、相互隔离的状态，因此文化边界虽然存在但并未凸显。自全球化以来，伴随着地理边界的扩张，文化边界的扩延也如影随形，不同价值的文化、不同

1　习近平：《决胜全面建成小康社会　夺取新时代中国特色社会主义伟大胜利——在中国共产党第十九次全国代表大会上的报告》，人民出版社 2017 年版，第 43 页。

宗教的文化、不同地域的文化、不同民族的文化都可以在同一时空中展现，进而使得文化边界在全球化时代愈益凸显。"边界研究的兴趣已逐渐从早期对领土界线和政治体制分野的关注，转向把边界视为发散的社会文化实践，对边界过程获得了更多的理解。"[1] 随着时代主题的转换和社会生活的变迁，边界研究的范式和重点也会随之改变。西方边界研究自 16 世纪起，经历了多个发展阶段，最初也是社会发展和维护统治的需要，更多带有政治性色彩和实践性意蕴。

西方边界研究的发展阶段及特征[2]

时间	边界内涵	边界特征	代表事件或人物	主要观点
16—17世纪	模糊边界转向清晰边界	现代民族国家的诞生，国家与国家之间开始划定边界从而进行国家内部治理	威斯特伐利亚条约	国家之间有明确的政治边界划分
18—19世纪	自然边界转向人为边界	边界本身并不是完全的自然现象，随政治、经济和社会环境的变化出现普遍的边界空间	拉采尔（F. Ratzel）	边界被视为生存空间斗争而形成的流动和动态的结果
20世纪初至20世纪80年代	边界的分类体系及描述	边界是分离国家现代化进程且是被动的领土标记	哈特向（R. Hartshorne）	边界地理位置的经验描述比边界的划定更重要
20世纪90年代以来	边界的社会建构	边界是流动、混杂的、多样的、高度动态的过渡区域	帕西（A. Paasi）	边界、区域甚至民族国家都不是固定的，它们都受到社会、文化的影响

1　Jussi P. LAINE：《当代全球化背景下的边界和边界景观》，《地理科学进展》2017 年第 12 期。
2　后雪峰、陶伟：《建构与批判：二战后西方边界研究进展及启示》，《地理科学进展》2021 年第 7 期。

1. 核心价值的相异

人是一种有意识的存在，基于意识存在而做出的认知与理解、判断与抉择、思维与取向体现为人的价值观。价值观构成了指导人们思想行为的基本准则，反映了价值主体的需要和利益，以及实现自身利益和满足自身需要的活动方式，具有稳定性、历史性、继承性、发展性等特征。核心价值是指在多元文化体系中，居于核心地位和起主导作用的价值。不同地域、不同民族、不同制度、不同时代中文化的核心价值是不一样的。就地域文化而言，它在一定的地域空间必然打上了地方的烙印，正所谓"橘生淮南则为橘，生于淮北则为枳"。就民族文化而言，它是不同民族在历史发展中所形成的具有自身风格的文化，正所谓"一枝独放不是春，百花齐放春满园"。就制度文化而言，同一制度下的不同国家有不同的核心价值观，不同制度下的不同国家更是存在根本差异。就时代文化而言，不同时代展现出不同的文化样貌，突出着不同的文化主题，反映着不同的文化质地。因此，价值观是历史的、具体的，核心价值的相异反映的是不同地域、不同民族、不同制度、不同时代在本质上的区别，进而人类文化中也不存在所谓的"普世价值"。事实上，核心价值观既有对错优劣之分，更有意识形态之别，这种相异来自于阶级差异和群体差异，产生于利益需要和实践过程。社会主义核心价值观是社会主义本质在文化领域的集中反映。它与资本主义核心价值观有着本质区别，与中国传统价值观有着显著差异，与各种非科学社会主义的价值取向也有着不同属性。

任何价值观念的形成发展都与特定的历史环境、理论指导、实践基础相关联，都以一定的社会存在作为根基。物以类聚、人以群分，不同群体、不同阶层，文化取向各不相同，文化的需求、文化的创造、文化的样貌也各具特色。核心价值的相异有力驳斥了"普世价值"的论调。在当今世界不存在所谓的"普世价值"。这种论调是将地域性文明上升为世界性文明，并把自己的特殊价值提升为超越时空的"普世价值"。但是，既然时代的发展提出了这样一个问题，就必须要当代人予以回答。对此，笔者的理解是，当代资本主义核心价值观是建立在资本主义经济社会基础与政治法律基础之上的，通过引导整合资本主义国家人们的价值观，来维护资产阶级的统治。正所谓："统治阶级的思想在每一时代都是占统治地位的思想。"[1] 从英国的《权利法案》到美国的《独立宣言》再到法国的《人权宣言》，先进的资本主义国家逐步确立了以"自由、民主、平等"为核心的价值观。社会主义作为资本主义的代替物登上历史舞台，通过建立生产资料的公有制与资本主义的私有制区别开来，其核心价值观反映的是社会主义制度的本质，代表的是广大人民群众的根本利益和价值寄托。两者虽然都强调要坚持"自由、民主、平等"的核心价值观，表达的概念术语也相同，但所依存的基础、所代表的阶级、所实现的目标、所承载的导向都是不同的。因此，核心价值的相异，内涵外延的不同，构成了不同文化之间的边界标识。我们要揭露西方发达国家推广"普世价值"的实质和意图，也要充分肯定在文明交流互鉴基础上达成共识的可能性，不能因为执意反对"普世价值"而拒斥人类文明进步的积极成果。

2. 宗教文化的区别

宗教是人类把握世界和寄托生命的一种独特方式，是人类对自身存在与客观外在关系的一种形而上学的反映。宗教在人类发展史中与历史、文明的发展如影随形，它以自身特有的程式和情境（包括仪式、禁忌、戒律、修持等）来规范人们的行为。当灾难、贫困、痛苦、绝望等不幸降临的时候，当人们在现实生活中找不到出路而精神又无处安放的时候，为了忘却苦难，为了获得慰藉，必然心驰神往那可以获得"幸福"的彼岸世界。从这个意义上说，一切宗教都是为了解脱现实的痛苦而产生的。世界各个古老民族的宗教神话，都是从宇宙结构法则秩序的均衡、和谐中获得真理、正义、至善、纯真以及自然法则与国家观念的。无论是中国文化的"道"，抑或是印度文化的"梵天"，还是西方文

1　《马克思恩格斯选集》第 1 卷，人民出版社 2012 年版，第 178 页。

化与上帝同在的"逻各斯",作为宗教信仰的最高存在,都包含着对边界秩序的价值思维肯定和精神文化向往。1835 年,马克思在《根据〈约翰福音〉论信徒同基督结合为一体》一文中写道:"我们如果把自己的目光投向历史这个人类的伟大导师,那么就会看到,在历史上用铁笔镌刻着:任何一个民族,即使它达到了最高度的文明,即使它孕育出了一些最伟大的人物,即使它的技艺达到了全面鼎盛的程度,即使各门科学解决了最困难的问题,它也不能解脱迷信的枷锁。"[1] 可见,宗教虽然具有神秘虚幻色彩,但从人类发展史看,它又是全人类所拥有的普遍文化形式,具有为生活寻找精神支撑、为存在寻找价值依托的用途,表征着人类对生命终极关怀的渴望。但各个民族在对终极关怀的文化表达中,受着本民族历史传统、地域环境、语言思维的影响,进而话语呈现方式不尽相同。如古希腊信奉以宙斯为首的多神,在中国上古时期确立了"天"为精神的终极关怀。因此,宗教信仰因起源不同而产生的表达差异,构成了世界不同宗教的边界存在。世界上不同的地区有不同的宗教,西方世界主要有:基督教、伊斯兰教,东方世界主要有:佛教、道教。基督教是以信仰耶稣基督为救世主的宗教,伊斯兰教强调服从和信仰宇宙独一的最高主宰安拉及其意志,佛教是以缘起性空为核心而追求成佛解脱的宗教,道教则以"道"为最高信仰,把尊道贵德、天人合一、贵生济世作为基本教义。基督教、伊斯兰教、佛教并称为世界三大宗教,即这些宗教已超越一国的疆域边界,扩延了自身的文化边界,为不同地区和国家的民众所信奉。

以宗教为中心,历史上形成过各种各样的信仰共同体。不同的宗教信仰标志着不同的文化圈,也意味着不同的文化形态存在。因此,宗教信仰不同所形成的文化边界也成为国家间、地域间划分疆域边界的重要参考因素,如印度和巴基斯坦便是依宗教信仰不同而划分了边界,中国的民族区域自治制度也体现了因宗教信仰不同而划分了边界。正是基于

1　《马克思恩格斯全集》第 1 卷,人民出版社 1995 年版,第 449 页。

不同文化所形成的文化思维和所建构的文化边界，塞缪尔·亨廷顿指出，冷战后世界冲突的基本根源不再是意识形态或社会制度差异，而是文化方面的差异，主宰全球的将是"文明的冲突"，即表现为八大文明之间的冲突与较量。我们可以不认可亨廷顿文明冲突的观点，但是世界历史的发展事实表明文明的冲突在一定范围内还是存在的，而且还可能引发地区战争。殷海光于 20 世纪中叶提出"从自己的文化和道德出发向世界普遍的文化和道德整合"的构想，以为"孔仁孟义、基督博爱和佛家慈悲各成范围，但有交会界域。三个圆相交的界域就是三者交会的界域"，这交会处便可构建民主及科学。[1] 这里表达出，不同的宗教文化之间可以交汇，并且还会出现新的界域。不同文明在全球化背景下的交融已成为不可逆转的趋势，但因宗教信仰不同所营造的文化边界及其守护也是不争的事实。由此可见，宗教文化所形塑起的边界是文化多元的一大表征。"冲突"和"融合"是文化发展的双向进程，"冲突"不会一味突进，"融合"也不会走向单调，因为人类追求的是多元整合、丰富溢彩的世界文化景观。所以，任何关于文化发展的"独断论"和"普世论"均是与世界文明发展的潮流相违背的，也注定是行不通的。

　　3. 地域文化的差异

　　一方水土孕育一方文化，一方文化养育一方佳人。山脉与河流、高原与水乡都在文化边界的形塑中留下了直观而明显的印迹。山的两边、河的两岸，都存在风不同、俗相异的景观。世人的族类渊源、语言文化、生活习惯、生产方式等因地域而存在重大差异，虽然同处一个地球，共享一片蓝天，但仍有中心与边陲、华夏与四夷的区分。无论哪一种文化的发生、发展，以至衰落、湮没，都会受到环境的影响。只不过，有些文化受地理环境影响多些，有些文化受社会环境影响多些。文化是环境形成的结果，而各种文化之所以不同往往就是由于地域环境的差异。地域文化一般是指特定区域源远流长、独具特色，传承至今仍发

1　参见殷海光：《中国文化的展望》，上海三联书店 2002 年版，第 531 页。

挥作用的文化传统，是特定区域的民俗、传统、习惯等的综合体现。地域文化中的"地域"，是文化形成的空间场域，范围边界可大可小。地域文化中的"文化"，可以是单要素的，也可以是多要素的。因为在相同的自然环境中，可以有不同的文化，而在不同的自然环境里，也可以有相同的文化。地域文化的形成是一个长期的过程，亦是不断发展变化的，但在一定阶段又具有相对稳定性。从内容载体看，它包括方言文化、饮食文化、服饰文化等，也包括民间信仰、建筑风格、风俗习惯等。从呈现形态看，它既涵盖了文化空间存在的有形边界，也表征着文化价值意蕴的无形边界。从世界范围看，有中国文化、美国文化、欧洲文化、非洲文化、阿拉伯文化、日本文化、朝鲜文化等，从中国范围看，中原文化、三秦文化、燕赵文化、齐鲁文化、三晋文化、三楚文化、湖湘文化、巴蜀文化、云贵文化、闽南文化、新疆文化、江浙文化、东北文化等。人类在适应地域自然中形成文化，又在改造地域自然中创造文化，不同的地域文化各有千秋、各成风景、各有边界，共同构成了异彩纷呈的文化世界。同时，不同人群的社会流动，原居地和新住地的文化交流，取长补短，相互涵化，也会使得新的文化及其边界不断形成。

不同的民族在不同的生活环境中逐渐形成各具风格的生产方式和生活方式，养育了各种不同的文化类型。同一民族在不同历史阶段又因生活环境的变迁和文化自身的发展，在文化上呈现出相异的形态。据此可得，世界上没有放之四海而皆准的发展模式，文化的生成也是一个多元竞争、生生不已、永无终结的过程。然而，在历史发展进程中，囿于某种文化中心主义的论者总是存在，并试图制定文明发展的通用模式去穷尽人类历史。如古代中国的华夏中心论，认为只能"以夏变夷"，不能"以夷变夏"。近代以来，西方中心主义强势登场，试图打造"日不落"的神话传奇。"一个国家和民族的文明是一个国家和民族的集体记忆。"[1]

1　习近平：《在联合国教科文组织总部的演讲》，《人民日报》2014年3月28日。

因而，必须在事实上承认不同地域文化因差异而构成的边界存在，不同地域文化以核心区为中心形成了不同的文化圈，然后由内向外扩散，呈现出波浪式样态。文化生来具有交流的内在要求，进而文化圈的边界不是刚性不变的，而是柔性易变的。在历史文化发展中，不同地域文化的发展也是不均衡、不平等的。不均衡体现在，有些发展得较快，有些发展得较慢，有些趋于开放，有些趋于保守。不平等体现在，因经济地位和政治话语的不同，强势文化的边界不断扩延而弱势文化的边界不断缩小，因时代变迁和科技进步的变化，趋向现代的文化不断拓展边界，趋向传统的文化逐渐收紧边界。

4. 民族文化的不同

民族文化是各民族在历史进程中发展起来的具有本民族特色的文化，是特定社会文化区域内的人们所共同遵守的行为模式和价值规范，在空间上表征着一个民族独特的生活习性，在时间上表意着一个民族自古延今的社会习惯。"在政治意识上，在历史发展上，以至风俗习惯上，与经济生活上，每个民族国家，都逐渐的强调与发展其特殊的要点，所谓民族主义的文化，就是这样的发展起来。"[1] 个人的出生与成长离不开特定民族文化的滋养，也正是共同的文化背景使得无数单个人集合为民族，以区别于其他民族。在国内，中国人会有"老乡"情怀，流露出"老乡见老乡，两眼泪汪汪"的文化思绪；在异国，中国人会有"家国"情怀，表达出"独在异乡为异客，每逢佳节倍思亲"的文化思念。可以看出，上述种种不同的文化深情，无不流露出对中华民族文化的认同与归属。但同时我们也要看到，不同的民族各有其文化标识，也意味着不同文化间的边界存在。因为认同与归属本身就是一种边界的文化表达。从世界范围看，中华民族形成了以爱国主义为核心的团结统一、爱好和平、勤劳勇敢、自强不息的民族精神；美利坚民族形成了以坚韧、顽强、进取、节制的清教徒精神为源而铸造的民族精神；德意志民族形成

1　陈序经：《文化学概观》，中国人民大学出版社 2005 年版，第 208 页。

了以理性主义、严谨认真、自我牺牲、勇于担当为核心的民族精神；法兰西民族形成了以平等、博爱、民主为核心的民族精神。从国内范围看，中华民族是一个复合概念，由不同民族所组成，这些民族在宏观层面有着共同的历史记忆、共通的文化情感、共享的精神支撑，在微观层面又体现出各自不同民族的特色文化，如蒙古族的长调在草原上盘旋，苗族的山歌在田垄中回转，维吾尔族的舞姿在天山南北跳跃等。

　　民族文化的不同常常以民族精神的样态呈现出来。西方有西方的文化精神，东方有东方的文化精神。同是西方，法国与德国的文化精神不一样，美国与英国的文化精神不一样。同是东方，中国与印度的文化精神不一样，日本与韩国的文化精神不一样。这些不同民族的文化精神，都是在特定的生存环境中形成的，或与地理边界有关、或与宗教信仰有关、或与历史传统有关。恩格斯在《英国工人阶级状况》中对爱尔兰人和英格兰人之间的差别进行过描述。他写道："爱尔兰人和英格兰人之间的差别，在许多地方很像法国人和德国人之间的差别。爱尔兰人的开朗乐观、容易激动、热情奔放的气质和英格兰人的沉着、坚毅、富于理智的气质相融合"[1]。可见，这些不同的民族或族群，都是在不同文化基础上建立起来的人群共同体。每个民族都有属于自己的独特文化，也都在各自历史文化的流变中巩固着本民族独具特色的核心文化以实现强根固本，扩延着本民族文化的影响边界以实现交流互鉴。各个民族的文化之间，尤其是主流文化与少数民族文化之间，在全球化、市场化、信息化的时代，有相互交流融合之处，也有相互矛盾冲突之面。因此，对待世界上不同民族的文化差异及其多样文明，应坚持文明是多彩的而不是一色的，文明是平等的而不是不等的，文明是包容的而不是排斥的。"每一种文明都延续着一个国家和民族的精神血脉，既需要薪火相传、代代守护，更需要与时俱进、勇于创新。"[2] 这要求既要巩固和守护本民

1　《马克思恩格斯文集》第 1 卷，人民出版社 2009 年版，第 437 页。
2　习近平：《在联合国教科文组织总部的演讲》，《人民日报》2014 年 3 月 28 日。

族的文化边界，又要尊重和汲取其他文化，在与他者文化的交流互动中，不要迷失自己，不能失去自身进而失守边界，也不能照抄照搬，不能盲目崇拜进而失去边界。

（三）社会主义文化边界的成立依据

文化的概念，可仰观宇宙之大，可俯察品类之盛。随着信息技术的发展和文化交流的频繁，文化发展中出现了许多新场域、新形态，拓展了文化的边界。因此，在研究文化问题时必须要给文化予以界定。近年来，国内外学者开始关注和研究社会主义文化边界问题，但是将社会主义文化边界作为一个整体进行专门研究的较少。与此同时，也有不少人对社会主义文化边界提出质疑。党的二十大报告提出："推进文化自信自强，铸就社会主义文化新辉煌。"[1] 这里，文化的界定词是社会主义。那么，什么是社会主义文化？换言之，社会主义文化的边界何在？这是铸就社会主义文化新辉煌的基础性和前提性问题。只有明晰了何为社会主义文化，才能坚持正确的社会主义文化发展道路，才能真正建设社会主义文化强国。习近平提出，要努力创造属于我们这个时代的新文化，建设中华民族现代文明。这在本质上就是要建设好当代中国特色的社会主义文化，因为它既遵从了社会主义的基本规定，又结合了中国发展的具体实际，既包含了社会主义文化的一般性，又包含了中华传统文化的特殊性，创造了社会主义文明的新形态。当然，社会主义文化边界是一个新的话语，这里以问题导向来论证其成立依据，以期对人们正确认识与理解社会主义文化和担负新的文化使命有所裨益。

1. 文化边界存在是否可能

古往今来，人们对文化的理解不仅有纵向的历史性差异，而且有横向的地域性差异。前者体现在古人与今人对文化的理解不一样，更体现

---

[1]　习近平：《高举中国特色社会主义伟大旗帜　为全面建设社会主义现代化国家而团结奋斗——在中国共产党第二十次全国代表大会上的报告》，人民出版社 2022 年版，第 42 页。

在人生不同阶段对文化的理解也不相同。后者体现在不同民族对文化的理解不一样，更体现在一个民族内部成员对文化的理解也不相同。因此，每个人内心似乎都有自己的文化概念，体现着异样的文化认知。但是，人们对文化的研究不能满足于现象的个体描述，而应当关注随着社会结构（社会形态）演化的总体文化，从而发现文化发展规律与大势。关于文化的生成，一直存在两种彼此歧异的观点，其一是"心智决定论"，认为文化因人而生，将其归结为人类头脑的创造；其二是"地理唯物论"，认为地理条件规定着民族的性格养成，规约着文化的发展方向。事实上，两种观点之间并未横亘着不可逾越的鸿沟，只是强调的侧重点不同，因此不能陷入偏执化认识的泥潭。冯天瑜提出了文化生成的"生态综合体说"，即文化的发展基础和生成走向是由自然、经济、社会、政治等层面组成的生态综合体所决定，地理环境决定论、庸俗经济决定论、政治意志决定论都是失之偏颇的。因此，"文化的发展，既非天马行空，任意纵横；也不是经济进程的影子，亦步亦趋。……绝对自由的心智决定论不可取，地理环境决定论和经济决定论也不足为训。"[1]

那么，是否意味着文化没有边界了呢？无论从理论上，还是从现实上，答案都是否定的，不同文化间的边界无疑是存在的。如易中天用不同的色彩来表示不同的文明和文明圈，西方蔚蓝，伊斯兰碧绿，中华明黄；黑色表示非洲，咖啡色表示印度，赭黄表示蒙古和南亚佛教国家，灰白表示其他；斯拉夫、拉美和现代日本，则都是紫色，其中斯拉夫偏红，是红紫，拉美偏蓝，是蓝紫，日本偏粉，是粉紫。[2] 亨廷顿在《文明的冲突与世界秩序的重建》中概括了七大或八大文明，即中华文明、日本文明、印度文明、伊斯兰文明、西方文明、东正教文明、拉美文明，还有可能存在的非洲文明。可见，世界文化的版图五彩缤纷，而且

1　冯天瑜：《中国文化生成史》（上），武汉大学出版社 2013 年版，第 148 页。
2　参见易中天：《文明的意志与中华的位置》，浙江文艺出版社 2013 年版，第 1 页。

因时因地而变。中华文化圈的中心几千年来也多有转换，大体沿着自西向东的方向转移，从西安到洛阳，从开封到北京就是例证。西欧文化圈的中心在历史发展中也有所移变，大体沿着自南向北的方向发展，从希腊到意大利，从葡萄牙、西班牙到英国、法国、德国就是例证。与此同时，每一种文化圈内部又分为不同的文化区。如中华文化在历史发展中就形成了不同的文化区，如三晋文化、齐鲁文化、荆楚文化、巴蜀文化、吴越文化等。再如每个国家都要有一个首都，首都是人民精神文化与物质文化的中心。这个中心可以使人民觉得民族是整个的，国家是集体的。没有一个文化的中心点，一个伟大的民族国家也不会永久存在。北京、伦敦、巴黎、罗马等都是城市，也是国家政治与文化的中心，形成了不同的文化高地和文化边圈，甚至是某种文化的象征。可见，不同文化间确有边界存在，无论世界范围内的文化圈，还是单个文化圈内的文化区，不同文化圈（区）都有自己的核心地带、过渡地带、边缘地带，这些地带的分野也并非凝固不变，而是时有移变。

2. 社会主义文化边界是否成立

根据马克思关于社会形态的划分，不同的社会形态对应不同的形态文化，如资本主义社会对应资本主义的文化，共产主义（社会主义）社会也应有与之匹配的文化。为此，他们在《共产党宣言》中写道："共产主义革命就是同传统的所有制关系实行最彻底的决裂；毫不奇怪，它在自己的发展进程中要同传统的观念实行最彻底的决裂。"[1] 这里，"最彻底的决裂"是基于原则分野和立场分殊的视差之别，即表明要划清不同社会形态之间经济和文化的界限。因此，无论是在马克思、恩格斯的原初话语中，还是在社会主义的实践发展中，社会主义文化都是作为一个独立形态存在的新型文化，以区别于其他社会形态的文化。如果说马克思、恩格斯只是在"应然性"层面表达了社会主义文化边界的应有状态，那么，列宁、毛泽东、邓小平等则是在"实然性"层面探索了社会

1　《马克思恩格斯选集》第 1 卷，人民出版社 2012 年版，第 421 页。

主义文化边界的存在样态。"科学社会主义产生以来，以马克思主义理论为基础的理论叙事，为社会主义理论和实践奠定了新的基础，在这个基础上的社会主义文化有了自己的边界。"[1] 问题的关键在于：社会主义文化又在何种意义上能够独立存在或者说确立边界。需要强调的是，无论是理论还是实践，无论是中国还是世界，无论是过去还是现在，社会主义的实践可能不尽相同，社会主义文化可能风格迥异，但其基本的边界规定却是趋近的、相似的、相通的，并在历史的演进中不断走向完善。因此，社会主义文化边界的确立不是纯粹的学究式价值主张，而是以现实为基础的价值构设和实践路向。

现在的问题是，在"全球一家"的普遍交往与信息传递中，是否有必要树立边界意识和谈及边界问题。事实的回答是，没有哪一个时期的人们对文化边界的思考和理会比当今时代更为深刻、更为复杂、更为迫切。因为，不同的文化都在试图向全球扩延，不同价值观的碰撞与交流更为激烈与频繁。但是，全球化不等于一体化，全球文化交往并不必然带来文化的单一化，相反会促成文化的多元化，因而它不是"美国化"或"中国化"，也不是"西方化"或"东方化"，更不是"资本主义化"或"社会主义化"。因为，任何压抑的、禁忌的、强求一律的文化都必然会窒息文化的活性。因此，确立社会主义文化边界并不是违背文化发展的一般规律，相反，它要在文化边界的移变伸缩中汲取丰富的营养，在文化边界的交融守望中促进文化的繁荣。为了更深刻地理解和把握社会主义文化边界的基本向度，下面从两个方面进行阐释：

第一，它基于"和而不同"的理念，承认差异、尊重多样，不是要在文化上追求统一化，而是承认不同文化的平等化。"和而不同"是中华文化千年演进中形成的一个重要特质，强调的是"夫和实生物，同则不继。……若以同裨同，尽乃弃矣"，[2] 彰显的是"君子和而不同，小人

1　孟宪平：《马克思主义视域中的文化边界及其守护分析》，《南京师大学报》（社会科学版）2016 年第 4 期。
2　《国语·郑语》。

同而不和",[1] 秉持的是"万物负阴而抱阳，冲气以为和"。[2] 它代表的是一种文化存在结构和文化价值秩序，要求人们的各种生活形式都能够"安其所"、"遂其生"，不相互僭越，更不相互替代。它承认的是天地之间万事万物必然存在着各种差异，要有巨大的包容力，让万事万物有序和谐相处，各安其位，各得其所。具体到社会主义文化发展，它强调的是在中国共产党的领导下，在马克思主义的指导下，不断壮大社会主义先进文化，不断发展积极、健康、向上的多元文化。它不是要寻找和强求社会主义发展中的所有文化都呈现出一种颜色、一种格调、一种品位，而是承认不同的文化形态都有属于自己的个性发展样态。它承认"总体性"、"一致性"、"全局性"、"方向性"，但是更强调"分殊性"、"差异性"、"相对性"、"有限性"。

第二，它不是纵容无边界的文化行为，不是放弃约束的无规则的文化流放，而是要求各自必须遵循相应的法则。人之为人，不能没有文化，因此强调社会主义文化边界，一方面要拒斥"形而上学的终结"，因为"形而上学的终结"就意味着一切超越性价值的消失，进而否定一切规范的边界合理性。然而，当一切都可以的时候，各种"欲望主义"、"虚无主义"、"技术主义"就有可能乘虚而入，成为人们现实生活的统治力量。另一方面要拒绝"形而下学的侵蚀"，因为"形而下学的侵蚀"就意味着一切实用性价值的霸权，进而感官享受、物质占有、资本霸权、本能满足就会成为生命的全部意义。"无论是接受形而上学的终结并因此接受虚无主义的命运，还是接受形而上学思维方式及其元意识并因此接受绝对本质的统治，都意味着人们把自己'让渡'出来，屈从于某种外在力量的支配，都意味着人否定自我，委身于某种非人的力量。"[3]

社会主义文化边界不仅作为一个理论命题成立，而且更是一个极具

---

1 《论语·子路》。

2 《老子·第四十二章》。

3 贺来：《边界意识和人的解放》，上海人民出版社 2007 年版，第 114 页。

现实性的课题。如果说在前全球化、前信息化时代，文化边界问题尚未凸显，如果说在资本主义一统天下的时代，资本主义制度与社会主义制度间文化边界问题还未显现。那么现时代，这两个问题就不可避免要提出来。这是因为，文化边界确实存在，虽然这种存在常常是隐性的，社会主义文化边界能够成立，虽然这种成立基于"和而不同"。问题是，当前人们虽在思想上都承认文化及社会主义文化边界的存在，但在现实生活中边界问题却多遭碰壁，进而，需要研究社会主义文化边界存在的对象场域。

"畏则不敢肆而德以成，无畏则从其所欲而及于祸。"[1] 敬畏是中国传统文化中的一个重要思想。"畏"的对象并不取决于其危险的方面，而是同时享有尊重、爱或崇敬，在任何情况下，它都是作为一种高级肯定价值的载体被感觉和被给定。有畏，就不敢放肆，就能成就边界，无畏，就随心所欲，就会招致祸殃。但这里的"畏"不是惧怕、怯懦，不是畏首畏尾、缩手缩脚，而是一种敬畏。敬畏，就是敬重又畏惧。它是一种庄严感和神圣感，是头脑清醒、态度端正、仁爱自律的一种体现。心有所畏，行有所止。只有常存敬畏之心，才会不作秀、不作孽，才会时刻有一种如临深渊、如履薄冰的感觉，更会自觉严格要求自己，保持正确人生航向，堂堂正正为人，踏踏实实做事。一个人如果失去敬畏之心，为人处世就可能变得狂妄自大、肆无忌惮，甚至贪得无厌、无法无天，最终吞下自酿的苦果。敬畏燃烧激情，敬畏可以励志，身在其位，肩担其责，心存敬畏，是内在精神境界和价值追求的自然外化，是做人的一种态度、一种信念，也是成人的一种素质、一种境界。事实上，边界的价值是中性的，旨在给那些不切实际的幻想敲一个警钟，提醒当事各方要注意自身的界线与缺陷。澳大利亚学者乔治·戴德（George Dieter）提出，自我边界是看不见的，但却真实存在，自我边界的建立能够帮助我们清楚地知道自己和他人的责任与权利范围，知道什么可以

1　《呻吟语·修身》。

做，什么不能做，"确定每个问题的'边界'，这是我们解决问题的第一步，也是最重要的一步"。[1] 我们提出社会主义文化边界其目的也许不在于为社会主义文化的发展规定"条条框框"，更深层的意义在于提醒人们要知道在全球化、市场化、信息化的时代，社会主义文化应该有属于自身的规定性。

（四）社会主义文化边界的内涵构成、原则遵循与基本要求

1. 社会主义文化边界的内涵构成

一是指导思想上，坚持马克思主义的指导。每一种文化在形成过程中均会不断为自身确立起边界，以区别于其他文化。从马克思、恩格斯提出无产阶级的文化，到列宁开创社会主义文化实践，从毛泽东提出新民主主义文化，到新时代中国特色社会主义文化，社会主义文化的内涵和外延一直在嬗变，但本质的内核却是不变的，其中重要的一点就是在指导思想上，始终坚持以马克思主义为指导。每当社会主义发展出现重大转型，人们总会对坚持马克思主义的指导思想提出种种疑虑。改革开放初期，针对文化领域出现的种种争论和疑虑，1983 年 10 月 12 日，邓小平在《党在组织战线和思想战线上的迫切任务》一文中就指出："属于文化领域的东西，一定要用马克思主义对它们的思想内容和表现方法进行分析、鉴别和批判。"[2] 世界社会主义发展史表明，苏联解体、东欧剧变的一条重要原因在于文化领域放弃了马克思主义的科学指导。坚持马克思主义的指导要有整体性、系统性、开放性的思维，不能拘泥在个别论断和只言片语中，因为马克思主义本身也是发展的、进步的。当代中国，就是要用马克思主义中国化的最新成果来指导新时代的社会主义文化发展。2019 年 10 月，中国共产党将坚持马克思主义在意识形态领域的指导地位作为一项根本制度确立下来，即从"根本制度"的高度明

1　[澳] 乔治·戴德：《自我边界》，李菲译，江苏凤凰文艺出版社 2019 年版，第 162—163 页。
2　《邓小平文选》第 3 卷，人民出版社 1993 年版，第 44 页。

确了社会主义文化必须坚持马克思主义的指导。因此，是否坚持马克思主义的指导构成了判断是否为社会主义文化的第一条边界，不仅因为它是根本制度，更因为它是被历史和实践所证明了的行之有效的科学理论。

二是领导力量上，坚持共产党的领导。文化的概念复杂、形态多样，但它决不是一种毫无边界的存在，它需要有领导力量、需要有核心价值为其引流筑渠。在社会主义发展史上，马克思、恩格斯特别强调了无产阶级文化事业坚持党的领导的至关重要性。他们针对 19 世纪 70 年代末德国社会民主党内出现的错误思想倾向批评道："党怎么能够再容忍这篇文章的作者们留在自己队伍中，这是我们完全不能理解的。但是，既然连党的领导也或多或少地落到了这些人的手中，那党简直就是受了阉割，而不再有无产阶级的锐气了。"[1] 这里，他们强调其他阶级出身的文化工作者在无产阶级的政党内工作就要无条件地掌握无产阶级的世界观，不能影响党的领导。1905 年，列宁提出："社会主义无产阶级应当提出党的出版物的原则，发展这个原则，并且尽可能以完备和完整的形式实现这个原则。"[2] 此后，这一原则被历代中国共产党人所继承与发扬。21 世纪以来，随着国家间综合国力竞争方式的悄然转变，文化在国家综合国力较量中的位置愈加凸显。与此同时，随着中国经济的腾飞，人民群众的文化需求越来越呈现出多元化、多样化、多变化、多层化的趋势。短时间内，世界文化与民族文化、现实文化与网络文化、现代文化与传统文化、雅文化与俗文化等造就了非凡多元的文化景观，不断考验着中国共产党的文化领导能力和领导水平。习近平强调："党的领导是社会主义文艺发展的根本保证。"[3] 可见，社会主义文化区别于其他文化的根本标志在于是否毫不动摇坚持共产党的领导。从文化发展规

---

[1]　《马克思恩格斯选集》第 3 卷，人民出版社 2012 年版，第 739 页。

[2]　《列宁选集》第 1 卷，人民出版社 2012 年版，第 663 页。

[3]　中共中央文献研究室编：《习近平关于社会主义文化建设论述摘编》，中央文献出版社 2017 年版，第 168 页。

律来看，越是文化多元，越需要一元化的领导，越是文化进步，越需要强大党的领导。当代中国，铸就社会主义文化新辉煌就是要毫不动摇坚持中国共产党的领导，这是因为党的领导直接关系社会主义文化建设的根本方向、前途命运和最终成败。

三是依靠力量上，坚持以人民为中心。文化发展为了谁、依靠谁是社会主义文化必须直面的根本问题。对这一问题的回答，不同阶级立场的答案是不同的，而始终站在最广大人民群众的阶级立场，始终代表最广大人民群众的根本利益是马克思主义的鲜明回答。马克思主义经典作家和中国共产党人的文化发展思想中深深蕴藏着"以人民为中心"的价值旨趣和现实关怀。这一定位有其坚实的理论根基、深厚的思想源泉、明确的现实针对和强烈的时代诉求，构成了界定社会主义文化的重要边界。因此，人们在判定一种文化是不是社会主义文化时，就要看其是坚持"人民立场"，还是"资本逻辑"；看其是坚持"社会效益首位"，还是"经济效益首位"；看其是"凝聚人心"，还是"离散人心"。社会主义文化必须坚持人民至上，文化发展为了人民是它的本质规定，也是其不可移易的价值原则。无论现在和将来，社会主义文化建设都要把这一规定和原则贯彻与体现到各方面和全过程。因为文化富不富、美不美、优不优，不是靠口号喊得响，更不是靠形式做得亮，而是最终要落脚到人民体验好不好、评价高不高。因此，坚持以人民为中心要有深刻的理性认知和具体的实践行动。

四是根本目标上，创造人类文明新形态。人类历史表明，大国的发展与强国的崛起，既是经济力量、军事力量等硬实力的显著跃升，更是政治制度、思想文化等软实力的卓越提升。人类文明经历了从低级到高级、从简单到复杂、从落后到进步的演进过程，社会形态的更替实际上也是文明形态的更替。社会主义文明是建立在人类文明全部成果基础上，超越资本主义文明的新型文明。习近平在庆祝中国共产党成立一百周年大会上的讲话中首次提出："我们坚持和发展中国特色社会主义，推动物质文明、政治文明、精神文明、社会文明、生态文明协调发展，创造了中国式现代化新道路，创造了人类文明新形态。"[1] 寰宇全球，人类文明的形态多种多样，中国式现代化新道路能否称得上一种人类文明新形态？答案是肯定的。从社会形态来看，中国式现代化强调的是中国共产党领导的社会主义现代化，而不是其他现代化。从文化发展来看，中国式现代化秉持的是物质文明和精神文明相协调的现代化，而不是物质优先的现代化。中国共产党领导创造的人类文明新形态，根植于中华优秀传统文化，体现科学社会主义的本质，借鉴吸收一切人类优秀文明成果，代表了人类文明进步的发展方向。这种人类文明新形态扬弃了西方现代化的资本逻辑，否定了西方中心主义，驳斥了"文明冲突论"和"历史终结论"，展现了不同于西方现代化的文明新图景。社会主义文化边界的提出，有助于人们产生一种社会主义的边界意识，这种自觉意识一旦产生就会发挥凝聚功能，进一步助力创造人类文明新形态。同时，对文化进行社会主义性质的强调更能凸显中国共产党领导的中国式现代化是一种人类文明的新形态。

五是文化图景上，强调多彩平等包容。在人类漫长的历史进程中，不同的地域和人群在不同的经济基础、自然环境、社会制度、历史传统基础上创出出的文化不同。正因为有各式各样的文化存在，人类发展的长河才不至于枯燥乏味，才能绚丽多姿。但是，不同的文化兼具有普遍性和特殊性的双重规定。普遍性来源于人之为人的本性，构成了人类不同文化交流互鉴的基本前提和必然规定，特殊性根源于地域历史的差异，构成了人类不同文化分殊异曲的边界标识和独特贡献。关键在于，人们以何种眼光和态度来看待不同的文化。社会主义文化承继了中华优秀传统文化的"和合"精神，强调亲仁善邻、协和万邦，立己达人、兼济天下。2023 年 3 月 15 日，习近平在中国共产党与世界政党高层对话会上再次提出："要共同倡导尊重世界文明多样性，坚持文明平等、互鉴、对话、包容，以文明交流超越文明隔阂、文明互鉴超越文明冲突、

1　《习近平谈治国理政》第 4 卷，外文出版社 2022 年版，第 10 页。

文明包容超越文明优越。"[1] 因此，社会主义文化边界的提出不是要自我封闭，更不是要唯我独尊，也不违背文化创造和发展应遵守流动性与开放性的一般规律。相反，它跳出了非此即彼、零和博弈的思维窠臼，摒弃了西方中心主义的世界观，它以推动尊重文明多彩、平等、包容为价值取向，实现了对普世文化和专制文化的超越。傲慢和偏见是文化交流互鉴的最大障碍，无论是国与国之间的互通往来，还是人与人之间的合作相处，都需要秉持正确的态度和基本的原则。当代中国的社会主义文化承继了中华文明的包容性、和平性，不搞文化自负，不搞文化霸权，承认不同文化之差异，博采百家文化之长处，融会优秀文化之精华来丰富自身，以美美与共为终极目标。

2. 社会主义文化边界的原则遵循

一是不同形态文化间要承认"边界差异"，秉持"和而不同"。不同的社会形态在经济、政治、文化方面会有不同的呈现样态。具体到当今时代和文化领域，就是要勇敢承认社会主义与资本主义两个主要社会形态文化之间的"边界差异"，但同时要秉持"和而不同"的理念。强调"边界差异"是要自觉承认不同文化所具有的内在"相对性"和"有限性"，不同文化也正因此才获得了自身的规定性。强调"和而不同"是要自觉承认不同文化都有属于自身的运行规则，不能"以一驭万"和"以一抵百"。"边界差异"的存在与"和而不同"的理念构成了不同形态文化共存不可或缺的两个必然规定。一方面，不同形态文化之间需要边界，规范自身的本质与存在，另一方面，不同形态文化之间需要交往，扩充自身的力量与外延。前者是文化边界的内在规定，否认它，就会出现越界与混乱。后者是文化边界的外在规定，拒绝它，就会出现极端与霸权。在"全球一家"的人类命运共同体中，不同形态文化的边界是存在的，不同文化所蕴含的势能相差甚远，尽管要推动不同文化间的交流互鉴，但不同形态文化的斗争也是存在的。在一种特定文化中成长

1　习近平：《携手同行现代化之路》，《人民日报》2023 年 3 月 16 日。

起来的每一个人，都会在自己的身上表现出边界的影子，也会以同样的方式辨识出自己或他人的行为是否符合不同的边界规定。社会主义文化边界集指导思想、领导力量、依托主体、目标方向等要素为一体，是对社会主义文化生存与发展的界限规定。同时，它承认内涵的差别和多样，也不强求在文化上做出整齐划一的行动。因此，全球范围的文化交流并不否认边界存在的合理性，它不是要"资本主义化"，也不是要"社会主义化"，而是在尊重多样性的基础上实现文化普遍性与特殊性的双向互动。

二是社会不同结构间要尊重"边界规律"，遵循"差序有质"。人类社会在人的主观认定下分为不同的结构，如经济、政治、社会、文化等。不同的结构内部各有其运行规律和行为规则。这些不同的划分虽有强烈的"人为"因素，但它却划定一个"相对边界"，也意味着每个领域都有不得逾越的边界，不能去干涉其他领域的活动，不能去规制其他领域的发展，更不能越界去充当其他领域的权威。如果总是企图越过边界，把原本只属于自身领域的规则运用到其他领域，必然会带来人们生活世界的错位和混乱，其极端化发展的结果将会带来整个生活世界活力的消失和人的自由自在的丧失。社会主义发展史上出现的诸多艰难曲折或多或少都与社会结构中各部分之间性质的"边界不清"有关，如曾出现将阶级斗争尖锐化的理论与实践扩展到思想文化领域，结果走向了悲剧。但是，强调社会不同结构间各组成部分之间不随意越界和不肆意僭越，并不意味着各个领域之间是"老死不相往来"、"井水不犯河水"的绝对隔绝关系，更不意味着它们互相之间"不可通约"的冲突。相反，它们之间可能而且必须进行经常性的交往与合作，但前提是各个领域对自身边界限度保持明确的意识，并自觉防止越界和僭越。"只有这样，真正的交往和合作才成为可能，而越界和僭越正是破坏生活世界的各个领域的交往和合作的'罪魁祸首'。"[1] 事实上，人生活世界的每一领域

---

[1]　贺来：《边界意识和人的解放》，上海人民出版社 2007 年版，第 118 页。

都有独属自身的规律，展现出对普遍性、总体性规则的一种拒斥。社会主义文化边界的提出，要求文化在社会主义发展中恪守自身边界，在结构划分中做到恰如其分，在功能发挥中做到定位合理，在继承创新中做到张弛有度。

　　三是文化政策方针要有其适用的"边界范围"，强调"进退有度"。一个国家的政治法律制度、政策方针导向对文化的良序发展都会产生重要影响，赋予文化发展以条件、动能、规则，形塑着文明体的边界。值得注意的是，文化的顶层设计并不会自动运行，需要发挥人的主观能动性去推动。但是，作为推动者的人一定要认识到文化政策方针有其适用的边界范围。毛泽东在提出文化发展的"双百方针"时就明确规定了其适用的边界范围，即"有利于团结全国各族人民，而不是分裂人民；有利于社会主义改造和社会主义建设，而不是不利于社会主义改造和社会主义建设；有利于巩固人民民主专政，而不是破坏或者削弱这个专政；有利于巩固民主集中制，而不是破坏或者削弱这个制度；有利于巩固共产党的领导，而不是摆脱或者削弱这种领导；有利于社会主义的国际团结和全世界爱好和平人民的国际团结，而不是有损于这些团结。这六条标准中，最重要的是社会主义道路和党的领导两条。"[1] 如果只喊"双百"方针的口号而无视其边界规定，无疑是一种极大的误读。中国共产党在历史发展中针对不同时期的文化状况提出的若干不同的指导方针，成为指导社会主义文化发展的基本原则。但是，不能喊着"双百方针"的口号去追求言论自由，不能打着"二为方向"的旗帜去追求低级趣味，更不能举着"双创方略"的名片去追求西化或复古。文化的政策方针在为自己成员设立边界方面具有显著优势，社会成员一旦习得某种文化习惯，所形成的边界就会成为一种默会意识，并且会对人们的思想和行为发挥指导作用。倘若没有对"度"的前提认知和深刻把握，把握不好分寸，掌握不好尺度，"和谐"、"和平"、"和睦"等一切关于"和"

---

[1] 《毛泽东文集》第 7 卷，人民出版社 1999 年版，第 234 页。

的思想和期望便少了基于平衡的视角和力量。

四是思想文化领域要时刻不忘"边界意识"，担起"守土重任"。文化是传统的，也是现实的，是要遵循的，也是要打破的，本质在于一种边界秩序的建构。社会主义文化发展的时空场景一直在不断的变化，但是其与生俱来的边界要求是恒定的。历史与现实、内部与外部、公益与效益等不同时期、不同空间、不同追求的文化都在同一场域中进行着边界的"拉锯战"，有时较为激烈，有时较为温和。但不可否认，它一直都存在着。对此，习近平曾用"三个地带"的划分强调要采用不同的对策。红色地带的主流文化和正面文化是社会主义的先进文化，要毫不动摇地守住，黑色地带的反动文化和负面文化有悖于社会主义先进文化的要求，要逐渐改变其颜色。随着改革开放的深入，文化发展多元与多样带来的是边界的扩伸与移变，但并没有削减边界的重要性。因此，要把鲜明的导向立起来，压缩思想上有偏差、道德上易失守、行为上会失范的文化现象的生存空间，才能实现全社会文明程度的提高。问题的关键在于，思想文化阵地的占领需要边界形塑的引导有力、话语有效、思想有范，需要充足的自信精神和优胜的工作能力。思想文化领域的更易虽不能瞬间发生，但是一旦发生将无法挽回。因此，思想文化领域要时刻不忘"边界意识"：一要巩固马克思主义在意识形态领域的指导地位，解决方向和道路问题。二要坚持正确的政治方向和站稳政治立场，解决立场和原则问题。三要巩固全党全国人民团结奋斗的共同思想基础，解决人心和根本问题，最终达到"守土有责、守土负责、守土尽责"的要求。社会主义文化边界的提出，目的在于让人们在文化铸魂、塑形、赋能的过程中拥有一种前提性意识和前瞻性思考，让生活在其中的每一个人都能够找到方向、明晰坐标、心有归属。

3. 社会主义文化边界的基本要求

一是铭记文化方向中的意识形态性，拒斥"普世文化"和"封建文化"。近代中国争取民族独立和人民解放的反帝反封建斗争，反映和凸显了中国文化走向现代化的艰难困境。中国的革命必须寻找能够真正代表社会历史发展要求和方向的全新文化。中华文化的边界也在社会的结构转换与发展演进中不断地消退与涌入、解构与创建、争夺与划定。在各种社会文化思潮激烈的角逐与厮杀中，历史选择了马克思主义，选择了中国共产党，社会主义文化作为一种具有鲜明意识形态标识的文化形态而出场，同时也有了区别于资本主义社会、封建主义社会等其他社会形态文化的界限。这一新文化如何区别于其他社会形态的文化，边界标识在于它的内容实质、发展方向、服务对象、历史使命都是崭新的。关于这一点，毛泽东在关于新民主主义文化的论述中表达得非常明确。当今时代，文化多元化使得民族文化固有的排列方式发生变化，各种新生文化与原有文化共存并试图划定新的边界。从"文明的冲突"的论调中也可看到，各种文化都试图在捍卫自己边界的过程中保留或扩大自身的范围，处于衰落状态的文化不甘退出历史舞台，那些生长旺盛的文化力图攻克其他文化堡垒，双方的力量对冲与比较构成了现时代的文化边界景观。面对"普世文化"，我们不能以"全人类"的名义膜拜，不能放弃自己的文化坚守。面对"封建文化"，我们不能以"兴传统"的名义复古，不能忽视自己的文化责任。历史的教训是深刻的，社会主义文化边界的提出，就是要巩固马克思主义在意识形态领域的指导地位，巩固全党全国人民团结奋斗的共同思想基础，担负起新的文化使命。

二是承认文化世界中的分殊有限性，拒绝"强施于人"和"以己度人"。人类的文化世界丰富多彩。从全球来看，不同的国家和民族扎根自己的土壤，创造出了有自己本色的文化，共同铸就了人类文化花园的形成。从中国来看，社会主义文化不仅包含了五千多年文明发展中孕育的中华优秀传统文化，更包含了党和人民在伟大斗争中孕育的革命文化和社会主义先进文化，共同构成了中华民族独特的标识。不同的文化汇集起世界文明之园，不同的文化同时也划定了各自的边界。人们虽然不能采用物理方法从实践操作层面划定文化世界的边界范围，但无论何种文化，都为生活在其中的人提供了一种边界规范，促进着文化共同体的有序化，并由此来守护人之为人的规定性。同理，人类社会也正是通过这种内隐式的契约建构起共同认可的文化边界，进而促成社会的和谐与文化的和美。"不同国家、民族的思想文化各有千秋，只有姹紫嫣红之别，而无高低优劣之分。每个国家、每个民族不分强弱、不分大小，其思想文化都应该得到承认和尊重。"[1] 相反，那种打着"普世价值"旗帜希冀建立隔膜、增加排斥、幻想取代的努力注定是违背规律和徒劳无益的。值得注意的是，人们不能打着"自成自爱"的幌子，拒绝文化之间的交流、学习与借鉴，更不能怀着"以己度人"的心态，试图把自己的文化强施于人。社会主义文化边界的提出，目的在于让国人在薪火相传中代代守护好社会主义文化边界，让国人在与时俱进中形塑发展好新时代的社会主义文化。它要求树立科学化的引导体系，建设生活化的教育体系，优化自律化的人格体系，通过人性的培育和人格的塑造，使得人的理智、情感、欲望得以保持平衡，自觉承担起对民族、对国家、对人类应负的责任。

三是明晰文化发展中的政策边界性，提防"包打天下"和"独断专行"。掌握万事万物的边界存在，是一种修养、一种智慧、一种境界。守正不守旧，尊古不复古才是正确的创新之道，强调创新不是要抛弃传统，而是要高扬传统中的优秀成份和民族特色。改革开放新时期，是一个新旧交替、纷纭多变的社会转型时期，也是一个克服旧文化观念、树立新文化观念的时期。身处其中，我们对待传统文化要保持科学的分析态度，要秉持正确的取舍理念。搞文化改革，不能要虚无主义，绝不能把民族的好传统改掉。搞文化创新，不能要西化主义，绝不能把西方的所有都拿来。社会主义文化发展中，既要弘扬民族优秀的文化传统，又要积极汲取外国的文明成果。社会主义文化创新中，既要深深扎根于民族沃土中，又要牢牢把住民族精神、民族气质、民族风格、民族特点这一内核。因此，掌握好边界，就不能只讲"非此即彼"，不能简单地认

1　习近平：《在纪念孔子诞辰 2565 周年国际学术研讨会暨国际儒学联合会第五届会员大会开幕会上的讲话》，《人民日报》2014 年 9 月 25 日。

为不是东风就是西风，不是香花就是毒草，不是好人就是坏人，不是无产阶级就是资产阶级。因为事物是多层次的，文化是多样化的，简单化就会导致片面化甚至绝对化。社会主义文化方针政策的制定与运行一定要把握好"度"，避免"欲速则不达"，防止"过犹而不及"，警惕"故步而自封"。当代中国社会主义文化边界形塑的历史使命在现实生活中显现出来，人们就要自信且坦然面对，但不能假借"边界形塑表达"而违背文化之规律，生活之常态，也不能借口"意识形态力量"而挤压私人之空间，思想之个性。文化实践中不能借口保持边界的坚定性而否定现实的灵活性，任何墨守成规的坚守都会大大减损社会主义文化的完整性与鲜活性。因此，在贯彻和落实各种文化方针与政策时，一定要注意它的边界前提和边界规定。

四是牢记文化内身中的自我价值性，不能"失守阵地"和"为所欲为"。一个社会的主流文化是由统治阶级主导的，由社会成员认可的按照规矩行事而必须知道和遵循的东西所构成。这里的逻辑关系是，社会需要制序以约束人的行为，而文化是告知、规训、指导人们如何建构和营造制序的体系。历史在发展，社会在变革，这种转变都会影射到人心之中进而引起更大范围的文化转型。在这种变化的氛围中，文化的边界也在不断调整适应，以获得自我重塑。当然，转型之中也必然会出现一些新问题，如观念没有善恶，认为只要不违法就行；行为没有底线，认为只要不损人就可以的文化现象。特别是经济实力强起来后，更要警惕物欲横流之下出现的文化"荒漠"和精神"黑洞"。针对文艺领域出现的种种乱象，习近平批评道："如果只想走捷径、求速成、逐虚名，幻想一夜成名，追逐一夜暴富，最终只能是过眼云烟。文艺要通俗，但决不能庸俗、低俗、媚俗。文艺要生活，但决不能成为不良风气的制造者、跟风者、鼓吹者。文艺要创新，但决不能搞光怪陆离、荒腔走板的东西。文艺要效益，但决不能沾染铜臭气、当市场的奴隶。创作要靠心血，表演要靠实力，形象要靠塑造，效益要靠品质，名声要靠德艺。低格调的搞笑，无底线的放纵，博眼球的娱乐，不知止的欲望，对文艺有百害而无一利!"[1] 文化的边界在多种因素的影响下发生着变化。当前中国特色社会主义文化建设的关键在于，面对资本的扩张、逐利、求快，能够坚定文化自信，保持文化自觉，增强主动性、掌握主动权、打好主动仗。面对是非不分、善恶不辨的文化论调，要敢于发声；面对搜奇猎艳、低级趣味的文化庸俗，要敢于亮剑；面对粗制滥造、追逐金钱的文化垃圾，要敢于抓管，划清是非、善恶、雅俗的文化界限，以保文化发展空间天朗气清。只有把规矩立起来，才能涵育好生态；只有把边界讲清楚，才能自由不逾矩。

二、 社会主义文化边界的相关理论

文化因其概念和外延的不确定性，其边界可大到无边无界，亦可小到具体的人和具体的物。文化边界在市场经济、科学技术、网络信息所营造的时空压缩和信息爆炸时代愈益凸显。市场化、信息化、科技化的兴盛带来了经济边界的瓦解和冷战政治的隐退，人们内心的文化边界意识开始凸显，发出了"守住边界"、"精神返乡"、"边界转向"的呼喊。不同的人们都在对此进行着各自的叙说，来自不同学科领域的诸多先知先觉者用不同的话语来唤醒世人的文化边界意识。学者们虽然从不同的视角进行着各自的理论叙说，但本质上均体现为对文化边界的呵护，呈现出一种"异语同质"的叙事景观，都强调人类在前进的道路上离不开文化的浸润，离不开诗意的栖居。文化边界的叙事维度，大体来说可分为地理学、哲学、文艺学、政治学、经济学、马克思主义等六种方式。

（一） 文化边界的地理学维度陈说

边界的出场首先是地理学上的领土划分之义。人们在此基础上开始

1　《习近平谈治国理政》第 4 卷，外文出版社 2022 年版，第 326—327 页。

讨论边界的确立、状态、功能、运动等，但起初对边界的探究多是基于自然属性。随着社会科学的发展和认知水平的提高，边界的社会属性不断为人们所重视。因此，文化地理学、政治地理学、人类地理学等日渐兴起，表达出对边界的文化叙事期待。

1. 生存空间中的文化边界区隔

作为现实存在的个体，人必须依赖于一定的地理空间才能存活下去。因此，地理空间是人得以存在与延续的前置条件。但是从人类原初的文明发源地来看，四大文明古国相距甚远，因而也不存在所谓的边界分割，进而在民族国家诞生之前，也就没有现代意义上的地理边界。但在民族国家诞生之后，不同生存空间中的人们开始有了边界需求和边界意识。1648 年，作为欧洲中世纪与近代历史之交的第一个多边条约——《威斯特伐利亚和约》的签订，开启了现代民族国家之间划定明确边界的先河。此后，欧洲开始了建立边界的高潮，边界成为主权国家的分界线，在不断的"边界运动"中王朝国家的"有疆无界"被民族国家的"有边有界"所取代。作为国家领土竞争的前沿地带，边界是为生存空间斗争而形成的分割线，更意味着国家控制和规约的界域线。为强化认同和优化治理，作为生存空间的国家在边界内部又被无数来自地理的、政治的、民族的、历史的等非正式人为边界区隔开来。因此，人们所依存的生存空间在现时代已掺入更多的文化色彩，往日依山而分、依河而隔、划江而治的自然边界逐渐让位于今日心理认同、民族认同的文化边界。地域空间逐渐成为一个有边界的文化空间。19 世纪的德国地理学家拉采尔（F. Ratzel）就提出，边界本身并不完全是自然现象，随着政治、经济和社会环境的变化会出现普遍的边界空间。因此，地域生存空间和文化边界空间成为一种互相营构的关系，前者为后者提供生存依托，后者为前者提供价值实现。

"地球村"的现实在全球化和网络化的时代不断为人们所接纳，时常也有人发出"无边界"、"边界消亡"的声音。如有学者提出："全球化、后工业化将是一种消解边界的运动。"[1] 在他看来，即便在全球化中设立新的边界，那么这些边界首先发挥的也不是隔离作用，而是联系作用。边界不仅划定了地域间的领土范围，还影响着边界两侧社会群体的文化生活方式。处在不同地理空间的人们，在不同文化的熏染和教化下会呈现出不同的文化心理与文化样貌。如文化上"同根同源"的朝鲜和韩国在人为边界的分割下，在政治制度、意识形态、生活理念等方面表现出极大的文化差异。这里，体现的恰恰是边界对社会成员的文化形塑效应，即边界在文化上催生了"我者"与"他者"的分离，进而使得复杂丰富的社会关系与社会功能成为可能。当然，地理环境决定文化存在的言说在边界研究中虽遭到反驳但仍时有体现。因为在人们没有能力改变自然面貌的年代，自然地貌对人类的空间格局具有很大的形塑作用，形成原发性边界。随着人们实践能力的增强出现了许多次生性边界，即人们根据特定的文化和种族的特征来划出人为的边界。这种次生性边界虽然依存于原发性边界，但是已经大大丰富了边界的类型。20 世纪 90 年代以来，国内外学者普遍认为，边界的社会建构意义已经远远溢出自然间隔意义，边界也不再是固定的而是流动的，不再是自然的而是人为的，不再是政治的而更多是文化的。

2. 身份符号中的文化边界认同

边界是一种身份符号，是政治或社会建构的结果，是社会和个体生活中不可缺少的一部分。文化依托于一定的地域空间而生成，形式多样的边界造就了人类生存的独特空间，创造了五彩缤纷的现实世界。边界所提供的稳定性使得辖域内的人们在加深信任感和一致性的基础上有可能做出更多有目标、有力量的集体行动。基于社会治理与维护统治的需要，边界在规定人的活动中带有较多的实践向度与政治色彩。但随着国家边界向社会边界的扩伸，边界的内涵与外延已大大延伸。西方人文地理学对边界的研究起步较早，发展至今呈现出"自然边界"与"人文边

1　张康之：《论全球化条件下的"有界"与"无界"》，《理论与改革》2017 年第 2 期。

界"、"社会功能"与"文化意义"相结合的趋势。发展的历程可归结为：16—17 世纪，自然意义上的边界逐渐由"模糊"转向"清晰"。18—19 世纪，边界实现了由"自然"到"人为"的意义延展。20 世纪初—80 年代，边界又实现了从"静态"向"动态"的实践转变。20 世纪 90 年代以来，边界又实现了从"政治性"向"日常性"的建构转变。[1] 对此，有学者指出："边界不仅是国家间自然形成的一个空间范畴，同时是社会、政治和话语建构的过程。边界也不仅是国家间的界线，对社会群体来说，边界具有更深刻的符号、文化、历史和宗教意义。"[2] 因此，在边界划定的空间范围内，人们的生活方式、社群的自我认知、内在的行为心理、外化的价值取向都将受到辖域内历史、宗教、习俗等文化因素的影响。但是在差异化和流动性并存的情况下，边界自身所具有的形塑稳定性的功能常常面临着不稳定因素的挑战，使得边界具有了更多弹性化、渗透化、模糊化的特征。

边界的建立与国家认同、民族认同、政治认同、心理认同的建构密切相关。没有边界，认同就失去了核心，淡化边界，认同就沦为空洞。地域空间愈发成为族群的身份符号和文化象征，不同地域的人们正是通过边界的文化认同来增强对群体的认同感与归属感，如各种不同的"老乡会"、"民族街"、"微信群"等都深深印刻着文化边界认同的痕迹。因此，一旦边界清晰划分或建立起来，就会在人们思想中形成"他与我"、"内与外"的文化区分意识，这种边界意识又促使人们不断形成对自身国家和民族的身份符号认同。因此，"边界并非是一个僵化、一成不变的物质实体。边界的社会文化意义及在社会过程中的作用，是随着社会情境、社会关系以及社会成员的实践而不断重构的。"[3] 现实文化场景中，当身居国外言说"中国"时，当客居异乡念叨"故乡"时，表达出

1　参见后雪峰、陶伟：《建构与批判：二战后西方边界研究进展及启示》，《地理科学进展》
　　2021 年第 7 期。
2　初冬梅：《西方政治地理学对边界问题的研究》，《中国边疆史地研究》2017 年第 3 期。
3　唐雪琼、杨茜好、钱俊希：《社会建构主义视角下的边界——研究综述与启示》，《地理科学
　　进展》2014 年第 7 期。

的都是一种建立在地理边界之上的身份符号文化认同。但也有学者提出不同观点，即根据地理边界和民族国家而建构起来的身份认同并不足以使人们达到增强文化边界认同的目的，因为"政治边界很少与种族、语言和文化边界相一致。把边界的领土、国籍、国家和身份之间的多重性和分歧表现成制图投影里一个涂了特别颜色的盒子，只会再次重申社会历程应该在其边界内展开的错误观点。"[1] 尽管全球化已经使得不同地域间的交往成为普遍，但是人仍没有超出边界的文化范畴。地理学意义上的边界障碍在当今似乎微不足道，但是文化意义上的边界认同却日显其重。相应地，边界的研究兴趣也逐渐由对地理边界的关注转向对文化边界的眷注。

3. 地缘交往中的文化边界互动

社会成员既需要承认地理边界为自身限定空间范围和空间秩序，也需要通过不断地挑战既有的边界秩序，为新的社会创造提供可能。从这个意义上说，人类历史是边界不断突破与建构的历史。文化边界互动是历史发展的主要驱动轮之一，跨界交流与融合是不同边界范围内文化行为的永恒存在。不同的地理边界或政治边界虽然造成了空间区隔和国籍之分，但是受经济、社会甚至政治因素的驱使，加之文化的交流使然，跨界文化间的互动却是一种常态。边界可以是明确的、固定的，但是文化却可以是无限的、互通的。"边界两侧不同的社会与文化群体，通过交流和互动，可以实现社会关系的重构及新的文化意义的产生。"[2] 如欧洲联盟是欧洲诸多国家结成的经济与政治共同体，但人们在谈及"欧洲"这一概念时，更多是指文化意义上的欧洲。在中国，民族自治地方的设立虽然是由政府作为核心力量主导与形塑了边界变化的全过程，但就基本原则来说是遵循了不同民族的文化认同边界，即文化边界的历史

1　[芬] Jussi P. LAINE：《当代全球化背景下的边界和边界景观》，《地理科学进展》2017 年第 12 期。

2　唐雪琼、杨茜好、钱俊希：《社会建构主义视角下的边界——研究综述与启示》，《地理科学进展》2014 年第 7 期。

与传统为政治边界的确立与划定提供了参考和依据。随着人类文化的不断发展和交流的日趋频繁，跨越地理边界的文化边界互动将会更加普遍。当然，跨越边界的互动并不意味着边界的消亡，相反，将会承载更多文化意蕴。

边界的功能是多维的，既有区隔功能，又有认同功能，既有屏蔽功能，也有中介功能。被边界区分开来的地区间互动既有对抗，也有合作，既可对立，也可互惠。随着经济全球化、政治多极化、科技信息化的迅猛发展，产生了关于"边界有无"的争论。肯定者认为国家边界虽然较过去容易渗透，但是国家仍在全球版图的形塑中起着重要作用。否定者认为市场机制和技术变迁导致的时空压缩已经打破了边界存在的障碍，尤其在经济领域，世界正在向着"无边界"状态迈进。事实上，两者争论焦点在于如何认识边界在现时空环境中的内涵与外延。为此，中西方学者均提出了边界的"文化转向"，即地理空间已无法全面展现边界的含义，边界的文化及其互动成为一种显态。但是这种文化互动中常常伴随着文化殖民、文化霸权、文化输出的侵扰，因而民族国家的文化安全就成为统治阶级需要重视的内容。文化边界互动中，"强势文化有一种征服的欲望，它们希望改变现有的文化边界；弱势的文化也有自我保护的愿望，它们希望捍卫自己的文化边界"。[1] 文化边界的前沿阵地是一个没有硝烟的战场，这里的攻与守、进与退、来与去经常发生着。对此，有学者提出："'边界'并不是单一的地理与历史概念和单元，它是不同国家、地域、族裔与文化之间形成的安全、资源、财富和政治文化权力争夺与'博弈'的场域，也是'博弈'所需要的有力工具和手段。"[2] 因而，不同的国家都制定了各自的文化强国战略，旨在守护自身的文化边界。

---

[1]　孟宪平：《马克思主义文化动力思想及其实践研究》，北京师范大学出版社 2018 年版，第 138 页。

[2]　常宝：《反思的"边界"：中国多民族研究的另一种维度》，《社会科学战线》2020 年第 6 期。

（二）文化边界的哲学维度论述

哲学作为一种先知先觉、刨根究底的学问，其触角不仅探向惊奇的外部世界，更伸向神秘的内心世界。针对 20 世纪人类精神文化世界的自我冲突和文化发展的背反现象，有学者提出哲学的文化转向，有学者提出文化引导未来。转型期的文化边界成为文化哲学乃至哲学不可忽视的思考主题。

1. 伦理维度的道德失范说

从词源上看，"伦理"、"道德"、"文化"的词义各异，但寓意相近。"伦"是辈分、等级、秩序之意，"理"是调理、治理、整理之意。"道"意指规律、规则、道理。"德"意指人世的品性、品行、品格。"文"本义指杂色交错的纹理。《易·系辞下》载："物相杂，故曰文。"《礼记·乐记》载："五色成文而不乱。""化"本义指改易、生成、造化。可以看出，由"伦"走向"理"、由"道"走向"德"、由"文"走向"化"，都蕴含着"无序"向"有序"的价值转换。两者在历史与现实的发展中往往呈现出不匀速的特征，甚至出现较大悬殊，以致历代人们都在追求伦理秩序、道德规范和文化规则。针对当前中国社会的伦理道德文化状况，人们存在三种相异观点：一是"道德爬坡说"，二是"道德滑坡说"，三是"道德转型说"。社会中一旦有道德事件发生，无论是好是坏，都会借助现代网络技术迅速扩散，但悲情的道德事件似乎更能引起人们的关注，进而使人们有种普遍的"道德失范"之感。如果没有正面的道德教化，这种失范之感就会演化成"道德恐惧"，最后造成"道德冷漠"的普遍存在。人们如果长期浸泡在这种道德氛围中，不自觉就会忘却人性的高贵、美德的意义，进而丧失精神家园的慰藉，最终沦落为文化上的漂泊者。

对于思想观念活跃、文化交融深入时代文化边界模糊化的突出问题。有学者将此现象称之为"道德失范"，意指"因作为存在意义系统的道德价值及其规范要求，或者缺失、紊乱，或者缺少有效性，不能对社会生活发挥正常的整合调节作用，社会所表现出的道德价值混乱、道德行为失范现象。"[1] 这一界定隐含着两方面内涵：一是原有的规范、规则被打破、被越界；二是人的内在精神世界出现价值迷路。也有学者提出"底线伦理"或"底线道德"概念。[2] 即是说，不管人们追求什么样的生活方式或价值目标，有一些基本的规则不能违反，有一些基本的道德不能践踏，有一些基本的界限不能逾越。道德底线追求是全体公民应该履行的基本道德义务，如不可杀人、不能盗窃、尊重他人、怜悯之心等，都是相对于"道德高标"而言的"道德低标"，是对人的个体生命及其尊严的认知与维护，是一种面向社会所有成员的基本道德要求。它为社会生活的正常运转提供了文化根基，但不同的领域又有其特殊规律和内在秩序，离开了这些规律和秩序，人在这个领域的活动必定变得混乱不堪。中国正处在前所未有的大转型期，传统的秩序失去了往日的约束力，现代的秩序仍未有强大的感召力。处在夹缝中的当代人经历转型期的道德之痛在所难免。事实上，无论是指责"道德失范"，还是呼吁"底线伦理"，都是期盼建构更加现代、更加理性、更加美好的文化秩序。

　　2. 美学维度的审美泛化说

　　美学是人类关于生命存在与终极超越的冥思，但其又是建立在压抑和规范欲望之上的，这就造成了雅与俗、美与丑、善与恶的张力存在。审美作为人类理解世界和审思生活的一种特殊形式，指人与世界、人与社会之间形成一种超功利的情感关系状态，是一种理智与情感、主观与客观、感知和评判的关系存在。在审美这个词组中，"审"作为一个动词，它表示一定有人在"审"，有主体介入，也一定有可供人审的"美"，即客体存在。从某种意义上说，审美或者说对美的追求是人与生俱来的品格。在传统社会，虽然人们并不缺乏美的对象、美的感悟、美

1　高兆明：《道德失范研究——基于制度正义视角》，商务印书馆 2016 年版，第 29 页。
2　何怀宏：《守卫底线伦理》，《人民日报》2015 年 2 月 16 日。

的享受、美的憧憬，但真正意义上的美学是从 18 世纪才开始的。随着时代主题的转换和社会生活的变迁，"日常生活审美化"被提出并走进人们的视线。从理论来源看，这一概念主要来自德国后现代哲学家沃尔夫冈·韦尔施 1998 年出版的《重构美学》和英国社会学家迈克·费瑟斯通 1991 年出版的《消费主义和后现代文化》。如费瑟斯通认为日常生活的审美化消解了艺术与日常生活之间的界限，导致艺术可以出现在任何地方和任何事物之上。事实上，美与日常生活的界限在传统社会常常是清楚的，而在现代社会中两者间的边界日渐模糊，上至文人志士，下至黎民百姓，都成为了美的创造者、享有者、评判者。

新世纪以来，中国学术界关于日常生活审美化的争论也成为热门话题。以童庆炳、朱立元、赵勇等为代表的学者认为，文学文艺作为美学的代表者在现代化的浪潮中虽然边缘化了，但其具有的独特审美场域是任何艺术也无法取代的，文艺学可能随着这些事实、问题和活动的变化而变化，但无论如何变，都不会把文学抛弃掉。[1] 与此相反，以陶东风、金元浦为代表的学者则认为，今天的审美活动已经超出所谓纯艺术和纯文学的范围，渗透到了大众的日常生活中，艺术活动的场所也已经远远溢出高雅的艺术场馆，深入到大众的日常生活空间。在这些场所中，文化活动、审美活动、商业活动、社交活动之间不存在严格的界限。而文艺学的出路在于正视审美泛化的事实，紧密关注日常生活中新出现的文化、艺术活动方式，及时地调整、拓宽自己的研究对象与研究方法。[2]在"守界"还是"扩容"以及如何划界问题上体现为文化发展中"雅"与"俗"的历史纠缠。事实上，争论双方并不存在实质区别，都反对假借"日常生活审美化"的名义对人感性欲望的无限度释放、对工具理性的无情感操控，都希望能够复兴中华文化特有的灵韵，建构中国人诗意栖居的精神家园。对真善美的不懈追求是文化永恒的价值所在，文化作

1　参见童庆炳：《"日常生活审美化"与文艺学》，《中华读书报》2005 年 1 月 26 日。

2　参见陶东风：《日常生活的审美化与文化研究的兴起》，《浙江社会科学》2002 年第 1 期。

为人的生命存在就是要通过审美方式让人的灵魂受到洗礼，让人们发现自然之美、生活之美、心灵之美。

3. 主体维度的本质异化说

人作为社会发展的创造主体，也是文化发展的应有主体。人不同于动物之处在于人是有思想精神的、自觉自为的存在主体。但随着全球化、现代化进程的加快，当代中国人在获得物质财富巨大提升、主体精神显著增强、自由意志空前生长的同时，又不得不直面一系列无法回避的精神文化问题，即繁盛中孕生着忧虑和恐惧，而忧虑和恐惧中又寄托着未来的涅槃。马克思、恩格斯对资本主义的批判，不仅是哲学的反思和经济的批判，更蕴含着深刻的文化和道义批判。如他们说："在我们这个时代，每一种事物好像都包含有自己的反面。我们看到……财富的新源泉，由于某种奇怪的、不可思议的魔力而变成贫困的源泉。技术的胜利，似乎是以道德的败坏为代价换来的。……我们的一切发明和进步，似乎结果是使物质力量成为有智慧的生命，而人的生命则化为愚钝的物质力量。"[1] 在他们看来，资本主义在人类文明进步中具有重要地位，但其自身有着无法克服的内在悖论，典型的表现形式就是"异化"。"异化"聚合成为一种统治人且不受人控制的强大力量，这种力量不依赖于人们意志和行为却支配着人们的意志和行为。这种"异化"状态到今天仍未得到消解。

市场经济、现代科技、网络信息在给人们带来物质满足之余，也带来了心灵秩序的凌乱和无序。个体内心的无意义感、精神世界的无归属感、家国情愫的无认同感成为现代人普遍的文化心态。新马克思主义者包括以卢卡奇、葛兰西为代表的早期西方马克思主义者，以霍克海默、阿多尔诺为代表的法兰克福学派，以南斯拉夫实践派、布达佩斯学派为代表的东欧马克思主义者，都在继承和发展马克思异化理论基础上，以人的存在为主题，对资本主义社会存在的异化现象（包括经济、政治、社会、技术等）进行独特的文化视角批判。如马尔库塞指出："当个人

1　《马克思恩格斯选集》第 1 卷，人民出版社 2012 年版，第 776 页。

认为自己同强加于他们身上的存在相一致并从中得到自己的发展和满足时……异化了的主体被其异化了的存在所吞没。"[1] 在他看来，这种主体与存在的一致化现实，并不意味着异化消失了，而是构成了异化的更高级阶段，而在这个社会中，技术成了新的、更有效的、更令人愉快的社会控制形式。哈贝马斯则认为不能简单地对科学技术在现代社会中发挥的作用采取悲观主义态度，而应当肯定技术在人获得自由解放中所具有的手段作用。事实上，人在现时代中遭遇的"异化"存在，并非是技术单向度操控的结果，而是与社会结构的整体转型密不可分的。人类要做的只能是，使技术如何来为作为文化存在的人服务。换言之，人如何驾驭技术使之不逾矩而朝着向好向善的方向发展。

（三）文化边界的文艺学维度阐释

文艺最能感国运之变化，立时代之潮头，是文化发展的核心内容之一。原本通常只限于上层社会，难以形成大众化基础和社会化氛围的文艺，随着全球化、市场化、信息化的持续伸展，其通俗化、大众化、娱乐化趋向日益明显，其商品性也被日益强化。文艺领域中丰裕与弊病的共在成为人们普遍的心理感受。

1. 文艺生产的机械化

"文学生产方式"、"精神生产"、"艺术生产"是经典马克思主义文艺理论的重要概念。马克思提出："人们的想象、思维、精神交往在这里还是人们物质行动的直接产物。表现在某一民族的政治、法律、道德、宗教、形而上学等的语言中的精神生产也是这样。"[2] 这些话语中的"观念、道德、思维"涵盖早期的文艺创作。在他看来，文艺创作也是生产的方式，只不过是一种特殊的方式，其仍受生产普遍规律的制约。马克思的文艺生产理论有三种叙事：一是从物质与精神辩证结合的角度

1　[美] 赫伯特·马尔库塞：《单向度的人：发达工业社会意识形态研究》，刘继译，上海译文出版社 2008 年版，第 10 页。

2　《马克思恩格斯选集》第 1 卷，人民出版社 2012 年版，第 151—152 页。

阐述物质生产制约下的精神生产；二是揭露资产阶级私有制统治下文艺生产的异化存在；三是描绘未来理想社会的文艺生产。科技革命不断催生着新的文艺生产机制和发展生态，已从口头言说的听说时代到文字书写的阅读时代，再到声像一体的视听时代。以赚取超额利润为目的的市场文艺、以非物质文化遗产为代表的传统文艺、以互联网络终端为平台的网络文艺，不同的文艺在同一场域中进行着边界的位移。面对文艺生产机制的变化，本雅明称之为"机械复制性创作"，居伊·德波称之为"景观式生产"，鲍德里亚称之为"拟像性生产"。技术进步创造了文艺生产多元繁荣的前提，但"利润至上"、"批量生产"、"千篇一律"的机械化生产会让人们失去对文艺灵韵、美感、意境、灵性的占有。

改革开放以来，中国文艺发展迎来了春天。1979 年 10 月 30 日，邓小平在第四次中华全国文学艺术工作者代表大会上就提出了我们不仅要建设高度发达的物质文明，更要建设高度繁荣的社会主义精神文明。从此，我国文艺发展进入了加速期，但其间也出现了一些不正常现象，如有数量无质量，有高原无高峰，有品相无品质的文艺现象持续存在。文艺创作中原创力缺乏、机械化生产、盲目跟风、自我复制等问题依然存在，曾经辉煌傲世的唐诗宋词、曾经引以为豪的元曲小说在市场化的浪潮中跌入低谷。在市场竞争环境中，资本的利剑逼迫着文艺生产加速商业化，改变了文艺的生产方式，延展了文艺的产业链条。文艺生产与文艺品格的倒置使得文艺领域的越界现象时常发生。这种越界行为虽与社会的大环境紧密相关，但也与文艺创作者自身的涵养、素养、修养密不可分。面对文艺在技术理性和市场竞争中的机械化"僵硬在场"，有学者提出技术只是人类文明发展的工具之"手"，文学是人类文明的"心"，"它提醒着'我们'是'人'，'我们'仍然是自己的主宰。如果我们丢掉了心灵最可宝贵的东西，那么我们也就丧失了自我，成为了异化的动物。"[1] 因此，守护好文艺创作在市场竞争环境中和资本逻辑扩张

1　单子津：《我们还需要文学吗？》，《中国教育报》2007 年 1 月 30 日。

中的阵地成为文艺界的共识。

2. 文艺传播的炒作化

传播是人类赖以生存和发展的基础性活动之一，是文艺生产到文艺消费的必经环节。美国哲学家约翰·杜威指出："传播值得人们当作手段，因为它是使人类生活丰富多彩、意义广泛的唯一手段。它值得人们当作生活的目的，因为它能把人从孤独中解救出来，分享共同交流的意义。"[1] 从某种意义上说，文艺不仅因传播而存在，而且自身就存在于传播之中。传播需要媒介，而媒介自身又是技术进步、社会发展、文化需求的统一。迄今为止，人类的传播活动大致经历了口语传播、文字传播、印刷传播、电子传播几个时代。但历史进程又非简单的机械替代关系，而是存在交替与叠加的间隙。炒作原本是一个中性词语，意为扩大影响效果而进行的重复宣传。优秀的文艺作品确实需要通过炒作来扩大影响，以求引领人民精神风尚。但劣质的文艺作品通过恶意炒作来博得眼球，必将沦为金钱的奴隶。市场法则已经渗透到社会生活的方方面面，文艺也不能游离于外。虽然恶性炒作背后的动机多种多样，但主要是寻求商业利益和个人利益的最优结合，其手段主要有无中生有、颠倒是非、以丑为美、以贱为贵、恶搞色情、庸俗造神等。

现如今的文艺传播处在一个口语、文字、印刷、电子共同建构的媒介网格之中，同时又不可避免地受到资本和竞争的裹挟。过度的、低俗的、恶意的、低劣的、商业的传媒炒作给整个文艺传播生态带来诸多负面影响。通过炒作，原本低调普通的素人变成了网红，原本私人空间的隐私变成了公共空间的热搜，原本无人知晓的"小丑"变成万人知晓的"名人"。正如加拿大学者麦克卢汉所言，文化中的一切变化都是媒介的结果，都可以从媒介中得到理解。实际上，无论是文艺传播的视觉转向，还是读听转向，都不能在绝对意义上构成对文艺本质的伤害。在市场化、信息化时代，对文艺伤害最大的莫过于借助网络平台，对文艺热

1　[英] 罗杰·迪金森等：《受众研究读本》，单波译，华夏出版社 2006 年版，第 7 页。

点进行事实扭曲、过度夸张、恶性炒作。通过放大社会阴暗面、关注人性丑陋面、挖苦心思找卖点，把正常的文艺传播等同于不良的文艺推销，混同于欲望释放的狂欢会，将文艺传播拉向低俗的市侩主义泥潭。对此习近平言道："文艺不能当市场的奴隶，不要沾满了铜臭气。"[1] 这要求在现实文化生活中既要坚守文艺审美理想和独立价值，又要合理设置市场量化指标，做到主流文艺得到张扬，大众文艺得到引导，"三俗"（指庸俗、低俗、媚俗）文艺得到遏制，达到一种"一元主导、多元发展"的文艺传播生态。

3. 文艺消费的娱乐化

改革开放以来，社会转型使得文艺领域消费主义倾向日趋明显。为了激发人们的消费欲，通过制造性感明星、追求猎奇噱头、虚拟浪漫情怀、鼓吹欲望享受，凸显历史偶然性和随意性的有之，夸描人物人性化和本能化的有之。在消费主义盛行的氛围中，被商业理念主宰的文艺不可避免地出现了商品化，而文艺一旦完全丧失掉自身的独立性，必将沦为消费的附庸，会使受众的文艺消费出现"娱乐化"，乃至"恶俗化"的倾向。由文艺消费到消费文艺的转换，使得文艺领域中的越界行为时常发生。丹尼尔·贝尔认为这种超越追求来自现代主义的冲动，他指出："现代主义的冲动原是想超越这些：超越自然，超越文化，超越悲剧——由激进自我那无限扩张的精神所驱动，去探索无限和无界。"[2] 在他看来，人类必须为这种"狂妄自大设定界限"，唯有此才能解决资本主义的文化矛盾。中国也有学者指出："无拘无束的叛逆冲动和一味求新的经验探奇，在撕裂传统纽带的时候会斩断生存的意义根基，而根基被斩断的个人，只能是一个无家可归的文化漂泊者。"[3] 撕裂和斩断的结果便是昔日严肃的事物日渐失去了往昔的庄重感，经典可以被调侃，英

1　习近平：《在文艺工作座谈会上的讲话》，《人民日报》2015 年 10 月 15 日。

2　［美］丹尼尔·贝尔：《资本主义文化矛盾》，严蓓雯译，江苏人民出版社 2012 年版，第 21 页。

3　张凤阳：《现代性的谱系》，江苏人民出版社 2012 年版，第 144 页。

雄可以被戏谑，历史可以被篡改，被消费主义掌握的文艺开始把消费时空下的一切事物作为娱乐消闲之资，并且呈现出蔓延化态势。

现时代娱乐至死的倾向和主流文化的式微呈现出巨大的反差，无底线的狂欢、无原则的喧哗、无厘头的恶搞成为当今大众文艺的常有样态。经典文艺的失宠和经典观念的消解使得过去曾经神圣的东西变成了消费品和装饰品以供人消遣娱乐，解构了审美取向、降低了文化品位、消解了人文精神。文艺原本有的崇高品格在娱乐化的狂欢喧哗中隐匿了，"一切公众话语都日渐以娱乐的方式出现，并成为一种文化精神。我们的政治、宗教、新闻、体育、教育和商业都心甘情愿地成为娱乐的附庸，毫无怨言，甚至无声无息，其结果是我们成了一种娱乐至死的物种。"[1] 波兹曼担心的正是文艺在消费主义浪潮中，在欲望的放任中成为庸俗的垃圾。事实上，文艺领域的高雅与通俗的存在始终伴随人类左右，两者间也似乎预设了一条不得逾越的边界。但在现代消费主义思潮的影响下，什么都可以消费成为文艺的隐性法则，雅与俗的界限日渐模糊化。称颂的人认为文化不是精英的专利，应当让芸芸众生享受。鞭挞的人认为文化应有自己的品格，不能丧失了自身的底线。文艺消费样式的多样是人类文化发展的趋势和潮流。但人们在享受丰富多元的大众文艺成果的同时，绝不能忽略对大众文化发展的人文监督和边界匡正。如果对任何人任何事都抱着娱乐的态度，不仅会消解我们自身的历史，危害公序良俗，而且最终还必定会销蚀掉我们民族最经典的精神食粮和根基。因此，恶搞有风险，娱乐有边界，这是不能被任意踩踏的底线。

（四）文化边界的政治学维度言辞

历来政治与文化都有着密切勾连，不同的地域环境造就人们不同的文化性格，不同文化性格的人们又会选择不同的政治行为方式。在不同的政治共同体中，人们的政治行为方式都会基于文化的不同而表现出边

1　[美] 尼尔·波兹曼：《娱乐至死》，章艳译，中信出版社 2015 年版，第 4 页。

界的差异。因此，当面对共同的政治概念或话语时，人们缘于文化背景的不同就需要认识到其存在的适用边界，而不能只观其表而忽其实，只言其语而忘其真。

1. 民主发展中的文化边界诉求

民主是政治学研究的核心话语，人们对民主却表现出既向往又担忧的心理徘徊，向往是因为民主是个好东西，担忧是因为民主的边界不好掌控。人类对民主的政治追求与文化向往随着历史的脚步绵延至今，但民主的具体运行在不同时代和国家却是不同的。人类在 20 世纪先后经历了两次世界大战，战争给世人带来的伤痛在时刻提醒着人们不能"让历史悲剧重演"。第二次世界大战后，世界很快进入了以"美国"为首的资本主义阵营与以"苏联"为首的社会主义阵营对峙的"冷战时期"。两大阵营的对立彰显是资本主义与社会主义的"边界"角逐，各自都在试图夸大自己的边界范围。20 世纪末，世界共产主义运动的受挫与"冷战"的终结，似乎宣告了民主和自由的价值理念在东方世界的胜利。民主确实带给人类的好处非常之多，所描绘的前景也非常诱人，否则人类不会对其如此执着地追寻，但任何事物都并非完美无缺，民主也不例外。全新的政治挑战在新世纪已然出现，培育了民主与自由理念的西方国家依然面临着阶层冲突与族群冲突、民粹主义泛滥、"逆全球化"、政治合法性衰减等问题。可见，民主的价值虽然毋庸置疑，但它与其他许多政治价值观的相互适配并不容易，或者说民主的实施有许多条件边界，而现阶段的民主却在很多方面尚未达到它所面临的需求。因此，政治的边界性决定了民主的边界性。民主是个好东西，但要认清其边界所在。这一点对于后发国家在追求现代化民主的进程中尤为重要，否则人们往往在思想上记住了追求民主，甚至把民主当作一切政治行为的"挡箭牌"，结果却走上了"伪民主"的道路。

回望世界历史的发展，似乎西方文化与民主有着天然的关联，东方文化与专制有着自然的媾和。事实却并非如此，民主与专制并非只有一个样式或模板，进而用来套用或标签其他国家的政治文化。随着民主化浪潮的奔涌，中西方的学者们恰恰更加认识到民主有其边界。如美国学者伊恩·夏皮罗与卡西亚诺·海克考登主编的《民主的边界》一书，汇集了当今世界著名的几位政治学家对民主政治的思考，特别是如何民主地构建民主政治的边界。作者开篇直击了民主的"难点"："民主理论面临着一个由来已久的尴尬境地，在面对有关其自身范畴的问题时，总是显得无能为力。"[1] 全球化和多元化进程对民主的外部和内部边界形成了不容小觑的挑战。因此，边界问题成为民主理论研究的前沿领域。无产阶级及其政党孜孜不倦追求的民主在《共产党宣言》中就得到了明确表达，"工人革命的第一步就是使无产阶级上升为统治阶级，争得民主。"[2] 但在革命与战争年代，"争得民主"受到时空环境的边界限制。中国在改革开放后，世情、国情、党情、民情的变化扩展了民主运动的可能性空间。这个空间要求中国的政治制度必须是民主的，必须充分调动和发挥广大人民群众的积极性、主动性和创造性。但长期以来，人们习惯于以"人民当家作主"对人民民主的概念与内涵大而化之。随着民主在中国的践行，人们认识到民主有其边界。如林尚立在 2002 年就提出"党内民主及其边界"[3]。可见，对民主的追问与反思使得人们认识到其虽是人类追求的政治目标和理想愿景，但绝不是万能的，民主只有在合理的边界范围内才能避免误区与风险。因此，人类要主动放弃不合实际的"民主幻想"，摒弃不合时宜的"民主空想"，抛弃不合潮流的"民主妄想"。民主也只有融入不同国家的文化因素，激发人们内心的民主动能，才能更好发挥其作用。

2. 权利行使中的文化边界规定

权利是现代公民重要的个体价值和政治诉求。现代文明进程也是个体不断争取权利与获得权利的过程。每个人都期望自己拥有更多的权

1　［美］伊恩·夏皮罗、卡西亚诺·海克考登主编：《民主的边界》，张熹珂、孟玫译，中央编译局出版社 2016 年版，第 3 页。
2　《马克思恩格斯选集》第 1 卷，人民出版社 2012 年版，第 421 页。
3　林尚立：《党内民主及其边界》，《学习时报》2002 年 1 月 7 日。

利，每个人都对权利，特别是自由的权利充满期待。"在现代社会，权利概念影响甚至主宰着政府的形式、法律的内容、道德的形态、价值判断、交往方式等。它一方面赋予人们自由与权力，另一方面也规定着人们行为的边界。"[1] 就此而言，争取权利与明晰边界都是人类应该共同面对的问题。在争取权利方面，我国宪法第二章对公民的基本权利和义务均有明确的规定，如公民享有言论、出版、集会、结社、游行、示威的自由；公民有宗教信仰自由；公民有人身自由等。这些都是国家根本大法所规定的公民所享有的政治自由权利。但是，任何国家的政治自由权利从来都不是绝对的。因此，在明晰边界方面，我国宪法也有明确规定，如公民在行使自由和权利的时候，不得损害国家的、社会的、集体的利益和其他公民的合法的自由和权利；不得有危害祖国的安全、荣誉和利益的行为等。界定我国公民政治权利的边界，不仅有利于每个人更好地行使权利，而且有利于人们分清哪些属于宪法所保护的权利，哪些权利则不受宪法保护，从而辨别政治自由的权利边界，更好地维护宪法赋予每一个人的政治权利。

张扬个性自由，崇尚个人权利是现代文化的典型特征。客观地说，人们可以充分肯定个性解放给社会发展带来活力，给经济增长注入动能，给政治民主增添血液，给文化革新引来活水，据此还可以把这一理念作为正当性的价值原则予以接受。但同时，也可以有理由对这一价值原则的边界限度进行追问，即个性自由是否有边界？如果有的话，限度又在何处？如果没有的话，社会又会怎样？这些问题都是时代和社会提出的问题，需要人类依据理性和经验予以回答。阿克顿勋爵说："任何自由都是有条件的、有限的，因而是不均等的"，[2] "只有当人们学会遵守和服从某些法则之后，自由才开始真正出现"。[3] 就政治领域而言，政

1　田广兰：《权利的边界》，《哲学动态》2014年第5期。

2　[英]阿克顿：《自由与权力：阿克顿勋爵论说文集》，侯健、范亚峰译，商务印书馆2001年版，第331页。

3　[英]阿克顿：《自由与权力：阿克顿勋爵论说文集》，侯健、范亚峰译，商务印书馆2001年版，第315页。

治自由是指公民参与国家政治生活，充分表达自己政治意愿的自由。公民的政治自由是近代民主政治的基础，是公民表达个人见解和意愿，参与正常社会活动和国家管理的一项基本权利，是公民作为国家政治主体而享有的参与国家政治生活的自由，或者说是保障公民能够参与政治活动的自由。它是人们的永恒向往，因为有了政治自由，似乎人们就不再受到权力的干涉，似乎人们就可以为所欲为地放飞自我。现实政治生活中，基于法律法规的条约、自主契约的先验、公共利益的约束、他者权利的限定、风俗习惯的影响，人们政治权利的展开与实施时时刻刻受到边界的影响。试想，如果人人都打着"言论自由"的幌子，煽动破坏社会主义制度，人人都举着"人身自由"的盾牌，损害他人或公共利益，整个社会就会出现严重的秩序混乱。实际上，人们内心的边界意识从未离去，只是在何种场景下将自己的政治权利控制在边界之内，又在何种场景下滥用自己的政治权利而出现僭越行为。

3. 边疆安全中的文化戍边要求

中国是一个多民族、多边疆的大国，其地域文化、民族文化、边境文化都具有较大的差异性和复杂性。民族文化与地域生态叠加起来共铸了具有区域特色的民族文化。地理位置的地缘边境、政治统治的认同边界，往往都是文化边界存在与凸显的交汇地，因为不同的国家有不同的主流文化，不同的环境塑造相异的地域文化。在对外开放持续深化扩展的形势下，边境交界处难免会存在着文化冲突、价值对立、心理隔阂，因而给边境地区的文化安全、政治安全带来不利因素。人们本能地会在异质文化的接触中进行比较，刺激民族文化意识和宗教文化情愫的强化，当然也会对民族关系、宗教关系带来消极负面影响。倘若用政治权力或法律手段的刚性措施来实现政治认同，显然不足以彻底消除人们内心的文化疑虑。只有通过软性的文化施策，才能实现文化固边的目标。为此，"文化戍边"的边疆治理方略成为不同学者在新时代发出的呼声。如有学者提出："文化戍边方略就是通过主动构建和积极传播有利于维护国家整体利益、维持边疆社会秩序、提高边疆治理效能的先进文化样态。"[1] 文化作为一种柔性的治理工具，在治理过程中有其独特的功能和优势，即通过先进文化的引导来规范、控制、约束、凝聚、激励、感召和协调社会复杂主体的多元思想意识和行为方式。边疆的建构过程虽然并非一朝一夕之功，而是历史长河中各民族不断接触、不断融合、不断互动的结果，但不同的国家和民族都在努力巩固和扩延着自身的文化边界。

加强边疆治理，推进兴边富民，文化的作用不可忽视。因为，边疆不仅是政治上的边疆，更是文化上的边疆。在边疆多民族交流互动的过程中，文化的接触在所难免，各民族间取长补短，使得原有的文化系统发生变迁，同时也创造出了新的不同于以往的民族文化。如以汉族为主体的中华民族以"滚雪球"的方式不断吸纳周边少数民族进入汉族之中，周边少数民族也在不断的迁徙与交往中实现分化与整合，进而形成了今天中华民族的分布格局以及民族文化特征。这是民族自身的迁变，更是文化边界的移变。但是，多元民族文化的互动，不仅为多民族文化的接触与涵化提供了可能，也为不同文化间的竞争与冲突埋下了伏笔。因为，各民族生活的物质条件不同、民族特征与文化禀赋相异，使得不同的民族文化间存在着明显的差异性。历史发展表明，文化的合作及其秩序的建立是民族文化多元发展的必然结果，文化的冲突及其较量的竞争只是暂时的。但是，合作以及文化秩序的建构通常以一种不平等的方式表现出来，各文化间具有一定的"差序格局"。为此，"从尊重各民族文化的价值出发，适当疏导边疆民族国家认同与民族认同间的关系，实现边疆公民社会的建构"[2] 将有助于解决边界治理过程中产生的政治认同和文化认同问题。

（五）文化边界的经济学维度叙事

当今世界，文化与经济的互融互通成就了文化经济，经济的背后是

---

1   方盛举：《边疆治理现代化视域下的文化戍边方略》，《思想战线》2019 年第 6 期。

2   周平等：《中国边疆治理研究》，经济科学出版社 2011 年版，第 225 页。

文化，文化的未来是经济。全球化的多方位铺展使得不同国家、不同民族之间的不同文化得以互相交流、互相渗透。但是全球经济不是在无人的空间中进行，而是在有着历史文化与精神气质的人性化环境中发展，这就提出了经济发展中的文化边界问题。

1. 经济发展中的文化边界效应

经济发展的边界与文化延伸的边界具有共生共存的一致性。"仓廪实则知礼节，衣食足则知荣辱"，[1] 强调的就是人们的文化或文明程度直接取决于经济发展和自身利益的实现程度。人类经济发展史表明，经济较发达的地区，文明程度就会高一些，经济欠发达地区，文明程度就会低一些。因此，建立在不同经济实力基础上的文明就会呈现出先进与落后之分，并且先进文明会展现出强大的扩边趋势。这种扩边是伴随着经济的现代化程度而铺展开来的，文明只是人的造物中外在的、有形的、可感的东西，是人的实践中创造出的精神样貌。与此同时，这种扩边行为必然会引来文化上的边界效应。当然，这种边界效应不是固定的、稳定的，而是动态的、潜在的内外竞争过程，需要通过持续行为和交互作用实现再造。马克思、恩格斯在《共产党宣言》中就对资本主义的文化扩边行为进行过明确表达，"资产阶级，由于一切生产工具的迅速改进，由于交通的极其便利，把一切民族甚至最野蛮的民族都卷到文明中来了……它迫使它们在自己那里推行所谓的文明"。[2] 就此而言，人类历史可以看作是经济驱动下边界不断扩延的历史。但在经济发展中，边界不仅代表了一种空间秩序和空间关系，而且是不同经济发展体接触和交流的场所，更是一个社会互动形式多样且摩擦与冲突十分频繁的特殊地带，这个特殊地带往往存在着文化上的"拉锯战"和"持久战"。

在现实生活中，不同的经济中心往往也是文化的聚集地，不同的经济圈时常也是文化圈，两者具有高度的重合性。从经济发展中可以找到

1　《管子·牧民》。

2　《马克思恩格斯选集》第 1 卷，人民出版社 2012 年版，第 404 页。

文化因素，从文化基因中可以窥探经济动能。经济行为的目标和动力是利益与利益追求，而利益与利益追求只能在人的社会关系中特别是利益关系中才能实现，这就使得经济问题渗透着文化因素。就中国而言，经济发展中的文化边界效应有两方面体现：一方面，国人在改革开放的进程中逐渐接受并认可了以"市场"为标识的文化形态。消费、休闲和娱乐领域即所谓的大众文化在全世界越来越具有同质性，其在不同文明社会的充斥程度相差不大。"文化"这个古老而熟悉的概念在当今世界和中国经济发展中已发生并将继续发生着一系列的"基因性"转变。另一方面，社会主义市场经济秩序的养成需要一套行之有效的法规，需要治标又治本的文化手段。因为，没有民族文化水平的整体提高，没有基本的诚信意识和责任意识，人们就很难自觉意识到市场经济运行过程中人的能动性作用。由此，往往会导致市场经济运行处在自发或半自发状态下，加之官僚主义、腐败现象的存在，不仅使得经济发展的"社会主义"性质遭受减损，而且使得经济发展的"市场"基础遇到严重阻力。因此，经济发展中的文化效应体现为经济与文化的互碰互促、互惠互利关系，即一方面经济发展要在文化环境中适应并试图优化文化环境，另一方面文化环境要在经济发展中顺应并致力于服务经济发展。

2. 区域合作中的文化边界划定

边界及边境地区的经济、文化、政治交流自古泊今从未终止。进入全球化时代，区域经济一体化的迅猛发展并未造成美国学者马歇尔·伯曼所说的"一切坚固的东西都烟消云散了"，而是边界之"界"的基本意涵发生了深刻转变，即由往日复杂敏感的战争地带转变为市场化趋势鲜明的交流地带。如欧盟作为经济共同体致力于共同市场建设，开启了欧洲一体化的进程，其内部边界不断演化，外部边界逐渐扩延。在对欧洲一体化的设想中，欧盟提出了"无边界的欧洲"的理想，试图建立一个没有内部边界的区域。1991年12月11日，欧盟在马斯特里赫特首脑会议上通过了建立"欧洲经济货币联盟"和"欧洲政治联盟"的《欧洲联盟条约》（又称《马斯特里赫特条约》）。1992年2月7日，《马斯特里赫特条约》签订，设立理事会、委员会、议会，标志着欧盟由区域性经济共同开发转型为区域政经整合的发展。但是欧盟发展至今，仍是一个经济与政治的相对共同体，而不是文化共同体。这也说明，区域合作中经济上可以互利、政治上可以互信，但是文化上却始终存在边界。对此，有学者提出："竞争和合作的核心要义是'边界'，每个地方的经济都有自己的边界。"[1] 这种边界或以行政区划而存在，或以市场交易为特征，或以社会交往而存在，或以资源互补为特征。大多数的边界会随着经济上的密接而减弱，但边界两侧的文化反差可能是明显的。这也是全球化进程中充满矛盾的一个极其重要的原因，即不同人类共同体的发展水平、生活方式、价值体系存在的差别使得全球化进程不可能是简单平静且没有冲突的。

　　尽管全球化时代各国的日益开放使得经济上的依存性增强，但是边界的控制与管理依然是国家安全不能忽视的重要内容。国家间的边界诱惑并未消退，人们仍然生活在一个由边界组成的空间里。但是，边界已不再是单一的地理边界，而成为多层次、复杂性的组合边界。因此，人们需要现实且深刻地认识到文化边界划定在经济学中的重要意义。有学者提出："不管是自然的还是人为的文化边界，均体现在国际贸易活动所涉及的语言、风俗习惯、思维方式、美学观念、宗教信仰、社会结构、政治法律制度和价值观等各个层面。"[2] 在他看来，国际贸易活动中文化边界的存在使得不同文化边界的扩张成为一种必然，因为不同的文化在区域发展中张开时，不可避免地就会引发文化上的接触、交流、碰撞，甚至冲突。也有学者提出："跨境区域合作的最大障碍是文化、行为和社会等意识形态障碍，而不是地理障碍和制度障碍。"[3] 边界在区域经济发展中会对经济产生屏蔽或中介影响，且两种影响同时并存，并在

1　周勇：《"双循环"新发展格局下跨区域高质量发展研究——发展边界视角》，《河南社会科学》2021 年第 4 期。

2　冯静颖：《文化边界与国际贸易》，《宁波大学学报》（人文科学版）2003 年第 4 期。

3　Capello Roberta, Caragliu Andrea, Fratesi Ugo. *Compensation modes of border effects in cross-border regions*. Journal of Regional Science, 2018, 58(4):759－785.

一定条件下互相转化。虽然经济全球化代表和体现着某种普遍性的东西，但是从文化角度看，它又不同于标准化、无差化、统一化。因此，人们在推进区域经济合作时，探索和增进不同区域间人们的文化认同感、消除交往中的边界感，都将大大提升区域合作的力度和深度。

3. 跨域协同中的文化边界形态

世界经济一体化和区域经济合作步伐的加快，资本寻租的内在驱动促使全球"无边界市场"初具雏形，跨域协同的经济交往格局日益明显。与之相伴，不同文化间的流动与接触也在不同程度地发生，但不同地域之间的文化边界却依然显著存在。它有两种表现形态：一是国际区域间的文化边界形态。如斯宾格勒将印度文化、西欧文化、伊斯兰文化、古典文化、中国文化、玛雅文化、巴比伦文化、埃及文化等分为自成体系但格调迥异的八大文化区域。当前，世界范围内的地区战争、社会动荡、恐怖主义、经济制裁和意识形态的渗透等，从某种意义上说都是国家、民族间文化冲突的外在表现。二是国内区域间的文化边界形态。就中国而言，改革开放以来，经济发展导致的区域合作往来密切，不同地区之间的文化差异越来越小，地方性文化对经济发展的障碍也越来越小。但从深层动力看，不同地区的文化性格仍存在较大差异，体现出区域合作中的文化边界性。如浙江文化具有开放、创新的边界特征，善于经营，富于机变的文化品格促成了浙江人在市场经济浪潮中胜人一筹的底蕴。而相反的山西、陕西等内陆省份的文化则具有群体、团结的边界特征，利用宗法社会的乡里之谊彼此团结在一起。因此，"一体化集团的建立不仅需要成员国存在共同的经济利益，同时也需要它们属于同一文化或文明区域"。[1] 同时，当不同的行为主体跨越边界取得成功时，就需要在多个层面厘清并有效进行边界认知与管理。

全球化意味着地区边界和文化边界变得越来越容易渗透。人们可以

1　[俄] 弗·阿·科洛索夫：《国家边界学理论：新的研究方法》，牟沫英译，《国外社会科学》2013 年第 5 期。

比往日更容易跨越这些边界。然而，在人们进行跨界经济交往的过程中，必然会随身携带一些文化身份的边界。如中国历史上出现的徽商文化、晋商文化、粤商文化等。他们由于在口音、风俗、习惯、思维、价值上具有共同的"乡情"，从而形成同乡间特有的文化共同体。它不是有形的或政治上的边界，而是心理上和思想上的区分线，该区分线是人们在本域文化社会化中形成的，并且是用文化定义的。因此，人们在关于文化全球交往中是否会随着经济交往的深入而实现趋同化的思考中存在着巨大观点分野，持文化趋同边界消弭观点的有之，持文化平行边界张弛观点的有之，持文化交往边界隐去观点的亦有之。虽然就经济发展与交往而言，地缘和政治的边界障碍壁垒在不断减少，但是就文化发展与交流而言，思维和价值的边界屏障效应却在增加。就国际间的文化边界形态而言，西方文化与东方文化之间的推拉张弛并未消减，强势文化试图挤压弱势文化的生存空间，弱势文化总是在强力维护自己的存在边界。就国内的文化边界形态而言，发达地区的文化总是吸引着人们去"打开眼界"，落后地区的文化总是被提醒要"赶上时代"。事实上，无论是国际还是国内，全球化与逆全球化，地方保护与跨域协同的角力仍将存在，经济边界、政治边界的区隔将变得模糊化、动态化，而文化边界的纷争将变得显性化、持久化。如何运用文化边界的理论和方法服务于经济发展和地缘政治已成为亟待解决的学术使命。

（六）文化边界的马克思主义维度表达

马克思主义虽诞生于 19 世纪，但它的意义与价值却远未被理论发展和社会实践所穷尽。在与实践的对话与碰撞中，马克思主义内蕴的生命力不断被挖掘。在表层的具体理论分析和中层的社会历史理论隐退后，深层的关于人本质性存在的文化精神从隐性变为显性，马克思主义的文化理论成为学界关注的热点问题。

1. 超越单一经济决定论

一般说来，生产力与生产关系、经济基础与上层建筑之间的矛盾辩证关系及其发展是马克思主义理论的基本内容之一，但绝不能将其简单教条地理解为马克思主义理论的全部内容。第二国际理论家教条地把马克思学说简单归结为"经济决定论"，对此，列宁在社会主义建设中提出了"文化革命"、"文化主义"的思想予以反驳。在列宁看来，第二国际理论家错误的根源在于没有把握马克思主义中具有决定意义的革命辩证法。但列宁的早逝，使得列宁晚年提出的丰富文化思想在实践中夭折，苏联继续沿着"经济决定论"的哲学思维进行着社会主义建设实践。中国也曾深受此种思维惯性的影响，在实践中将全部社会的基础归根到经济活动，而文化、思想、意识等只是被放在"从属的"和"被决定"的位置。实际上，这种简单化的理解只看到了马克思主义理论的表层，即对资本主义经济制度及其根源的批判，而忽视了马克思主义关于人的本质存在和内蕴的文化精神的阐述。事实上，马克思主义理论最根本和最深层的终极关怀是人的解放，这种解放不单是经济意义上的，更多是文化意义上的，最终是要实现人的自由和全面发展。

马克思经典作家关于不能忽视文化在社会发展中的作用，最具代表性的观点是 1890 年恩格斯在致布洛赫的信中有一段著名的话："根据唯物史观，历史过程中的决定性因素归根到底是现实生活的生产和再生产。无论马思或我都从来没有肯定过比这更多的东西。如果有人在这里加以歪曲，说经济因素是唯一决定性的因素，那么他就是把这个命题变成毫无内容的、抽象的、荒诞无稽的空话。"[1] 随着中国整体实力的跃升和国际竞争重心的转换，从国家层面看，文化在国家发展与国际竞争中的地位和作用愈益凸显。从个人层面看，文化在人精神灵魂与价值意义世界存在的不可或缺性日渐提升。双重的文化困境，使得人们对单一经济决定论进行反思。因此，"经济决定论"在历经"辉煌"后，日渐遭到人们的批判，马克思主义文化理论在百年沉寂后逐渐走上历史舞台。国内有学者指出："阐发超越经济决定论意义上的马克思主义文化

1　《马克思恩格斯文集》第 10 卷，人民出版社 2009 年版，第 591—592 页。

理论的可能性，是应对文化挑战的一个必要的理论准备。"[1] 我们说中国在实现站起来、富起来到强起来的伟大转变，更多是在经济意义上说的，而文化意义上的富强任务依旧任重而道远。因此，在建设社会主义文化强国的道路上，需借鉴近代以来特别是 20 世纪中西方文化批判理论，实现文化与经济、政治、社会的良性互动，克服单一化、偏执化、教条化思维，摆脱异化、物化、技术理性的控制，实现人的文化存在本质占有。

2. 克服现代性的单向度

一般说来，现代化是指显性化的经济、政治等社会发展中可量化的硬性指标。现代性是指隐性化的文化、精神等社会发展中内蕴化的软性向度。虽然人们在两者的目标设定、方案选择、价值追求等方面存在着激烈的争论，但似乎不能掩盖人们对两者的追求与向往。文化作为现代人生存的精神内核，其状况好坏直接关乎现代化的实现程度，从这个意义上说，文化最能体现现代化的内涵。现代化表现出的现代性成为学者们争论的焦点，经济学认为现代性在于市场经济充分发展后的自由精神，政治学认为现代性在于政治生活中的民主精神，社会学认为现代性在于日常社会生活中的平等精神。事实上，现代化和现代性并不是人们排斥的对象，问题在于追求什么样的现代化和现代性以及如何追求。对现代性的理解应该是多维、多元的，任何单一化的理解都会陷入死胡同。马克思对现代性的理解在两个维度上进行，一是肯定维度，赞扬科技、理性、解放、自由的重大进步意义，对未来社会充满激情。二是否定维度，揭露异化、压迫、对立在资本主义制度下的普遍存在。但有一点是值得肯定的，"理性化"和"秩序化"的文化精神应成为人类走向未来应有的价值追求。换言之，人类走向未来要实现人之为人的文化本质存在，实现由"文"到"化"、由"伦"到"理"的精神转变。

但可悲的是，现实生活中人们常常出现偏执化或单向度的文化倾

1　郁建兴：《马克思主义文化理论与现时代》，《中国社会科学》2001 年第 6 期。

向。如相信"理性万能"，坚信理性力量，把理性及其技术当作人类本质力量。如抱守"娱乐至死"，认为人类的现代化生活就是"吃喝玩乐"。中国作为后发国家，在由传统走向现代的多维转型阵痛中，不能简单套用西方的现代性批判理论去抗拒作为理性的生存方式和现代追求，不能简单搬用中国的传统文化去回击作为文明的文化精神和美好价值。而目前要做的是在追求现代化的历史进程中，培养中国人现代性的文化精神，或者说渐进地使现代性的文化精神嵌入并扎根到社会深层和内在机理中，防止现代性的单向度发展及其对其他维度的破坏和损伤。如技术工具对人文精神的践踏、经济发展对文化建设的忽视、理性至上对灵魂信仰的蔑视等。恩格斯有一段经典的论述，他指出："他们不承认任何外界的权威，不管这种权威是什么样的。宗教、自然观、社会、国家制度，一切都受到了最无情的批判；一切都必须在理性的法庭面前为自己的存在作辩护或者放弃存在的权利。思维着的知性成了衡量一切的唯一尺度。那时，如黑格尔所说的，是世界用头立地的时代。"[1] 这种对传统秩序的颠覆扩展到极致就是"怀疑一切"、"无视边界"，最终处于一种无根的浮萍状态。

3. 守住意识形态的阵地

意识形态是一个国家核心的文化力量，在全球化深入、现代性张力、碎片化图景的时空环境中，各种社会思潮相互激荡，呈现出多元文化交流互鉴的别样景观，同时也带来文化认同的困惑和价值选择的迷惘，给主流意识形态建设造成了巨大挑战。以微博、微信、博客等网络平台为阵地的新媒体兴起，文化生产传播消费形成了一个新颖的完整链条。在这一链条上，不仅有精英知识分子，更有普通大众百姓，各行各业的人们都可借助网络汇聚到这个大熔炉中。信息爆炸、时空压缩成为人们普遍的文化感知，打着"多元"旗帜，否定"一元"指导的有之；打着"现代"旗帜，否定"历史"传统的有之；打着"自由"旗帜，拒

1　《马克思恩格斯文集》第 3 卷，人民出版社 2009 年版，第 523 页。

绝"秩序"约束的有之；打着"娱乐"的旗帜，忽视"边界"底线的有之。意识形态领域扑朔迷离的错综复杂形势，既有国内社会转型和对外开放带来的思想观念空前活跃，也有国外势力的牵制遏制和西方价值观的思想文化渗透。对此，作为意识形态教化传统重镇的新闻界、文学界、高校等纷纷举起要守好阵地的旗帜。习近平在新时期文艺工作座谈会中也指出："要重视文艺阵地建设和管理，坚守守土有责，绝不给有害的文艺作品提供传播渠道。"[1]

从马克思主义发展史看，共产主义学说一直受到来自内部和外部的干扰。从早期的"共产主义幽灵说"到第二国际的"革命熄灭论"，从上世纪末的"马克思主义失败论"到新世纪的"马克思主义无用论"，都试图削减马克思主义的生命力。削减的方式多种多样，文化交融渗透就是其中重要一环，西方国家打着"普世价值"的旗帜，内藏着西方政治话语、西方价值观念，使得国人在文化开放交融的氛围中，在感受现代化带来的物质充裕享受中，没有了信仰，失去了理想，丢掉了灵魂，最终在浑浑噩噩、不知不觉中成为文化中的被奴役者。也正是在此意义上，党的十九大报告将"牢牢掌握意识形态工作领导权"作为坚定文化自信，推动社会主义文化繁荣兴盛的首要任务，这也是新时代文化建设方略不同于以往的重要方面，为新时代加强马克思主义在意识形态领域、在思想文化阵地上的建设提供了方向性的指导。但坚持马克思主义在文化领域的一元化指导，并不否认文化发展的多元化选择，弘扬主旋律不是走偏执化的极端，盲目拔高的主旋律往往会带来曲高和寡、自欺欺人的后果。同样，尊重多元化不是没有底线的退让，没有边界的多元化常常会造成文化沙漠、心灵荒芜的恶果。

世界是由不同文化构成的立体化、动态化空间，空间又被有形的物理边界和无形的文化边界所分割。有形的物理边界清晰可见，为人们所熟知，但无形的文化边界存而无影，为人们所忽略。从大文化范畴看，

1　习近平：《在文艺工作座谈会上的讲话》，《人民日报》2015 年 10 月 15 日。

不同的制度选择，不同的宗教信仰，不同的历史传统等构成了文化的边界。从历时性角度看，文化边界并不是一成不变的，而是表现为不同文化形态的此消彼长。从共时性角度看，文化边界并不是泾渭分明的，而是表现为不同文化形态的张力存在。人本质上是一种文化的存在，而文化有自身的生态系统。在现代开放多元的社会中，既要有高雅性与思想性兼具的经典文化，更要有通俗性和娱乐性兼具的大众文化，只有"上"与"下"相连，互相沟通，循环互哺，才能形成一个雅俗兼得、动态多样、差异有序的文化生态。文化边界作用的发挥虽是隐形的，但却对人类行为的约制、秩序的建立、思想的凝聚产生着重要影响。"边界在不断地被创建和重新创建、划定和重新划定、构筑和重新构筑、商定和重新商定。……边界的数目不是在减少，而是在不断地增加。边界不是在变得简单化，而是在变得更加复杂。"[1] 越来越多的跨学科研究促成了对边界的讨论开始由地理、物理的有形边界转向政治、经济的无形边界，更为边界注入更多文化因素。无论是人们栖居的生存空间，还是人们参与的政治生活，抑或是人们享用的经济生活，都是人们为追求美好生活所营造的社会行为。社会生活的运行归根到底要通过人的思与行来实现，一个社会要从无序走向有序，就需对思与行自身进行一定的规范和约束，即建立起边界。而人又是拥有文化的人，人的思与行中必然贯穿着文化意识，从而对人的行为起到隐而不彰的规范和约束作用。

当前不同学科、不同领域的学者们多维度地对本质上体现为文化边界形塑进行的种种思考，并不意味着对现代化、全球化、市场化、信息化等的彻底否定和回拒，而只是对其以工具理性遮蔽价值理性、以理性逻辑遮蔽文化信仰的批评。这种批评所期望的是恢复价值理性和文化信仰在人类社会历史演进中的优先地位，在社会大转型中开辟文化发展的新境，增强文化的魅力，而不是被技术牵着走，更不是成为经济的附

1　[英] 尼尔·保尔森等编：《组织边界管理：多元化观点》，佟博等译，经济管理出版社2004年版，第328页。

庸。任何一种社会的存在，都必须要依靠秩序来维持，法律规则规范是硬性规定，道德文化秩序是软性规约。但两者历来都不能单独穷尽社会生活的方方面面，两者只有相互补充才能相得益彰。全面建成小康社会和中华民族伟大复兴，文化不能缺席，过上"有尊严的生活"，离不开有品位、有格调的文化浸润，也离不开文化边界的捍卫和匡扶，更离不开生命的诗意栖居和人文关怀。

第二章　社会主义文化边界的研究对象与基本特征

　　在研究社会主义文化边界问题时，时常有人问：现在已经是全球化时代，文化的交融已成为不争的事实，确立"边界"是否有意义或意义何在？也有人问：社会主义与资本主义现在已不是"矛与盾"、"冷与热"的对峙与对垒状态，确立"社会主义文化边界"的寓意何为？直观地看，边界及边界的建立与加强、超越与解散的过程是人们为一定的目标而制定的一系列内外之分。但是边界的建构在实践中又是那样的困难，就此而言，为社会主义文化确立明确清晰的边界也是一个不可能完成的任务。一是因为文化本身就是一个复杂的多样化存在，从地域文化到民族文化、从主流文化到大众文化、从传统文化到现代文化、从现实文化到网络文化，不可能一一为其确立边界。二是因为现时代是全球化、市场化、信息化共同营造的充满着复杂性、柔和性、偶在性的场域，边界也是在不断地流变、多样、复杂。鉴于此，本章尝试提出社会主义文化边界的研究对象，将复杂的问题集中到具有普遍性和共通性的类问题或元问题上。同时，从社会主义发展史的视角，梳理与归纳出社会主义文化边界在历史发展中流露出的一些基本特征。

一、　社会主义文化边界的研究对象

（一）形态域：社会主义形态文化区别于其他社会形态文化的界限

社会主义文化作为一种具有鲜明"意识形态"色彩的文化而出场，必然具有区别于资本主义社会、封建主义社会等其他社会形态文化的界限。否则，就无法彰显其社会主义性质。这一界限的划分或明晰始于马克思、恩格斯。19 世纪 40 年代，马克思、恩格斯把空想社会主义从一种文化学说变成为一种革命实践。他们从现实的人和现实的生活出发，一方面强调人们是自身观念与思想的生产者，另一方面强调作为生产者主体的人们又受其所处的生产关系制约。在他们所处的资本主义时代，占据主导地位的资产阶级要求一切民族（如果它们不想灭亡的话）按照自己的生产方式来生活，并推行自己"所谓的文明"。对此，《共产党宣言》中有深刻且经典的描述："资产阶级，由于一切生产工具的迅速改进，由于交通的极其便利，把一切民族甚至最野蛮的民族都卷到文明中来了。……它迫使一切民族——如果它们不想灭亡的话——采用资产阶级的生产方式；它迫使它们在自己那里推行所谓的文明，即变成资产者。一句话，它按照自己的面貌为自己创造出一个世界。"[1] 当然，这段话绝非是马克思、恩格斯运用"夸张"写作手法进行的表述，而是实事求是的记述。因为这些记述可以从马克思、恩格斯在 19 世纪 50 年代为《纽约每日论坛报》写的有关中国、印度等东方国家问题的评论中得到证实。如在《不列颠在印度统治的未来结果》的社论中就提出："不列颠人是第一批文明程度高于印度因而不受印度文明影响的征服者。他们破坏了本地的公社，摧毁了本地的工业，夷平了本地社会中伟大和崇高的一切，从而毁灭了印度的文明。"[2] 因为，在印度的历史上，侵入印度

1　《马克思恩格斯选集》第 1 卷，人民出版社 2012 年版，第 404 页。
2　《马克思恩格斯选集》第 1 卷，人民出版社 2012 年版，第 857 页。

的"野蛮征服者"——阿拉巴人、土耳其人、鞑靼人、莫卧儿人等，由于文明程度低于印度，因此在侵入后不久就被印度文明化了。但是，英国这次的入侵不一样，因为英国的文明是资产阶级文明，显然高于印度的封建主义文明。历史就在文明的较量中发生转折，走向进步。为此，马克思委婉地指出，英国的入侵"不管犯下多少罪行，它造成这个革命毕竟是充当了历史的不自觉的工具"。[1] 可以看出，文明程度的高低造成的文化阵地割据状况在全球化时代显现出来，各种新生文化与原有文化共存并试图划定新的边界。从这种"文明的冲突"中，也可以看到，各种文化都试图在捍卫自己边界的过程中保留或扩大自身的范围，处于衰落状态的文化不甘心退出历史舞台，那些生长旺盛的文化力图攻克其他文化堡垒，双方的力量对冲比较构成了全球化时代的文化边界景观。

马克思、恩格斯在对资本主义社会进行全面彻底批判的基础上，提出要通过革命的手段实现政治变革，通过扬弃的手段实现经济变革，通过教育的手段实现文化变革，即打破资产阶级的旧社会，建立无产阶级的新社会。用他们的话来讲，即"只有在伟大的社会革命支配了资产阶级时代的成果，支配了世界市场和现代生产力，并且使这一切都服从于最先进的民族的共同监督的时候，人类的进步才会不再像可怕的异教神怪那样，只有用被杀害者的头颅做酒杯才能喝下甜美的酒浆。"[2] 这里的"社会革命"包含着政治革命、经济革命、文化革命。意思是说，无产阶级只有通过彻底的社会革命，才能取得社会发展的支配地位，人类的进步才能是建立在"良性"而非"恶性"的根基上。新旧社会形态的变化必然带来文化形态的变革，也会实现文化边界的移变。为了表明两种不同形态文化的区别，他们特别强调真正的社会主义文化应反映和歌颂革命的无产者，应尽可能地明确自己的立场和表达作品的倾向。如恩格斯在评论倍克的《穷人之歌》时指出，新时代的先进文艺应当塑造、表现

1　《马克思恩格斯选集》第 1 卷，人民出版社 2012 年版，第 854 页。

2　《马克思恩格斯选集》第 1 卷，人民出版社 2012 年版，第 862—863 页。

和"歌颂倔强的、叱咤风云的和革命的无产者"。[1] 可见，在他们原初的思想中，不同形态文化边界的确立不仅要体现在宏观层面，更要体现在微观层面。实际上，恩格斯于 1844 年 9 月—1845 年 3 月根据实际调查所撰写的《英国工人阶级状况》一文中，就明确了资产阶级和工人阶级两者间鲜明的文化边界。他写道："工人比起资产阶级来，说的是另一种方言，有不同的思想和观念，不同的习俗和道德原则，不同的宗教和政治。这是两种完全不同的人，他们彼此是这样地不同，好像他们属于不同的种族。"[2] 这里的"另一种"、"另一套"都是关于文化边界的话语表达。在他看来，资产阶级和地球上的其他民族之间都有许许多多的共同点，但是资产阶级和工人比起来，还是有明显的区别，表现为习惯话语表达的不同，思想观念阐述的不同，道德习俗原则的不同，宗教政治信仰的不同。

作为社会主义实践形态的文化边界伴随着十月革命的胜利和苏俄社会主义事业的探索而确立起来，因为理论层面阐释的文化边界与实践层面操作的文化边界总是存在不一致的地方。在苏维埃政权建立之初，宣传、教育、文化等事业并未明确区分，因为无产阶级文化的发展还没有提出边界的区分之求。但针对当时资产阶级宣扬所谓的"教育不问政治"、"教育不讲政治"的伪善说法，列宁表示，"苏维埃工农共和国的整个教育事业，无论在一般的政治教育方面或者具体的艺术方面，都必须贯彻无产阶级阶级斗争的精神，这一斗争是为了顺利实现无产阶级专政的目的，即推翻资产阶级、消灭阶级、消灭一切人剥削人的现象。"[3] 可以看出，取得政权后的社会主义文化建设就要毫不动摇地坚持共产党的领导，贯彻无产阶级的斗争精神，并与资产阶级、封建地主划清界限。作为现实主义政治家，列宁认为在与资产阶级文化划清界限的同时，要善于利用资本主义遗留下来的文化来建设社会主义。随着实践的发展，列宁更加深刻地认识到不能空洞地、抽象地、盲目地谈论资产阶

1　《马克思恩格斯全集》第 4 卷，人民出版社 1958 年版，第 224 页。
2　《马克思恩格斯文集》第 1 卷，人民出版社 2009 年版，第 437—438 页。
3　《列宁全集》第 39 卷，人民出版社 2017 年版，第 373—374 页。

级文化与无产阶级文化的界限区别。他指出，如果试图认为在俄国建设社会主义可以用"另外的人"或者说用"品质优良的、纯洁的、受过良好教育的人"来建设，我们一向是嘲笑这种想法的，这是拿社会主义消遣取乐而不是严肃的政治。为此，他提出，我们是把资本主义摧毁了，但是仅靠摧毁资本主义还不能填饱肚子，"必须取得资本主义遗留下来的全部文化，并且用它来建设社会主义。必须取得全部科学、技术、知识和艺术。否则，我们就不可能建设共产主义社会的生活"。[1] 但是，他始终没有忽视社会主义文化的党性原则、阶级性立场、人民性宗旨。那么，如何处理两者之间的关系。列宁指出："要使那些被资本主义培养出来反对我们的人转过来为我们服务，每天都监督他们，在共产主义组织的环境中设工人政治委员监督他们，既要制止他们的反革命阴谋，同时又要向他们学习。"[2] 可以看出，列宁对待和处理社会主义文化与资本主义文化两者间关系的态度和做法是既有原则性又具灵活性，既是务实的又是可行的，一方面强调划清两者之间的本质区别，另一方面强调要学会利用资本主义文化来发展社会主义文化。

但是在列宁去世后，在苏联国内外环境的影响下，斯大林领导苏联在社会主义文化发展中逐渐走上了一种"非此即彼"、"非社即资"的道路。如他在《无政府主义还是社会主义？》一文中就提出："现代社会生活的轴心是阶级斗争。在这个斗争进程中，每个阶级都以自己的思想体系为指南。资产阶级有自己的思想体系，这就是所谓自由主义。无产阶级也有自己的思想体系，大家知道，这就是社会主义。"[3] 从文本分析上看，斯大林这段话是明确的关于资产阶级和无产阶级两种不同文化形态边界的话语表达，不同的阶级都有自己的思想体系。这是值得肯定的，也是正确的。但是，从历史发展和实践运行来看，随着阶级斗争、思想斗争成为意识形态和文化领域的重要工作任务，特别是从 30 年代起直

1　《列宁全集》第 36 卷，人民出版社 2017 年版，第 48 页。
2　《列宁全集》第 36 卷，人民出版社 2017 年版，第 52 页。
3　《斯大林全集》第 1 卷，人民出版社 1953 年版，第 216 页。

至六七十年代，由于错误地将社会主义文化和资本主义文化主观地对立起来，对过去时代的文化简单化、庸俗化地贴上阶级和政治标签，给社会主义事业带来了重大损害。苏联的社会主义文化发展忽视了不同阶级文化之间边界的弹性与张力，走上了"非左即右"的偏执化道路。这是后人应该引以为戒的。

近代中国争取民族独立和人民解放的反帝反封建斗争，凸显了中国文化走向现代化的困境。反帝反封建成为寻求新文化的重要历史使命。各种思潮竞相发声，从改良主义到自由主义，从民粹主义到工团主义，从无政府主义到实用主义，从教育救国到实业救国，不同的社会思潮承载着不同阶级的价值诉求，构成了这一时期中国社会文化思想领域的主要景象。但随着代表这些社会文化思潮变革运动的接连失败，中国的革命必须寻找能够真正代表社会历史发展要求和方向的全新文化。文化的边界也在社会的结构转换与发展演进中不断地消退与涌入、解构与创建、争夺与划定。在各种社会文化思潮激烈的角逐与厮杀中，历史选择了马克思主义，中国共产党在其指导下，成功开创了新民主主义文化。这一新文化如何区别于以往的旧文化，边界标识在于文化的内容实质、发展方向、服务对象、历史使命。毛泽东用阶级分析的方法对中国文化的历史发展和独有特点进行了分析。在他看来，一切文化都从属于一定的阶级，从属于一定的政治路线。如在中国长期的封建主义社会中，其政治是封建的政治，其经济是封建的经济，因而，反映和决定于这种政治和经济，同时又服务于这种政治和经济的占统治地位的文化，同样也是封建的文化。近代以来，外国资本主义的入侵使得中国社会逐渐生长出资本主义因素，中国社会的性质及其呈现状态也发生了变化，因此殖民地、半殖民地、半封建的文化随之形成。毛泽东坚持马克思主义的基本立场，从"不是人们的意识决定人们的存在，相反，是人们的社会存在决定人们的意识"这一立场出发，[1] 深刻指出新民主主义革命时期我

1　《马克思恩格斯文集》第 2 卷，人民出版社 2009 年版，第 591 页。

们应当建立中华民族的新文化。那么，新文化何以区别于旧文化？毛泽东在《新民主主义论》中提出，看文化的发展方向、看文化的服务对象、看文化的历史使命。他说："现阶段上中国新的国民文化的内容，既不是资产阶级的文化专制主义，又不是单纯的无产阶级的社会主义，而是以无产阶级社会主义文化思想为领导的人民大众反帝反封建的新民主主义。"[1] 这里，毛泽东对文化性质的界定是基于不同的社会形态，体现了无产阶级形态文化与其他社会形态文化的界限。《在延安文艺座谈会上的讲话》中，毛泽东又从"文艺为什么人服务"的角度进一步区别了封建主义的文艺、资产阶级的文艺、汉奸的文艺和人民大众的文艺的不同本质。需要指出的是，新民主主义文化并不对外国文化采取排外主义，而是尽可能借鉴吸收它的营养因素，也不对中国古代文化盲目搬用，而是尽可能批判接受它的合理成分。政治革命推动着文化边界在批旧开新中实现时空转换，新的文化又在边界的嬗递中逐渐生成并走向未来。

中国共产党领导的新民主主义文化究竟应该怎样建设，怎样体现出民族性、科学性、大众性的三个特征？这些问题是在延安和各抗日根据地的文化运动实践中逐步明晰起来的。但众所周知，中国共产党诞生在农民和小资产阶级似汪洋大海的半殖民地半封建国家，其成员多数出身于贫苦的农民和小资产阶级，并长期处于农村和战争环境之中。因此，怎样克服一些人思想上的缺陷，如狭隘、盲从、宗派主义、个人主义、自由主义等，特别是如何提高理解和运用马克思主义的能力和水平，始终是一个大问题。如当时有人主张文艺脱离政治，作家可以不要马列主义立场、观点，或者说，有了马列主义立场、观点会妨碍创作等不正确的文化主张。这些问题如果不解决，那么必然会影响党对先进文化的创造和发展。在毛泽东看来，没有超越阶级的文化，没有脱离政治的文化，没有互相独立的文化。那么，中国共产党领导的"完全崭新的文化

---

1   《毛泽东选集》第 2 卷，人民出版社 1991 年版，第 706 页。

生力军"又在何种意义上区别于旧文化呢？他提出了以下界限：一是文化是民族的，因而它是反对帝国主义的；二是文化是科学的，因而它是反对封建迷信的；三是文化是大众的，因而它是为了劳苦民众的。这三个方面从文化的方向、对象、立场、方法等方面标识了新民主主义文化的界限。

新中国成立后，大规模的社会主义文化建设提上日程，毛泽东在有关文化座谈和文艺评论中多次从阶级性差别的角度强调，新的阶级力量、新的人物故事、新的文化思想，什么东西应该赞颂，什么东西应当反对，边界都应该是清晰的。1957 年 1 月 27 日，毛泽东在有关会议上指出："在我们无产阶级专政的国家里，当然不能让毒草到处泛滥。无论在党内，还是在思想界、文艺界，主要的和占统治地位的，必须力争是香花，是马克思主义。毒草，非马克思主义和反马克思主义的东西，只能处在被统治的地位。"[1] 同年，3 月 12 日，毛泽东在中国共产党全国宣传工作会议上的讲话中指出："资产阶级和小资产阶级的思想，反马克思主义的思想，还会长期存在。……无产阶级和资产阶级之间在意识形态方面的谁胜谁负问题，还没有真正解决。我们同资产阶级和小资产阶级的思想还要进行长期的斗争。不了解这种情况，放弃思想斗争，那就是错误的。"[2] 在他看来，社会主义制度虽然在中国已经基本确立，"三大改造"也已基本胜利，但思想文化领域的斗争却没有完全取得胜利，它是长期的。因此，在社会主义文化发展中，还要特别注意社会主义文化与资产阶级文化之间的边界所在。

在经历了十年内乱之后，社会发展中各种消极现象和历史遗留问题，使得改革开放新形势下社会主义文化发展出现了更为复杂的新颖问题。历史和现实、外来和本土、进步和落后、积极和颓废的文化之间展开了吸纳又排斥、融合又斗争、渗透又抵御的相互激荡。1983 年 10 月

1　《毛泽东文集》第 7 卷，人民出版社 1999 年版，第 197 页。
2　中共中央文献研究室编：《毛泽东文艺论集》，中央文献出版社 2002 年版，第 187 页。

12 日，邓小平在《党在组织战线和思想战线上的迫切任务》的讲话中强调了如何对待新形势下文化领域出现的精神污染问题。他说："精神污染的实质是散布形形色色的资产阶级和其他剥削阶级腐朽没落的思想，散布对于社会主义、共产主义事业和对于共产党领导的不信任情绪。"[1] 1992 年以后，随着中国社会主义市场经济的发展和逐渐成为共识，人们在文化领域的多元化要求、多样化追求成为一种必需。但同时，西方强势的资产阶级文化不顾优与劣、不问好与坏都在中国改革开放的浪潮中乘机渗入。一时间，各种承载着资产阶级价值的文化依托着文学、电影、图书、歌曲等载体大步跨入中国的大门。良莠不齐的资产阶级文化渗入给原本复杂的中国文化带来前所未有的冲击和挑战。2000年 6 月 28 日，江泽民在中央思想政治工作会议上指出："帮助和引导人们划清唯物论和唯心论、无神论和有神论、科学和迷信、文明和愚昧的界限"[2]。可见，不同文化之间的边界之分与边界之争从未停止。为此，党中央认识到，积极吸收世界优秀文明成果，同时有效抵制国际敌对势力对我们进行西化、分化、离化的政治图谋是一项必须严肃认真对待的课题。

苏联解体的原因有很多，其中西方资产阶级文化的长期渗透就是一个重要因素。出于对苏联长期僵化、封闭、保守思想方式和意识形态的逆反效应，戈尔巴乔夫主政后没有能担负起引导社会意识形态的责任。在公开化、民主化的口号下，各种反对共产党、反对社会主义的势力兴风作浪，各种否定社会主义建设成就和制度、攻击马克思列宁主义的言论文章纷纷出笼。结果在没有限度的、毫无原则的公开性、民主化的影响下，迅速掀起了一股攻击马克思列宁主义、暴露苏联社会主义阴暗面的狂潮，使得人们逐渐失去了对党和国家的信任，对社会主义和共产主义的信仰，人们的精神支柱崩塌了。基于对苏联解体的教训汲取，1996

---

1   《邓小平文选》第 3 卷，人民出版社 1993 年版，第 40 页。
2   《江泽民文选》第 3 卷，人民出版社 2006 年版，第 90 页。

年 1 月 24 日，江泽民在全国宣传部长会议上指出："要注意分清一些基本界限。比如，马克思主义同反马克思主义的界限，社会主义公有制为主体、多种经济成分共同发展同私有化的界限，社会主义民主同西方议会民主的界限，辩证唯物主义同唯心主义形而上学的界限，社会主义思想同封建主义、资本主义腐朽思想的界限，学习西方先进东西同崇洋媚外的界限，文明健康生活方式同消极颓废生活方式的界限，等等。在这样一些重大问题上，我们领导干部不能是非不辨、美丑不分，不能对那些同党的主张背道而驰的言论听之任之，不能让那些同党的宗旨和纪律不相容的歪风邪气滋长起来。"[1] 不难理解，随着冷战思维的淡去，文化意识形态的斗争却并未远去，而是在国际与国内、虚拟与现实等界限愈益模糊的场域中更加凸显。中苏社会主义的历史命运再清楚不过地说明了一个重复已久的道理：社会的舆论阵地，社会主义不去占领，资产阶级就会去占领，科学的思想和主流的文化在社会生活中如果失去了统治地位，价值观缺失、政治的混乱就必然会接踵而至。

综上，社会形态域构成了社会主义文化边界的第一场域。它要求我们在研究社会主义文化问题时，既要从文化发展的角度汲取百家文化之长，"唯意识形态化"的"非我族类，其心必异"的思维不可取，又要从社会形态的角度坚持社会主义之本，"去意识形态化"的"视若无睹，置身事外"的做法亦不可取。

（二）结构域：社会主义整体结构中经济、政治与文化的界限

人类社会原本是一个有机融合、互相胶合的整体，并无区分之意。人作为一种社会关系的存在，其文化活动也离不开社会生活的物质基础、人们交往的现实条件等。但人们在认识和改造自然与社会之时，为了方便将两者区别开来，又进一步按照不同的领域、不同的侧面、不同的层级进行"人为"的划分。人们虽然划分的视角各异、方法有别、路

1　《江泽民文选》第 1 卷，人民出版社 2006 年版，第 500 页。

径不同，但目的都在于能够更好地认识自身朝暮栖居的社会，而区分的引申之意还在于划清社会整体结构中不同领域的"相对边界"。既然有了"相对边界"，就意味着每个领域都不得逾越其"边界"。比如不能将用于政治革命的办法来实现文化革命和经济革命，不能将用于经济发展的办法来套用政治发展和文化发展。

马克思、恩格斯立足唯物主义强调物质的生产与再生产在历史发展中起决定作用，但常有人不能够正确理解这一观点，甚至加以歪曲把经济因素说成是唯一决定性的因素。恩格斯对此批评说："根据唯物史观，历史过程中的决定性因素归根到底是现实生活的生产和再生产。无论马克思或我都从来没有肯定过比这更多的东西。如果有人在这里加以歪曲，说经济因素是唯一决定性的因素，那么他就是把这个命题变成毫无内容的、抽象的、荒诞无稽的空话。"[1] 为此，恩格斯提出了历史发展的"合力论"，即"有无数互相交错的力量，有无数个力的平行四边形，由此就产生出一个合力，即历史结果，而这个结果又可以看做一个作为整体的、不自觉地和不自主地起着作用的力量的产物"[2]。这也表明，社会发展中经济基础的支配不是绝对的而是相对的，物质生产的发展与文化的发展并不平衡，因为两者拥有不同的性质。既然具有不同的性质，在认识和思考两者关系时就要辩证地区别对待。马克思以希腊为例指出，希腊时期的生产力发展水平并不高，但却产生了许多史诗般的神话和传说，成就了古希腊文化发展的空前繁荣。在马克思、恩格斯看来，当社会变更发生的时候，必须把物质生活的变更与精神生活的变更区别开来，两者间不是何为先、何为后的依次顺序，而是两者因为性质的不同在历史变革中各司其职，不能将其混为一谈。

列宁继承了马克思主义关于辩证看待社会结构整体与部分关系的思想。针对俄国早期"自由主义民粹派"认为历史发展进程的实质根本不

---

1 《马克思恩格斯选集》第4卷，人民出版社2012年版，第604页。
2 《马克思恩格斯选集》第4卷，人民出版社2012年版，第605页。

可捉摸，马克思主义的经济唯物主义学说也没有捉摸住的论调，他反驳说："马克思并不以这个骨骼为满足，并不仅以通常意义的'经济理论'为限；虽然他完全用生产关系来说明该社会形态的构成和发展，但又随时随地探究与这种生产关系相适应的上层建筑，使骨骼有血有肉。"[1] 这里，列宁强调马克思不是"经济决定论者"，而是将社会看作是一个"有骨、有血、有肉"的整体。但比马克思、恩格斯更进一步的是，列宁通过社会主义建设的实践认识到文化任务、政治任务、军事任务、经济任务具有不同的性质，不能采取同一化的思维和做法来对待。他说："文化任务的完成不可能像政治任务和军事任务那样迅速。……在危机尖锐化时期，几个星期就可以取得政治上的胜利。在战争中，几个月就可以取得胜利，但是在文化方面，要在这样短的时间内取得胜利是不可能的。"[2] 这里，实践的发展使得列宁认识到，虽然社会有机整体存在紧密关联，但是不同的任务由于性质不同因而必须采取不同的策略，文化任务的完成不能那样迅速是由"问题的性质"决定的。可以看出，列宁已充分认识到文化与经济、政治虽是一个整体，但因性质不同而需要划清这之间的相对界限。任何非此即彼、偏执一端的想法和做法，不但在理论上片面不可取，而且在实践上极端不可行。政治固然可以影响文化的其他方面，如十月革命的胜利使得俄国的文化建设走向社会主义的道路，同时，文化也可以影响政治的其他方面，如苏俄的文化落后严重制约了苏俄的政治发展。但是，两者之间的边界还是要区分的，因为在某个时代或某个社会里，政治固然可以成为文化各方面的重心，然而在别的时代或别的社会里，未必就是这样。由此可见，人生活着的世界，其每一领域都有着属于自身的运动方式和演进规律，都有着属于自身的特殊目的和功能需要。它展现出对普遍的、普适的，对所有领域都使用的总体性规则的一种拒斥。

---

1 《列宁全集》第 1 卷，人民出版社 2013 年版，第 113 页。
2 《列宁全集》第 42 卷，人民出版社 2017 年版，第 211 页。

一个事物区别于另一个事物的内在规定性和本质属性，就是事物之间区分的边界。在社会结构的有机整体中，物质生产、政治制度、精神文化在历史长河的互动发展中各自扮演的角色不同，各种身份的定位不同，各自承担的责任也不同。毛泽东在 1940 年 1 月—2 月完成的《新民主主义论》中开篇就直奔主题，他讲到，我们要以实事求是的科学态度和负责的精神引导民族的解放道路，不仅要为中国的政治革命和经济革命奋斗，而且要为文化革命奋斗。但是具体到政治、经济、文化的革命原因和目标时，毛泽东用的话语却不一样，他说："我们不但要把一个政治上受压迫、经济上受剥削的中国，变为一个政治上自由和经济上繁荣的中国，而且要把一个被旧文化统治因而愚昧落后的中国，变为一个被新文化统治因而文明先进的中国。"[1] 这里可以看出，政治、经济、文化三者虽然都要诉诸革命以求得解放，但各自的原因和目标是有差异的，根源在于三者存在性质上的不同，从而规定了各自不同的行动界限。事实上，人类社会活动的不同领域的确有也应该有不同的逻辑标准和边界标识：经济的逻辑是利害，历史的逻辑是真伪，艺术的逻辑是优劣，道德的逻辑是善恶……有时候越界或错位，就会得出不恰当、不准确的认识与评价。

改革开放后，中国共产党汲取历史经验教训适时提出了建设社会主义物质文明和精神文明的奋斗目标，深刻认识到物质文明建设不是孤立存在的，而是同社会主义其他事业紧密联系和相互促进的，并且提出"两手抓，两手都要硬"的方针，目的在于促进两者协调并进。但在实践发展中，常出现"一手硬、一手软"的现象，有的甚至牺牲精神文明去追求一时一地的"经济效益"。为此，党中央也深刻认识到，"两个文明紧密联系而又有各自的发展规律，它们互为条件、互为目的。……必须全面把握两个文明建设的辩证关系，遵循精神文明自身的发展规律，

1　《毛泽东选集》第 2 卷，人民出版社 1991 年版，第 663 页。

自觉加强精神文明建设，不断提高精神文明的水平。"[1] 因此，思想上，要正确认识物质文明和精神文明的辩证关系，既要看到两者互为条件、互为目的的整体性，又要看到两个性质不同、规律不同的差异性。实践上，不能以经济的"功利"方法来算计文化，也不能以政治的"命令"方法来强制文化，而要以文化自身的规律来发展文化。2015 年 2 月 28 日，习近平在有关讲话中指出："要坚持'两手抓、两手都要硬'，以辩证的、全面的、平衡的观点正确处理物质文明和精神文明的关系"。[2] 这里，"平衡"强调的就是要注重物质文明和精神文明两者之间的边界，重物质轻精神或重精神轻物质，都是有悖于社会发展规律的。文化发展与经济发展、政治发展是不一样的，有的可以试验，有的允许失败，可是文化的发展一旦走了弯路，其损失是不可估量的，也是无法挽回的。因此，千万不能把经济发展的模式或政治发展的手段移植到文化发展上来。因为文化的发展有自身独特的边界特性。但直到今天，在社会主义发展中，仍有不少人打着"经济决定论"的旗帜走上"唯 GDP"的道路。一些政府官员谈经济也在讲文化，谈政治也在说文化，谈科技也在提文化，走上了一切皆可文化的"泛化"之路。

综上，社会结构域构成了社会主义文化边界的第二场域。它要求我们在研究社会主义文化边界问题时，一方面要认识到社会整体结构中各个部分的有机联系，不能失犯"偏安一隅，因小失大"的错误，另一方面又要认识到各个部分之间的边界存在，不能走向"车轨共文，斠然一概"的泥潭。

（三）限度域：社会主义文化发展中政策方针的适用边界

"度者，分、寸、尺、丈、引也，所以度长短也"。[3] 度是中华民族优秀文化的重要品格，儒学讲求中庸、不偏不倚，道学主张顺其自然、

1　《江泽民文选》第 1 卷，人民出版社 2006 年版，第 575 页。

2　《习近平谈治国理政》第 2 卷，人民出版社 2017 年版，第 324 页。

3　《汉书·律历志》。

适应自然，佛学提倡众生平等，心理平衡。"欲速则不达"、"适可而止"、"过犹不及"、"物极必反"，这都是对度的生动诠释。在中国文化中，"尺度"又延伸为"适度"、"法度"、"限度"等。因此，"度"既是一个生活概念，又是一个哲学范畴。世界万物，林林总总，不胜其多，各有其生命的独特样态，是以个体的形式而实现其整体共在的，因而既不泯灭个体性又使全部个体呈现为共相的整体和谐，其真实的根源在于"道"的本原秩序所在和"度"的边界秩序所在。唯物辩证法也告诉我们，世界上一切事物都是质与量的统一，这种统一就是度，量变达到一定程度才会发生质变。倘若没有对"度"的前提认知和深刻把握，"和谐"、"和平"、"和美"、"和睦"等一切关于"和"的思想和期望便少了基于平衡的视角和力量。历史和现实告诉我们，如果不注意把握"度"的分寸火候、不注意拿捏"度"的节奏韵律，那么同样的事情就可能会产生不同的结果。

　　一个国家的政治法律制度、政策方针导向对文化艺术生产、文化事业发展、公共文化服务、新闻出版传播等都会产生影响，不仅赋予当下文化发展的条件、动能、规则，形塑着文明体的社会文化发展方式，而且通过边界的代际传承和张弛转换，对整个国家的文化走向产生深远影响。在社会主义文化发展中，执政党制定的文化政策、方针也有其适用边界。列宁在社会主义文化实践中首先遇到文化发展的边界性问题。十月革命胜利后，广大人民群众建设社会主义的积极性骤升，在文化建设领域出现了"无产阶级文化派"的群众性文化组织，该组织的领导人亚·波格丹诺夫提出要确定"无产阶级艺术的界限"。他在《无产阶级的艺术批评》中写道："我们要做的第一件事，就是要确定无产阶级艺术的界限，要清楚地划出它的范围，这样可以使它不会溶解在周围的文化环境里，不会混和在旧世界的艺术里。"[1] 事实上，"无产阶级文化派"主张在新政权下直接创造出"纯而又纯"的无产阶级文化，这种文化将

1　《无产阶级文化派资料选编》，中国社会科学出版社 1983 年版，第 39 页。

是"人类历史中最后的、但又是第一个配称为文化的文化"。[1] 与此同时，他们还对共产党的文化领导权提出批评，认为党的领导会束缚工人知识分子文艺创作的主动精神。对此，1920 年 12 月，列宁在俄共（布）中央委员会的信中给予了驳斥："中央不仅不想束缚工人知识分子在文艺创作方面的主动精神；相反，中央想给他们创造更健康、正常的环境，使他们能在整个文艺创作上卓有成效地表现出来。"[2] 在列宁看来，确定无产阶级文化的界限，划清楚它们的范围，使之区别于旧文化都是正确的，但这些工作必须坚持党的领导，它与工人自由的文艺创作也并不矛盾。他还指出，社会主义新政权下否定、仇恨、摧毁旧学校的心理和决心可以理解，但要与汲取其中的有益营养区分开来。1920 年，列宁在《青年团的任务》一文中就指出，青年团的任务是要学习，但这句话没有答复最主要和最本质的问题——学习什么和怎样学习。因此，单单提倡学习或学习共产主义的口号是空洞的，笼统的。因此，"总以为学习共产主义就是领会共产主义教科书、小册子和著作里所讲的一切知识。但是，给学习共产主义下这样的定义，就未免太草率、太不全面了。"[3] 在他看来，如果只限于领会共产主义著作、书本和小册子里面的东西，而不会把知识融会贯通，就只会造成"书呆子或吹牛家"。质言之，社会主义文化发展中的政策、方针有其适用边界，不能将党对文化领导同思想文化的禁锢等同起来，不能将否定旧文化与创造新文化割裂开来。

文化在为自己成员设立边界方面具有显著优势，社会成员一旦习得某种文化习惯，所形成的边界就会成为理所当然的东西，并且会对人们的思想和行为发挥指导作用。中国共产党在历史发展中针对不同时期的文化状况提出了若干不同的基本原则，成为指导文化发展的基本方针。随着中国共产党由"夺取政权"向"巩固政权"的转变，文化承载的历

1　《无产阶级文化派资料选编》，中国社会科学出版社 1983 年版，第 41 页。

2　《无产阶级文化派资料选编》，中国社会科学出版社 1983 年版，第 135 页。

3　《列宁全集》第 39 卷，人民出版社 2017 年版，第 329 页。

史使命也由"为了革命"向"服务发展"转变。为此，从文化发展的客观规律出发，结合国家需要迅速发展文化的迫切要求，"百花齐放、百家争鸣"和"古为今用、洋为中用"的文化发展方针逐步形成。但是，值得注意的是，不同时期的文化发展方针都有其边界所在。1938年4月28日，毛泽东在鲁迅艺术学院的讲话中针对"艺术至上主义"的唯心观点进行了批判。他说："艺术上的政治独立性仍是必要的，艺术上的政治立场是不能放弃的，我们这个艺术学院便是要有自己的政治立场的。……我们主张艺术上的现实主义，但这并不是那种一味模仿自然的记流水账式的'写实'主义者，因为艺术不能只是自然的简单再现。"[1] 这里，他肯定了艺术发展要尊重自身特性与规律，但是政治立场不能放弃，艺术要追求浪漫主义，但是不能是消极和复古的浪漫主义，艺术要追求现实主义，但是不能是望文生义和记流水账。这里，毛泽东明确表达了无产阶级艺术发展的边界所在。新中国成立后，针对社会主义文化发展中出现的新情况、新问题、新任务，毛泽东审时度势地提出了"双百"方针，邓小平在改革开放初期提出了"二为"方向。但在实际生活中，"双百"方针、"二为"方向常成为"三俗"文化的挡箭牌，究其原因在于没有深刻认识其适用边界。事实上，毛泽东在提出"双百"方针时为其划定了"六条"边界。邓小平也洞悉到这一方针的边界性，提出："我们要永远坚持百花齐放、百家争鸣的方针。但是，这不是说百花齐放、百家争鸣可以不利于安定团结的大局。如果说百花齐放、百家争鸣可以不顾安定团结，那就是对于这个方针的误解和滥用。"[2] 1980年7月26日的《人民日报》发表了"文艺为人民服务，为社会主义服务"的社论，正式提出社会主义文化发展的"二为"方向。但在市场化的浪潮中，"二为"方向常沦为"水中月"、"墙上画"。针对文化领域出现的"精神污染"问题，邓小平说："现在有些同志对于西方各种哲学

1　《毛泽东文集》第2卷，人民出版社1993年版，第121页。
2　《邓小平文选》第2卷，人民出版社1994年版，第256页。

的、经济学的、社会政治的和文学艺术的思潮，不分析、不鉴别、不批判，而是一窝蜂地盲目推崇。"[1] 在他看来，这些行为都是"精神污染"的重要表现，本质在于混淆是非界限，泯灭了"二为"方向的边界所在。

"雨泽过润，万物之灾也；恩宠过礼，臣妾之灾也；情爱过义，子孙之灾也。"[2] 万事万物都有其边界的存在，掌握边界的存在，是一种修养、一种智慧、一种境界。事实上，强调革新不是要抛弃传统，而是要高扬传统中的优秀成分和民族特色。因此，掌握好社会主义文化发展中政策方针的适用边界尤为关键。改革开放新时期，是一个新旧交替、纷纭多变的社会转型时期，也是一个克服旧文化观念、树立新文化观念的时期。处在这样一个时期，我们对待传统文化观念要保持科学分析态度，不要把传统文化观念与旧文化观念混为一谈，一概否定。搞文化改革，不能要虚无主义，绝不能把民族的好传统改掉。搞文化创新，不能要西化主义，绝不能把西方所有的都拿来。社会主义文化改革中，既要弘扬民族优秀的文化传统，又要积极汲取外国的好东西。社会主义文化创新中，既要深深扎根于民族沃土中，又要牢牢把住民族精神、民族气质、民族风格、民族特点这一基本方向。掌握好边界，就不能只讲"非此即彼"，不能简单地认为不是东风就是西风，不是香花就是毒草，不是好人就是坏人，不是无产阶级就是资产阶级。因为事物是多层次的，文化是多样化的，简单化就会导致片面化甚至绝对化。1842 年，马克思在致阿尔诺德·卢格的信中有两句话值得注意。他说："我认为在偶然写写的剧评之类的东西里塞进一些共产主义和社会主义的信条，即新的世界观，是不适当的，甚至是不道德的。我要求他们，如果真要讨论共产主义，那就要用另一种完全不同的方式，更切实地加以讨论。"[3] 即表明，偶然地写写剧评之类的文化创作，硬塞进一些共产主义和社会主义

1　《邓小平文选》第 3 卷，人民出版社 1993 年版，第 44 页。

2　《呻吟语·伦理》。

3　《马克思恩格斯选集》第 4 卷，人民出版社 2012 年版，第 403—404 页。

的信条，是不恰当的，甚至是不道德的，但并不是说文化创作不要共产主义和社会主义，而是要采用完全不同的方式更加务实地讨论。这一论述对于认识社会主义文化方针、政策的边界具有方法论启示意义，即社会主义文化方针政策的制定一定要把握好"度"，避免"欲速则不达"，防止"过犹而不及"，警惕"故步而自封"。文化实践中不能借口保持边界的坚定性而否定现实的灵活性，任何墨守成规的坚守都会大大减损社会主义文化的完整性与鲜活性。

党的十八大以来，习近平提出新时代社会主义文化发展要坚持"双创"方略，但是人们在泛论这一方略时，只是留在字面诵读上，并未解其内意，明其边界，进而导致对这一方略的认识与实践不能达成共识。因为，人们在理解文化政策方针的时候，没有把握好其政治之度、政策之度、内涵之度、外延之度。结果在文化实践中，往往会犯"囫囵吞枣"的毛病。社会主义文化实践提出的问题是，只提"双创"方略，并不能完全涵盖和意会新时代党的文化方略，它有自己的适用边界。这就要求在发展中国特色社会主义文化时，必须处理好古与今、内与外、精与糟、传与创的多种关系。对此，2021 年 12 月 14 日，习近平在有关讲话中再次强调："故步自封、陈陈相因谈不上传承，割断血脉、凭空虚造不能算创新。要把握传承和创新的关系，学古不泥古、破法不悖法，让中华优秀传统文化成为文艺创新的重要源泉。"[1] 可以看出，挖掘和继承优秀传统文化不是尊古不化，创造和创新现代先进文化不是茫无边际。承百代之流，会当今之变是当代中国社会主义文化发展的要求所在。因此，在社会主义文化发展中要防止出现一些不良现象，如谈及成绩功绩时过度"美化"，理解政策方针时过度"概念化"，宣传榜样典型时过度"神化"等。

综上，适用限度域构成了社会主义文化边界的第三场域。它要求我

1　习近平：《在中国文联十一大、中国作协十大开幕式上的讲话》，《人民日报》2021 年 12 月 15 日。

们在研究社会主义文化问题时要承认文化政策与方针的有限性与相对性，一方面要坚持党对文化工作的领导，使得社会主义文化发展朝着正确的方向前进，不能犯"口无遮拦、毫无顾忌"的毛病，另一方面要认识到政策方针的边界性，不能犯"一刀切，一风吹"的舛误。

（四）意识域：社会主义文化发展中的"阵地意识"与"界限意识"

文化边界不同于国家地区间的领土边界，不同于行政区划的政治边界，本质上体现为一种思想观念的边界。相对于领土边界与政治边界可感可知的特性，文化的边界具有更多的多样性、复杂性、隐匿性。这种边界看似"虚无缥缈"可有可无，实则"掷地有声"不容小觑。一般意义上说，传统的中国在文化上自成一体。在这个自成一体的文化共同体中，不同的个体间建立起了共同的理想信念、共同的文化记忆、共同的文化精神。几千年的历史发展中，这个文化共同体虽然通过各种方式与世界其他文明有所接触，但范围有限。近代以来，在自我封闭的经济堤防和政治壁垒被全球化浪潮冲垮之后，中国人在思想文化领域也开始面临严峻的挑战。时至今日，中国人已摆脱了闭关自守和全盘西化这两个幽灵的纠缠，开始以更加实事求是的态度和独立自主的精神来探索适合自己的发展道路。但是在一个既具有经济一体化趋势，又保持了文化差异性的现时代世界中，社会主义文化欲想繁荣兴盛，唯一的选择可能是在博采众长中、在凤凰涅槃中生长出一种崭新的文化，开创一条具有中国特色的文化现代化之路。与此同时，现时代的时空场景向人们凸显了现代社会文化生活最为根本的一个矛盾，一方面是不可能消除的多元化及其所捍卫的社会政治秩序，另一方面是社会的公共生活对于自身统一性、稳定性、公共性的内在要求，如何解决和平衡二者之间的矛盾，构成现代人过上高质量、高品位、高水准文化生活之可能的关键。那么，经济一体化与文化差异性的境域要求在社会主义文化发展中必须树立"阵地意识"与"界限意识"。

这种"阵地意识"与"界限意识"在相对封闭或充分融合的场域中并不凸显，但是在走向开放或多元交流的场域中却异样凸显。改革开放后，随着社会活力的迸发，思想文化领域在反映现实生活的深度和广度上均出现了空前的繁荣，也存在相当严重的"精神污染"现象。邓小平要求必须要划清社会主义、共产主义与资产阶级、其他剥削阶级在思想文化领域的界限。他一方面批评了当时理论界较为突出的人道主义和异化论问题，另一方面批评了当时文艺界出现的"一切向钱看"的歪风。他说："精神污染的危害很大，足以祸国误民。它在人民中混淆是非界限，造成消极涣散、离心离德的情绪，腐蚀人们的灵魂和意志，助长形形色色的个人主义思想泛滥，助长一部分人当中怀疑以至否定社会主义和党的领导的思潮。"[1] 在他看来，党要高度重视对思想文化战线的领导，如果没有阵地意识任其侵蚀，没有界限意识任其泛滥，就会关系到党和国家的命运前途。为此，邓小平强调一定要彻底扭转这种不正常的局面，使马克思主义的宣传在思想界真正发挥主导作用。实际上，关于文化领域的阵地早在列宁去世后不久，俄共（布）于1925年6月18日通过的《关于党的文学政策》的决议中就已经明确提出。该决议的第六条指出："无产阶级在维护、巩固并日益扩大其领导的同时，应该在思想战线的许多新阵地上占据相应的地位。……占领文艺领域的阵地迟早也应成为事实。"[2] 可见，无产阶级政党的领导应该是全面的领导，不仅要实现政治上的统治地位，而且要实现经济上的主导地位，更要有思想文化上的阵地优势。

邓小平关于思想文化的这种"边界意识"为后来的中国共产党人明确为"阵地意识"与"界限意识"。因为在经济全球化的浪潮中，人类经济活动中的各个要素流动超越国界，人们的生存视野及其发展格局发生了根本性的变化。这种根本性的变化对人们的文化认知、文化理想影

---

1   《邓小平文选》第3卷，人民出版社1993年版，第44页。

2   《无产阶级文化派资料选编》，中国社会科学出版社1983年版，第139页。

响巨大，使得人们在民族文化与外来文化之间形成的张力进一步加大。人们会禁不住思考：我来自哪里？我去向何方？如何面对已有的文化存在？如何开辟新颖的文化未来？对此，1996 年江泽民在《努力开创社会主义精神文明建设的新局面》一文中就提出："精神文明建设的重要阵地必须牢牢掌握在党手里。"[1] 在 2000 年 6 月，他再次强调："思想文化阵地，马克思主义、无产阶级的思想不去占领，各种非马克思主义、非无产阶级的思想甚至反马克思主义的思想就会去占领。从上到下的一切思想文化阵地，……都应该成为我们宣传科学理论、传播先进文化、塑造美好心灵的阵地，决不能给违反四项基本原则、违反改革开放政策、违反党的方针政策的错误观点，以及危害人民特别是青少年身心健康的东西提供传播渠道。"[2] 文化阵地的边界"拉锯战"一直存在，不同的文化都想扩大范围、抢占高地、成为主流。2008 年，胡锦涛在有关讲话中指出："互联网已成为各种社会思潮、各种利益诉求的集散地，成为意识形态较量的一个重要战场。……网络传播无国界，具有天然落地的特点，隐匿性和交互性很强"。[3] 因此，他提出要有"阵地"意识，努力使互联网成为传播社会主义先进文化的前沿阵地，通过提供公共文化服务的有效平台，形成人们精神文化生活健康发展的广阔空间。可以看出，随着改革开放的深入推进，文化发展的多元、多样化带来的是边界的扩伸与移变，但是并没有削减边界的重要性。因此，认为全球化时代文化边界就不存在的观点或想法是不正确的。关键问题在于，固守一隅的思想经常受到挑战与质疑，思想阵地的占领需要边界形塑的引导有力、话语有效、思想有范，需要充足的自信精神和工作能力。

综上，思想意识域构成了社会主义文化边界的第四场域。它要求我们在社会主义文化发展中增强宣传思想工作中的阵地意识、新闻舆论场域中的界限意识、文学艺术创作中的规则意识、网络虚拟空间中的法治

1　《江泽民文选》第 1 卷，人民出版社 2006 年版，第 584 页。
2　《江泽民文选》第 3 卷，人民出版社 2006 年版，第 97 页。
3　《胡锦涛文选》第 3 卷，人民出版社 2016 年版，第 64 页。

意识、价值观念领域中的底线意识。

形文，五色也，声文，五音也，情文，无性也。"五色杂而成黼黻，五音比而成韶夏，五性发而为辞章，神理之数也。"[1] 即表明，五色错杂调配就成为斑斓的花纹，五音相互配合就产生了动听的乐曲，五情抒发出来就能成为优美的文章，这是一种神妙的自然规律，更体现为一种"乱中有序"的边界意愿。但是，有形的边界存在为人们所承认，无形的边界存在则有不同的意见分歧。这种意见分歧并不能否定其存在，而恰恰说明了其存在的重要性。因此，在"全球一家"的人类命运共同体中，不同文化的边界是存在的，尽管要推动不同文化间的交流借鉴，不同社会形态间文化的斗争也是存在的，尽管不同文化所蕴含的力量相差甚远。因此，提出社会主义文化边界既是对边界和文化边界内涵的丰富和发展，更是繁荣发展社会主义文化的必需和条件，目的在于让国人在薪火相传中代代守护好社会主义文化边界，更要让国人在与时俱进中形塑发展好社会主义文化边界。

二、 社会主义文化边界的基本特征

文化的边界既是区分文化与其他事物的一定界限，又是文化自身内部要素之间的中介环节。只有在内外边界相互作用的条件下，文化之流才可能构成一个自组织演进过程，不断实现边界形塑和自身优化，进而发挥其功能。因此，文化的边界也突出地体现着边界的复杂性特征。中国特色社会主义文化根源于中国特色社会主义伟大实践，但作为一个概念，则是由社会主义文化发展而来的。社会主义文化作为一个概念，是从社会形态角度区别于资本主义社会和封建社会的文化、奴隶社会和原始社会的文化。社会主义文化边界是以马克思主义理论和社会主义实践为基础的，具有鲜明社会主义文化特质的存在空间和表达方式，它规定

1　《文心雕龙·情采》。

了自身在指导思想、根本目标、内容要求、原则方针等方面不同于其他阶级。事实上，人们对社会主义文化"是什么"的认知较为清楚，但是对社会主义文化"为什么"的理解较为模糊，即如何界定社会主义文化的研究不够。界定是建立在边界差异基础之上的，因此明晰社会主义文化边界的特征尤为重要。这对于新时代坚定文化自信，推动社会主义文化强国建设具有重要价值。

（一）鲜明的方向性

文化与人类的社会生产实践活动相伴相生，是人类与生俱来的存在方式和精神依托。不同的时代和社会就会有不同的文化精神和呈现形态，核心价值的相异表征出文化的边界性。原始社会，人类惊于对自然的好奇产生了图腾文化。奴隶社会，人类基于对生存的需要产生了部落文化。封建主义社会建立了以等级为核心的文化形态。资本主义社会建立了以私有制为核心的文化形态。人类只有在文化的历史发展中不断甄选，才能在杂芜丛生的文化百花园中使得优秀文化得以存生。社会主义文化的出场是建立在对资本主义文化扬弃的基础之上的，作为特定社会形态的文化，它有其自组织系统的边界。这些边界是社会主义文化在与外部和内部的互相作用中，不断自我调整、控制而加以确定的。从这个意义上说，边界就是文化在与内外环境相互作用中，整体自我调整、控制作用范围的一定限度。同时，任何一种文化的诞生，都具有不同于其他文化的边界性，对应着文化的不同性质，其整体作用的范围往往也是不同的。

马克思、恩格斯为社会主义文化划定的第一条界限是要坚持共产主义和社会主义的发展方向，体现了鲜明的方向性。他们对人类文化史的分析并不局限于对资本主义文化的批判，而是站在人类历史文化发展的高度，从阶级性视角认为，自有阶级以来的各个世纪的社会意识尽管形形色色、千差万别，但总是在某些共同的形式中运动，即文化均表现出强烈的阶级性，而这种阶级性只有到阶级对立完全消失的时候才会完全消失。为此，他们在《共产党宣言》中提出，共产主义文化在自己的发展进程中要自觉地"同传统的观念实行最彻底的决裂"。[1] 这里的"传统的观念"不仅包括无阶级的原始社会文化，更包括有阶级的奴隶社会、封建社会和资本主义社会中的文化，这里的"决裂"是指共产主义文化要同以往的历史文化划清界限。而后，他们对具有社会主义倾向的文化作品明确表达无产阶级的立场予以高度肯定。在他们看来，作家的阶级立场不同，其文化作品所表达的思想倾向和价值观念就会相异，而具有社会主义倾向的文化作品就应尽可能明确自己的立场。

社会主义方向是中国共产党在领导中国文化发展进程中所举起的旗帜。1938 年 4 月，毛泽东在鲁迅艺术学院成立大会上指出，鲁迅艺术学院不但要抗日，还要为建立新的民主共和国而努力，更要有实现社会主义以至共产主义的远大理想。1940 年 1 月，毛泽东在《新民主主义论》中区分了新民主主义文化与旧民主主义文化、社会主义文化的内涵，划定了三者之间的界限。他指出，新民主主义文化中包含有社会主义文化的重大因素，而就整体来说，目前还不能有整个的社会主义国民文化，但是要坚持无产阶级文化思想的领导。他说："就国民文化领域来说，如果以为现在的整个国民文化就是或应该是社会主义的国民文化，这是不对的。"[2] 这里，毛泽东通过界定不同文化形态间的边界，强调新民主主义文化要以无产阶级文化思想为领导。1942 年 5 月 28 日，毛泽东在中央学习组会议上指出："文艺是一支军队，它的干部是文艺工作者。它还要有一个总司令，如果没有总司令，它的方向就会错的。"[3] 改革开放后，革命和建设时期较为单一的文化主题被多样的文化形式所替代。针对思想文化战线出现的精神污染问题，邓小平将"精神污染"上升到党和国家生死存亡与前途命运的高度来看待，认为这实质上是对"共产党领导的不信任"，并要求广大文化工作者应高高举起马克思主义和社

1　《马克思恩格斯选集》第 1 卷，人民出版社 2012 年版，第 421 页。
2　《毛泽东选集》第 2 卷，人民出版社 1991 年版，第 705 页。
3　《毛泽东文集》第 2 卷，人民出版社 1993 年版，第 431 页。

会主义的伟大旗帜，用自身的文化创作来教育和引导人民坚信社会主义和党的领导。1991 年 7 月 1 日，江泽民在庆祝中国共产党成立 70 周年大会上指出："坚持马克思列宁主义、毛泽东思想的指导地位，是我们立党立国的根本，也是社会主义文化建设的根本，决定着我国文化事业的性质和方向。"[1] 他强调，这是社会主义文化建设沿着正确道路健康发展的根本保证，也是抵制和消除一切落后腐朽思想文化的有力武器。综上可见，中国共产党人在领导中国文化发展的进程中牢记文化发展的社会主义方向，并将其作为社会主义文化区别于其他社会形态文化的首要边界标识，体现了鲜明的方向性。

历史经验表明，高扬先进文化的旗帜，文化就能激励人民前进。当代中国文化要成为激励人民前进的力量，就必须坚持社会主义先进文化的前进方向。党的十八大以来，习近平特别强调文化发展中意识形态的领导权、管理权、话语权。在他看来，与社会主义文化建设紧密相关的宣传思想、新闻舆论、网络信息、哲学社会科学、高校思想政治教育等工作都要坚持党的领导，把握好文化的方向，守住文化的阵地，对文化领域出现的政治性、原则性、导向性问题，必须旗帜鲜明、敢抓敢管。2014 年 10 月，他在新时期文艺工作座谈会上说："文艺要反映好人民心声，就要坚持为人民服务、为社会主义服务这个根本方向。这是党对文艺战线提出的一项基本要求，也是决定我国文艺事业前途命运的关键。"[2] 这表明，中国文化的发展必须要坚持社会主义的方向，如果方向错了，那么中国文化的事业也就失败了。党的十九大报告也指出："意识形态决定文化前进方向和发展道路。"[3] 在他看来，文化意识形态工作一刻也不能放松和削弱，一刻也不能忽视和旁落，否则就要犯无可挽回的历史性错误。这一论断为新时代坚定文化自信，推动社会主义文化繁荣兴盛划定了边界遵循、标注了价值航向，体现了社会主义文化必须要

1　《江泽民文选》第 1 卷，人民出版社 2006 年版，第 158 页。
2　《习近平谈治国理政》第 2 卷，外文出版社 2017 年版，第 314 页。
3　《习近平谈治国理政》第 3 卷，外文出版社 2020 年版，第 32 页。

有的鲜明方向。

（二）坚定的人民性

划分边界的目的，在于认识研究对象的核心是什么，它的内部条件、外部环境以及二者的关系如何，以此掌握它们演化的机制、过程与趋势。社会主义文化区别于其他社会形态文化的边界标识在于始终站在人民的立场。文化发展依靠谁、为了谁，不同阶级立场的答案是不同的，奴隶社会的文化是维护奴隶主的地位，封建社会的文化是维护封建官僚和地主的地位，资本主义社会的文化是维护资本家的地位。而始终站在最广大人民群众的立场，强调文化的人民性是社会主义文化边界体现出的又一特征。

文化是对人类社会实践的反映和升华，只有通过人这一能动主体才得以彰显。但如何定位"人"，不同阶级有不同观点。在马克思看来，这个"人"不是"想象出来的人"，而是现实的人，不是"抽象的人"，而是具体的人，不是"单个独立的人"，而是处于一定社会关系的人。拘于时代主题和历史环境的限制，马克思、恩格斯并没有对社会主义文化的人民性进行过多的明确阐释，但他们却划定了未来理想社会的文化边界，即必须要站在无产阶级的立场。俄国十月革命的胜利为社会主义文化的实践开辟了道路，这种开辟体现在两个方面：一是代表无产阶级利益的共产党成为执政党，二是社会主义文化由理论阐释转向实践探索。列宁在领导苏俄社会主义文化的实践中明确了社会主义文化的人民性边界。事实上，在十月革命之前，列宁就已提出社会主义文化事业"不是私利贪欲，也不是名誉地位，而是社会主义思想和对劳动人民的同情。这将是自由的写作，因为它不是为饱食终日的贵妇人服务，不是为百无聊赖、胖得发愁的'一万个上层分子'服务，而是为千千万万劳动人民，为这些国家的精华、国家的力量、国家的未来服务。"[1] 十月革

1　《列宁选集》第 1 卷，人民出版社 2012 年版，第 666 页。

命后，列宁进一步提出"艺术属于人民"和"艺术可以接近人民，人民可以接近艺术"的论断。1920 年秋，他在与蔡特金的谈话中说道："艺术属于人民。它必须深深扎根于广大的劳苦群众中间。它必须为群众所了解和爱好。它必须使群众的感情、思想和意志一致起来，并使他们得到提高。它必须唤醒群众中的艺术家并使之发展。"[1] 在社会主义文化发展史上，列宁第一次将社会主义文化边界的人民性明确化，划定了社会主义文化与其他社会形态文化的本质界限。

在社会主义文化发展史上，从经典文本的角度看，列宁关于社会主义文化边界的人民性思想为历代中国共产党人所继承和发展。在毛泽东、邓小平、江泽民、胡锦涛、习近平等人关于文化的阐述中均有体现。1942 年 5 月，毛泽东在延安文艺座谈会上的讲话中指出："我们的文艺是为什么人的？这个问题，本来是马克思主义者特别是列宁所早已解决的了。列宁还在一九〇五年就已着重指出过，我们的文艺应当'为千千万万劳动人民服务'。"[2] 他在讲话中还划分了封建主义、资产阶级、帝国主义、新民主主义文化之间的边界。他说："文艺是为地主阶级的，这是封建主义的文艺。……文艺是为资产阶级的，这是资产阶级的文艺。……文艺是为帝国主义者的，……这叫做汉奸文艺。在我们，文艺不是为上述种种人，而是为人民的。"[3] 这里，毛泽东表达了新民主主义文化的人民性边界，或者说文化是否为人民服务是区分新民主主义文化和其他剥削阶级文化的界限。1979 年，邓小平在有关讲话中提出："人民是文艺工作者的母亲。……人民需要艺术，艺术更需要人民。"[4] 这里，邓小平一方面肯定了文艺工作坚持人民性的重要向度，另一方面也指出坚定人民性是社会主义文化事业兴旺发达的根本之路。文化边界人民性的划定为社会主义文化强国建设划定了底线、提供了遵循、指明了

1　上海外国语学院列宁著作翻译研究室译：《回忆列宁》第五卷，人民出版社 1982 年版，第 8 页。

2　《毛泽东选集》第 3 卷，人民出版社 1991 年版，第 854 页。

3　《毛泽东选集》第 3 卷，人民出版社 1991 年版，第 855 页。

4　《邓小平文选》第 2 卷，人民出版社 1994 年版，第 211—212 页。

方向。2011 年 10 月，胡锦涛特别强调："为了谁、依靠谁是我们推进文化改革发展的根本问题，决定着社会主义文化性质和方向。"[1] 这里，胡锦涛从国家政权性质和社会发展方向的高度来强调社会主义文化的人民性。因为，伴随着社会主义市场经济体制在中国的确立，社会主义文化的改革发展也势在必行，但是推进文化改革发展必须要恪守社会主义文化的边界。

文化及其边界都是本之于民、存之在民、续之由民的，更是由人民创造、传承和推进发展的。社会主义文化的本质属性是人民性，源自人民、为了人民、属于人民。社会主义文化边界所追求的理想状态，既非封闭式或自恋式的文化自我，亦非远离人民大众生活实践以至平民百姓高不可攀的文化自傲，而是也只能是来自人民且能回到人民中间的先进文化。针对开放多元的文化场域，习近平在新时期文艺工作座谈会上特别强调社会主义文化要坚持以人民为中心的创作导向，并提出三点要求：一是人民需要文艺，二是文艺需要人民，三是文艺要热爱人民。同时，他又直言不讳指出了文化领域出现的游离于人民性边界之外的文化现象。他说，当今时代其中较为突出的一个问题是"一些人价值观缺失，观念没有善恶，行为没有底线，什么违反党纪国法的事情都敢干，什么缺德的勾当都敢做，没有国家观念、集体观念、家庭观念，不讲对错，不问是非，不知美丑，不辨香臭，浑浑噩噩，穷奢极欲"。[2] 这里提出的即是社会主义文化边界问题。这些践踏文化边界现象的背后是文化内涵的空洞化，文化价值的低廉化，文化审美的平庸化，若视之不管，则会使社会失去发展的方向，使道德失去存在的根基，使人们失去生活的目标，使文化失去应有的品格。党的十九大报告也提出："社会主义文艺是人民的文艺，必须坚持以人民为中心的创作导向，在深入生活、扎根人民中进行无愧于时代的文艺创造。"[3] 在新时代，能否守住社会主

---

1 《胡锦涛文选》第 3 卷，人民出版社 2016 年版，第 564 页。

2 习近平：《在文艺工作座谈会上的讲话》，人民出版社 2015 年版，第 22 页。

3 《习近平谈治国理政》第 3 卷，外文出版社 2020 年版，第 34 页。

义文化人民性的边界是对保持文化自觉、坚定文化自信的一种考验。否则，无拘无束的探奇和片面求新的冲动，将在全球化、信息化的文化转型中斩断社会主义文化的存在根基。

（三）发展的动态性

文化的发展，逐渐累进，变迁繁赜。文化之所以能够累积，文化之所以能有进步，都是因为文化具有弹性作用。文化的弹性越强，其累积就越多，进步就越快。当然，对弹性的刺激不一定是骤然聚集的，往往是渐进发展的。文化是时代的产物，不能脱离其所处的时代而产生，也必然会留下时代的印记。不同时代的社会生活、政治状况、国际环境、社会思潮等都给文化以深刻影响。因此，社会主义文化边界也是一个既固定又活动，既静态又动态的发展体系，它凝聚着社会主义的精神气质，同时又随着物质文明、社会文明的发展而产生出新的东西。1920年，列宁在《共产主义运动中的"左派"幼稚病》中针对"幼稚而毫无经验的人们"教条理解机会主义和革命马克思主义或共产主义之间的任何界限的错误观点指出："无论自然界还是社会中，一切界限都是变动的，而且在一定程度上都是有条件的"。[1] 这表明，文化的边界不是一种绝对的和一成不变的界限，相反，它因时代变革、社会变迁、科技发展、文化交往的发展而处于不断地被提出和被打破的过程中。打破边界与树立边界两者间的斗争，构成了一条贯穿人类社会历史的主线。当整个社会的人们按照一种社会文化结构所给定的价值和意义去生活而感觉不到还有其他价值存在的时候，其价值意识往往也就变得凝固僵化、麻木不仁了。因此，社会主义文化的边界随着马克思主义的发展和社会主义事业的发展，呈现出发展的动态性特征。这也符合边界的一般规律，即人类社会在特定的文化规约中，表现为秩序井然，偶尔有秩序被打破，人们最初会经历惶恐、焦虑等心理反应，但很快就会利用各种理想

---

[1] 《列宁选集》第4卷，人民出版社2012年版，第178页。

资源将失序重新纳入新的边界秩序中。

人的认识能力和实践能力是有限的，这决定人们对社会主义文化边界的理解在不同时期有不同的认知。恩格斯说："每一个时代的理论思维，包括我们这个时代的理论思维，都是一种历史的产物，它在不同的时代具有完全不同的形式，同时具有完全不同的内容。"[1] 社会主义文化的边界也遵循这样的规律，一方面随着生产力的发展和社会生活的变迁，新的文化边界会代替旧的文化边界，另一方面文化发展自身蕴含的张力和矛盾，也构成其边界移动的重要因素。在资本主义社会中，资产阶级通过资本无形的力量决定着国家的物质生产和精神生产，进而导致现实的个人所从事的活动，只能"是在一定的物质的、不受他们任意支配的界限、前提和条件下活动着的"。[2] 这种"界限"、"前提"、"条件"是资产阶级为自身统治划定的边界，且这种边界不为无产阶级所支配。为此，马克思、恩格斯提出无产阶级要通过革命的手段来打破资产阶级所设立的种种政治、经济、文化的边界，进而建立自己的统治，在新社会中确立无产阶级自身的利益边界。他们在《共产党宣言》中也高度肯定了观念、观点、概念等文化意识的动态发展性，"人们的观念、观点和概念，一句话，人们的意识，随着人们的生活条件、人们的社会关系、人们的社会存在的改变而改变"。[3] 这即表明，文化的边界将随着人们的社会关系和社会存在的变化而移动。根源在于，文化发生于人类的需要。在这个过程中，人的类特性逐渐形成，族群内部会产生出一些共同的创造物，如特定的共同语言、约定的风俗习惯等。这些族群内的共同性存在于一定的空间中，无论是看得见的事实，还是看不见的约定，都构成了特定族群的文化边界。而且，这种文化边界呈现出扩张和缩小两种趋势，在全球化、市场化、网络化的时代体现得尤为明显。

随着社会主义的发展和对社会主义认识的深化，社会主义文化所承

1　《马克思恩格斯选集》第 3 卷，人民出版社 2012 年版，第 873 页。
2　《马克思恩格斯选集》第 1 卷，人民出版社 2012 年版，第 151 页。
3　《马克思恩格斯选集》第 1 卷，人民出版社 2012 年版，第 419—420 页。

载的内容也在不断丰富，所标识的边界也在不断移动。社会主义文化边界的第一次显性移动是由列宁领导苏俄展开的社会主义文化实践所推动的。因为在十月革命前，社会主义文化只是停留在思想层面的理论阐释，在十月革命后，社会主义文化的具体实践才提上日程。但是在此之后，苏俄围绕着实践中的社会主义文化究竟是何种样态以及如何建设产生了激烈争论。"无产阶级文化派"提出，要不惜用一切办法在苏俄尽快建立起纯洁而又独立的社会主义文化，以区别甚至割断与旧文化的联系。列宁则认为苏俄虽取得了进行社会主义文化实践的前提条件，但是鉴于苏俄的文化状况和文化自身的特性，苏俄的社会主义文化建设要从读、写等最基本的文化工作做起。同时，针对"资产阶级民主派"借口俄国缺乏实现社会主义的客观经济和文明前提来质疑和否定俄国革命和发展道路的必然性。列宁回应说："他们到目前为止只看到过资本主义和资产阶级民主在西欧的发展这条固定道路。因此，他们不能想象到，这条道路只有作相应的改变，也就是说，作某些修正（从世界历史的总进程来看，这种修正是微不足道的），才能当做榜样。"[1] 根据社会主义的实践来界定社会主义文化的边界就成为一种必需。为此，列宁根据社会主义事业的发展实况突破了传统的社会主义文化观，体现在两个方面：一是社会主义并未在西欧文明程度较高的发达资本主义国家实现，而是在东方文明程度较低的俄国实现，这就决定了社会主义文化必须从最基本的文化工作做起。二是社会主义文化并非是与资本主义文化、封建主义文化不能并存的，而是要汲取人类历史上创造的优秀文化来促进社会主义文化建设。为此，列宁根据苏俄的文化状况实际强调，社会主义文化建设一不能犯急躁冒进的毛病，二不能犯虚无主义的错误。

　　社会主义文化的边界在不同的国家，其内涵也不尽相同。中国共产党针对不同时期中国的具体国情，与时俱进地丰富着社会主义文化边界的内涵与外延。在新民主主义革命时期，毛泽东提出新民主主义文化，

1　《列宁选集》第 4 卷，人民出版社 2012 年版，第 776 页。

它既不同于资产阶级的文化专制主义，又不同于完全的社会主义文化。在社会主义建设时期，他提出要建设社会主义文化。改革开放后，中国共产党人提出要建设有中国特色的社会主义文化。这些本质上都体现为社会主义的文化，但是在不同的时期又有着不同的内涵和外延，体现着社会主义文化边界的发展动态性。社会主义文化边界的存在不仅是指不同社会形态文化间的界限，也指向社会主义文化自身方向、原则、方针、政策的适用边界。1957年，毛泽东针对文化领域要坚持"百花齐放、百家争鸣"的方针，提出了六条标准（是否有利于人民团结、是否有利于社会主义建设、是否有利于巩固人民民主专政、是否有利于巩固民主集中制、是否有利于巩固党的领导、是否有利于社会主义道路）划定其适用边界，来规约这一方针的适用范围。他说："这六条标准中，最重要的是社会主义道路和党的领导两条。提出这些标准，是为了帮助人民发展对于各种问题的自由讨论，而不是为了妨碍这种讨论。"[1] 改革开放后，针对思想文化领域出现的"精神污染"问题，邓小平及时提出了社会主义文化发展要坚持"二为"方向，这是对社会主义文化建设方针的一大发展。针对现代化、全球化的世界趋势，邓小平又提出社会主义文化要"面向现代化、面向世界、面向未来"。针对文化发展中存在的有数量缺质量、有"高原"缺"高峰"的现象，习近平强调"文艺不能在市场经济大潮中迷失方向，不能在为什么人的问题上发生偏差"[2]。这些都体现了社会主义文化边界在实践中不断扩展。

思想不会"随遇而安"，认识也不会"随境而迁"，表达的边界和行为的边界都在发生着改变，文化的生成与作用机理也在发生着变化。历史上的"民族融合"和"国家凝成"在征战杀戮与和平交流中不断演绎着，文化的边界也在这个过程中不断被形塑和鼎新。纵观社会主义文化发展史，马克思、恩格斯所设想的原初共产主义文化、苏联的社会主义

1　《毛泽东文集》第7卷，人民出版社1999年版，第234页。
2　习近平：《在文艺工作座谈会上的讲话》，人民出版社2015年版，第9页。

文化、中国的社会主义文化，都是不一样的。历史的经验和教训也表明，固守一种绝对的和僵化的文化边界不仅是思想固化的表现，更是文化失语的表现。当代中国特色社会主义文化从内容规定看包括："源自于中华民族五千多年文明历史所孕育的中华优秀传统文化，熔铸于党领导人民在革命、建设、改革中创造的革命文化和社会主义先进文化"。[1]从发展路向看包括："以马克思主义为指导，坚守中华文化立场，立足当代中国现实，结合当今时代条件，发展面向现代化、面向世界、面向未来的，民族的科学的大众的社会主义文化"。[2]从原则要求看包括："要坚持为人民服务、为社会主义服务，坚持百花齐放、百家争鸣，坚持创造性转化、创新性发展"。[3]这些都是当代中国特色社会主义文化发展的边界规定。与此同时，当今社会开放多元的特征为国家间不同文化扩展自己的边界带来机遇和挑战。在国际舞台上，发达国家凭借其背后经济、政治、军事、技术要素的支撑，占据着舆论的主导权，具有着较多的话语权，力争通过各种形式将自己的文化边界向外推延。不甘落寞的发展中国家则通过各种办法来捍卫自己的文化边界，其民族性、多样性成了它们奋力抗争的基础。随着国家间文化交往的频繁，中国作为世界上最大的社会主义国家，也不断向世界传播当代中国的价值理念，展示中华文化的独特魅力。

（四）开放的包容性

"边界能否具有一定程度的开放性，决定着任何一个自组织系统的兴亡。"[4]因为，边界作为系统与外界环境直接作用的中介，不仅体现着系统整体的组织方式和程度，而且直接关系到系统输入与输出的内容与形式，进而影响着系统的演化方向、方式，影响着系统的兴衰。文化交

1　《习近平谈治国理政》第 3 卷，外文出版社 2020 年版，第 32 页。
2　《习近平谈治国理政》第 3 卷，外文出版社 2020 年版，第 32 页。
3　《习近平谈治国理政》第 3 卷，外文出版社 2020 年版，第 32 页。
4　张强：《论系统边界》，《哲学研究》2000 年第 7 期。

流就是文化系统重要的边界开放方式，它是不同地域、不同民族、不同"质"的文化之间的接触、碰撞、比较、融合，对于文化自身的演化、发展有时甚至起着至关重要的关键作用。文化共生是一种客观存在的现象，不同文明体在不同的自然环境及生产方式基础上创造了异彩纷呈的文化世界，丰富了人类文化的图景，也造就了世界文明奇观。交流可以促进积累、可以打开眼界、可以提供差异，助于新的选择、带来新的竞争、激发新的进步。民族文化只有作为开放的体系，同世界文化不断交流，才能产生奔腾不息的活力。因此，社会主义文化并非只是提供一种风格、一种内容的文化，而是在时代与实践的变化中不断扩容边界，发展丰富多彩、多种多样的文化，以满足人民的多样文化生活需要。这就规定了社会主义文化边界必须承认多元开放、尊重个性差异，强调"和而不同"，追求"差序有质"。它所呈现的开放包容特征，不同于资本主义文化的普世主义、殖民主义、霸权主义，而是坚持一元主导、多元发展的文化格局。它规定了社会主义文化发展既要有主导文化的引领，又要有多元文化的竞争，既要在包容中发展，又要在发展中包容，进而形成文化发展的高地。因为，人类文化是不会自然发展的，一种文化不会自发地变为另一种文化。只有在两种或多种文化的相互砥砺、相互交流、相互撞击、相互融合中，才能产生新的文化结构和新的文化形态，才能使文化向着更高层次、更高境界的方向发展。

马克思、恩格斯虽对资本主义进行了全面无情的批判，但在文化领域他们提出要坚持唯物史观和尊重文化规律，不断汲取历史传统文化中的优秀成分和资本主义文化中的合理成分。如他们在谈及历史发展的继承性时讲到："历史不外是各个世代的依次交替。每一代都利用以前各代遗留下来的材料、资金和生产力；由于这个缘故，每一代一方面在完全改变了的环境下继续从事所继承的活动，另一方面又通过完全改变了的活动来变更旧的环境。"[1] 这里"遗留下来的材料"便包括作为人类社

1　《马克思恩格斯选集》第 1 卷，人民出版社 2012 年版，第 168 页。

会有机体组成部分的文化元素，对待历史遗留下来的文化要秉持包容之心，既要继承前人的活动，又要推进前人的事业。马克思、恩格斯在对世界发展趋势研判的基础上，认为未来的文化将打破民族文化的边界，形成一种世界的文化。他们指出："过去那种地方的和民族的自给自足和闭关自守状态，被各民族的各方面的互相往来和各方面的互相依赖所代替了。物质的生产是如此，精神的生产也是如此。各民族的精神产品成了公共的财产。民族的片面性和局限性日益成为不可能，于是由许多种民族的和地方的文学形成了一种世界的文学。"[1] 基于这种预判，他们认为未来社会的文化存在将是一种融合世界不同民族、不同国家的大文化，这也规定了社会主义文化的边界不应是封闭的而应是开放的，不应是苛刻的而应是包容的。

十月革命的胜利使得无产阶级上升为统治阶级，开启了建设社会主义的征程。人们由于对社会主义的实践毫无经验可循，因此许多人教条地理解马克思、恩格斯的思想论断，出现了错误的激进社会主义文化观。如当时担任无产阶级文化协会中央主席的波梁斯基提出："无产阶级的新文化，孕育在产业无产阶级队伍中，如今正在组织起新的人及其新的感情和情绪体系。它彻底根除资产阶级世界的遗产；只有这样，我们才能战胜危害革命的小资产阶级无政府主义自发势力。"[2] 这种文化观表现出激进主义倾向。他还强调，为了战胜这一势力，不仅要用装甲车、机关枪在肉体上战胜，而且还要在精神上战胜，建立自己的更为严谨和完整的新文化。列宁则从俄国文化落后的具体实际出发，强调无产阶级文化必须继承和发展人类思想文化长河中一切有价值的东西。他以马克思主义的创立为例指出，马克思主义正是"因为它并没有抛弃资产阶级时代最宝贵的成就，相反却吸收和改造了两千多年来人类思想和文化发展中一切有价值的东西"，[3] 才赢得了世界历史性的意义。"只有在

1　《马克思恩格斯选集》第1卷，人民出版社2012年版，第404页。
2　《无产阶级文化派资料选编》，中国社会科学出版社1983年版，第102页。
3　《列宁选集》第4卷，人民出版社2012年版，第299页。

这个基础上，按照这个方向，在无产阶级专政（这是无产阶级反对一切剥削的最后的斗争）的实际经验的鼓舞下继续进行工作，才能认为是发展真正的无产阶级文化。"[1] 这就表明，社会主义文化应该有开放包容的品格，不能因发展社会主义文化就将人类历史上创造的有价值的文化成就一概抛弃或一律割断。只有不断注入时代基因，不断吸收外来营养，才能使社会主义文化不断向前发展。

20世纪初的中国面临激烈的文化路向纷争，以胡适为主要代表的论者提出文化西化论，以梁漱溟为主要代表的论者主张文化本体论。毛泽东在马克思主义指导下，总结了文化之路的纷争，提出了新民主主义文化纲领，清醒认识到中国文化的发展既要立足中国社会现状，又要继承和汲取历史与外国的优秀文化养分。在他看来，新民主主义文化应该处理好自身边界与包容他者的辩证关系，"它同一切别的民族的社会主义文化和新民主主义文化相联合，建立互相吸收和互相发展的关系，共同形成世界的新文化；但是决不能和任何别的民族的帝国主义反动文化相联合，因为我们的文化是革命的民族文化。中国应该大量吸收外国的进步文化，作为自己文化食粮的原料"。[2] 针对当时文艺界出现的文艺批评标准含混状况，毛泽东说："我们的文艺批评是不要宗派主义的，在团结抗日的大原则下，我们应该容许包含各种各色政治态度的文艺作品的存在。但是我们的批评又是坚持原则立场的，对于一切包含反民族、反科学、反大众和反共的观点的文艺作品必须给以严格的批判和驳斥"。[3] 无论是宏观层面谈论新民主主义文化，还是微观层面谈论文化批判工作方法，毛泽东强调的是无产阶级文化要坚持正确的导向和人民的立场，在此前提下更要有开放包容的胸怀和姿态。社会主义文化发展的历史实践也表明，只有秉持开放的包容性，人民的精神生活才能丰富多彩，社会主义文化才能繁荣兴盛。故步自封的文化自傲，唯我独尊的文

1　《列宁选集》第4卷，人民出版社2012年版，第299页。
2　《毛泽东选集》第2卷，人民出版社1991年版，第706页。
3　《毛泽东选集》第3卷，人民出版社1991年版，第868—869页。

化自负，只会使社会主义文化走上歧路和邪路。

文化的发展是一种很复杂的现象，同时，又是一种很长久的历程。地理的隔离、种族的不同，并不能阻止文化的互相联系，也不能阻碍文化的交流传播。因为文化革新的力量总是倾向于扩张自己的文化占地面积，扩大自己的文化影响范围，积极发展对外的文化交流。与此同时，文化也只有在开放中交流，在竞争中借鉴，在融合中创新，才能不断转化为一种民族的文化力。社会主义文化在 20 世纪经历了开创、碰撞、磨砺、革新的发展，步入 21 世纪后迎来了全新的时空环境。思想的空前活跃和科技的日益发达使得文化场域中"历史的和现实的、外来的和本土的、进步的和落后的、积极的和颓废的，展开了相互激荡，有吸纳又有排斥，有融合又有斗争，有渗透又有抵御"。[1] 中国特色社会主义文化自身身份在全球化时态中何以保持与重塑，必须要有开明广阔的文化视野和开放包容的文化心态。2014 年 3 月，习近平在联合国教科文组织总部的演讲中指出，当今世界人类生活在不同文化和社会制度所组成的命运共同体中，推动文明交流互鉴需要秉持多彩的、平等的、包容的态度和原则。这里，他提出"文明是包容的"论断："文明是包容的，人类文明因包容才有交流互鉴的动力。……在文明问题上，生搬硬套、削足适履不仅是不可能的，而且是十分有害的。……只要秉持包容精神，就不存在什么'文明冲突'，就可以实现文明和谐。"[2] 即表明，中国特色社会主义文化在这种融合中既要立足自身伟大实践，又要汲取世界其他文化优秀成果，既要主动摆脱地域局限性和狭隘民族性，又要积极推动当代中国文化走向世界。需要强调的是，要以包容态度推动文化的交流互鉴但同时又不是听之任之的无限宽容，要促进文明和谐的实现但同时又不是霸权思维的文化殖民。

值得注意的是，社会主义文化边界的开放包容是立足于自我的开

1　《江泽民文选》第 3 卷，人民出版社 2006 年版，第 399 页。
2　《习近平谈治国理政》，外文出版社 2014 年版，第 259—260 页。

放、确立了主导的包容，否则就会出现文化实践中的边界失防、阵地失守。因此，在社会主义文化发展中要坚持正确方向，防止逆向化、要坚持辩证原则，防止教条化。所谓"逆向化"是指背离社会主义文化方向，在文化发展中，或因传统文化的惯性持续，或因外来文化的一时新鲜，往往出现迷恋传统文化和膜拜外来文化倾向，这两种文化倾向都是错误的。所谓"教条化"是指对自己认定的文化权威产生盲目的仰视和攀附，进而在实践中出现偏执化和教条化的文化做法，这两种文化实践也是不对的。本质上，社会主义文化的发展是一个汇通中西、熔铸古今，扬弃旧文化、创建新文化的过程。以前人的文化为基础，但不能以前人的水平为坐标，而要超越前人；以西方文化为参考，但不能以西方的价值为标尺，而要扬长避短，既不全盘否定，也不全部容纳，坚守社会主义文化的边界，秉持开放包容的胸怀和气度，推动社会主义文化的繁荣兴盛。

（五）相对的稳定性

作为一种淳化社会风习，促进民众高尚德性人格与境界养成的文化，有着自己独特的生产延续和增值累进方式。"前一代的文化，不只是有了不少的成分，往往传递到后一代，而且往往成为后一代的文化的基础。"[1] 符合人性的真、美、善趋向的文化典范，经历错综复杂的生活实践的大浪淘沙后，一旦得以最终确立和认同，通常都具有稳定性、示范性和辐射性。这就是说，文化是一个历史性的范畴，虽然具有超时空的共同性，但作为社会主义形态的文化整体而言，在其边界范围内又具有一定的相对稳定性，因为它的存在本身就在于承认自身领域的相对独立性和内在规定性。社会主义文化边界的存在显示了自身本质属性的鲜明特征，彰显了自身别具一格的精神品格，是区别于它文化所独有的，形成了较为稳定的模式和特征。这种文化边界上的相对稳定性根源于人

1　陈序经：《文化学概观》，中国人民大学出版社 2005 年版，第 27 页。

们价值观的相对稳定性，因为价值观是指导人们思想行为的基本准则，反映了价值主体的需要和利益，以及实现利益和满足需要的活动方式，具有相对稳定性。试想，如果社会主义文化的边界处在频繁的变动之中，人们的文化导向和实践依存就会无所适从。

在人类社会的历史发展中，文化是一个势在必然的、举足轻重的机制，虽然在不同的时期、不同的民族具有各自不同的形态，但它是社会整合的基础所在。之所以说是"基础所在"，就是因为一种文化一旦形成就会确立自己的边界，具有对内的稳定性，对外的防御性，同时又有区别于其他文化的特征。文化是历史的产物和表现。历史具有连续性，因而文化也具有连续性。现时代生活不可避免地要受到历史文化的影响乃至制约。这就带来了新文化与旧文化、西方文化与东方文化、先进文化与落后文化等诸多文化矛盾。但文化因其固有属性却一头指向历史，一头指向未来，在现实生活中表现出"二向性"。因此，"人们永远不会放弃他们已经获得的东西，然而这并不是说，他们永远不会放弃他们在其中获得一定生产力的那种社会形式。恰恰相反。为了不致丧失已经取得的成果，为了不致失掉文明的果实，人们在他们的交往〔commerce〕方式不再适合于既得的生产力时，就不得不改变他们继承下来的一切社会形式。"[1] 这句话中，一方面指出了文化特有的"保守性"，不愿放弃自身已获得的东西，另一方面指出了文化应有的"创新性"，改变继承下来的形态。人类的文化发展正是在这种保守与创新、历史与未来的边界张力中不断前进。从社会主义发展史来看，马克思、恩格斯对文化的理解与阐述呈现出鲜明的"批判性建构"特征。"批判"旨在认清旧文化的缺陷，"建构"旨在形塑新文化的边界。事实上，通过对资本主义文化的批判，无产阶级已经或正在形成统一的文化边界意识。从这个意义上说，社会主义文化边界也是一个破与立同时并进的过程。

任何一种文化都是有惰性或惯性的。文化是人类生活的各种方式，

1　《马克思恩格斯选集》第4卷，人民出版社2012年版，第409页。

人们习惯于某种生活的方式，往往不愿意加以改变。有时因为历史既久，就以为这种方式是天经地义的，结果是把这种方式看作成一种永远不能变化的东西。传统的道德、宗教、观念一般都会根深蒂固，总是沿着固有的方向发展。那么，坚持原来文化倾向的人们总是会阻挠着文化边界的迁移，如"金窝、银窝不如自己的草窝"就是文化上的恋古情结。马克思、恩格斯关于防止文化领域出现"死人抓住活人"现象的提醒值得关注。这里的"死人"是指落后的旧文化，代表着愚昧与野蛮，"活人"是指先进的新文化，代表着文明与科学。马克思在总结法国1848 年的革命经验中表达出了这样的思考。他在相关著作中写道："人们自己创造自己的历史，但是他们并不是随心所欲地创造，并不是在他们自己选定的条件下创造，而是在直接碰到的、既定的、从过去承继下来的条件下创造。一切已死的先辈们的传统，像梦魇一样纠缠着活人的头脑。"[1] 无独有偶，1867 年，马克思在《资本论》第一卷的序言中表达出了同样的想法，写道："我们也同西欧大陆所有其他国家一样，不仅苦于资本主义生产的发展，而且苦于资本主义生产的不发展。除了现代的灾难而外，压迫着我们的还有许多遗留下来的灾难，这些灾难的产生，是由于古老的、陈旧的生产方式以及伴随着它们的过时的社会关系和政治关系还在苟延残喘。不仅活人使我们受苦，而且死人也使我们受苦。死人抓住活人！"[2] 上述两段话深刻揭示了"旧文化"在历史发展进步中的"延续性"。那么，这种"延续性"的发生根源在于文化边界的相对稳定性，即一种文化的生产和消亡不是一下子能够完成的。这种"遗留下来的灾难"更多是指文化意义上的落后，即人们的文化水平低进而会导致人们的实践创造跟不上历史发展的脚步。就此来看，文化的惰性不只是使人"取法乎上，仅得其中；取法乎中，仅得其下"，而且往往使人阻止人们去取法于人，进而变为排斥外来的东西，虽然明白这

1　《马克思恩格斯选集》第 1 卷，人民出版社 2012 年版，第 669 页。
2　《马克思恩格斯选集》第 2 卷，人民出版社 2012 年版，第 82—83 页。

些外来的东西是胜于自己的东西。

列宁在领导苏俄的社会主义建设实践中，深深体会到俄国旧文化给新的社会主义建设带来的苦恼。这种苦恼源自于文化不同于经济、政治，不是通过革命的方式迅速完成，而是需要一个较为长期的慢过程。为了提高群众的文化水平，苏俄成立了政治教育委员会，旨在领导群众的共产主义教育，包括扫除文盲、建立学校、建设图书馆、农村阅览室等。1920年，列宁在全俄省、县国民教育局政治教育委员会工作会议上的讲话中指出："教育工作者和共产党这个斗争的先锋队的基本任务，就是帮助培养和教育劳动群众，使他们克服旧制度遗留下来的旧习惯、旧风气，那些在群众中根深蒂固的私有者的习惯和风气。"[1] 这里的"旧习惯、旧风气"和"根深蒂固"表达的都是文化自身的相对稳定性。随着苏俄社会主义事业的推进，列宁对旧文化因为"稳定性"而对社会主义事业带来羁绊的认识和忧虑愈加强烈。他在晚年口授的《日记摘录》中根据1920年人口调查资料编成的俄国居民识字状况讲到："问题就在于我们直到今天还没有摆脱半亚洲式的不文明状态"[2]。这里，"半亚洲式的不文明状态"就表达出旧文化的边界退去和新文化的边界形塑都不是一件容易的事情。一般而言，经济发展水平越低，传统文化势力就会越大，居于主导地位，文化惯性就会越大；经济发展水平越高，传统文化势力就会较小，屈从次要地位，文化惯性就会缩小。文化是人类特有的生存绵延方式，它不为尧存，也不为桀亡，浩浩荡荡，绵绵不绝。社会主义文化的形成非一日之功，对旧文化的改变也不能一蹴而就。对此，列宁特别提醒，不能因为苏俄开始了社会主义建设，就空谈资产阶级文化和无产阶级文化的边界划清。因为，苏俄的社会主义建设离不开对资产阶级优秀文化的继承和迎受。

社会文化的变迁是以扬弃的方式对社会结构加以破旧立新的过程。

1　《列宁全集》第39卷，人民出版社2017年版，第443页。
2　《列宁选集》第4卷，人民出版社2012年版，第763页。

这种变化发生在经济、政治、文化等各个领域，而且其发展呈现出不均衡性。如在革命年代，政治革命是社会结构调整的前导领域，新中国成立初期与改革开放初期，经济建设是社会结构调整的前导领域。一旦社会转型基本完成，社会文化的各领域就会形成相对稳定的协调与平衡的关系格局。中国的社会主义文化承继了马克思经典作家的文化思想，又紧密结合中国的具体实际和文化传统，形成了新民主主义文化与社会主义文化两种形态的发展。这两种形态的文化，既有本质上的一致性，又有内容上的差异性。毛泽东在《新民主主义的文化》中将两者进行了合理的区分。他认为，新民主主义的政治、经济对应新民主主义的文化，革命时期的基本任务是新民主主义革命，那么建设的就是新民主主义文化，而以社会主义为内容的国民文化必须反映社会主义的政治与经济，建设时期的基本任务是社会主义革命，那么发展的就是社会主义文化。但是这两者因为都是中国共产党领导的，共产主义思想指导的，人民大众的文化，因而就具有本质上的同根性，进而区别于其他形态的文化。这里，毛泽东从领导力量、指导思想、根本立场、未来方向等方面阐述了社会主义文化的边界标识。在新中国成立以后，中国共产党成为领导全国的执政党，社会主义文化的边界在社会主义的建设中得到稳定与强化。

每一种文化都在自己的范围内迅速发展着。不同的生成环境造成不同的文化形态，并在文化信仰、政治传统、社会生活中模铸着文化的边界与性格。社会主义文化发展的不同阶段，会有不同的目标和需要。从马克思、恩格斯提出无产阶级的文化，到列宁开创的社会主义文化实践，从毛泽东提出的新民主主义文化，到新时期的中国特色社会主义文化，社会主义文化的内涵和外延都有所嬗变，但是本质的内核却存在同质性。如在领导力量上，都强调共产党的领导，在指导思想上，都强调用发展的马克思主义来指导，在根本立场上，都强调坚持以人民为根本，在方式方法上，都强调要辩证对待传统文化与他国文化。这些关于社会主义文化边界的形成不是一国之事，也不是一人之为，而是在社会主义发展史的跌宕起伏中不断丰裕完善起来的，因而也具有相对的稳定性。

综上，笔者认为，任何文化都具有相对的稳定性，这是文化系统中各种要素相互联系和相互作用形成的。这种稳定性在相当大程度上取决于背后规律的作用。建立在不同的社会联结机制之上，特定的文化得以产生，这种文化差异进一步又产生出对社会形态边界的不同界定。文化一旦形成，便能建构一套属于自己的叙事逻辑和话语体系，并达致为结构性力量，以至于在社会形态变迁后依然存在影响。因此，对于社会主义文化边界的相对稳定性可以作下述理解：一是社会主义的规定性，社会主义文化边界有其时空限定、形成历史和发展逻辑，有着独特的内部结构、因素关联和特殊规定，因此在产生、取向、品格、规则等方面都有自身的特殊性。二是文化的规定性，文化因其自身的特殊性，不同于经济与政治，文化边界的变动需要文化自身内部的因素来促成，而一种文化一旦形成就会呈现出相对的稳定性。但是世界文化呈现出的景象是，"我们有许多大大小小的不同，我们讲着不同的语言和方言，崇奉不同的信仰和道德上的绝对命令，有着不同的习惯、不同的传统和生活方式、不同的服装和饮食、不同的艺术和娱乐方式。然而，我们也在寻找共同的交往语言，感受艺术的美好，掌握由其他民族和文化的天才提出的极为复杂的科学道理。"[1] 因此，形塑社会主义文化边界要注重现实性与民族性、集体性与个体性、世界性与国家性，不能把中国特色社会主义文化发展局限在狭隘的区域内，当界定自身的文化边界存在时空境域时，要经常审视这种空间的活动力、张弛力、弹拉力。"文化弹性，往往可以增加文化的累积，可以加速文化的进步。文化惰性，往往使了文化成为停滞的状态，趋于退步的地位。"[2] 无论哪一种文化，都存在着弹性与惰性，文化能否进步，是否停顿，关键要看其弹性与惰性的力量

---

1 ［俄］戈尔巴乔夫基金会编：《全球化的边界——当代发展的难题》，赵国顺等译，中央编译出版社 2008 年，第 279 页。

2 陈序经：《文化学概观》，中国人民大学出版社 2005 年版，第 218 页。

强弱如何。

边界的确定在人们的认识过程中，往往宏观上相对确定，微观上相对模糊。由于社会整体处于不断转型、调控变化过程之中，其文化状态也处于不断更新、迭代变化过程之中。这都是导致人们对于文化边界认识模糊或不确定性的内在原因。当我们思想中意识到这个世界总是充满着各种不确定的时候，当我们脑海中意识到这个世界越来越没有固定的可参考框架的时候，我们就越不能自暴自弃地随波逐流，不能怨天尤人地躺平休憩，而是要学会接纳与适应，学会努力与奋斗。这种在"不确定性"中寻找"确定性"是我们未来希望和坚定信念的最大来源。社会主义文化边界的形塑与确立更是如此。这种边界确定性的寻找既是未来文化发展的希望所在，也是作为主体的我们自主选择的一种结果，更是推动我们不断前进的动力来源。形塑社会主义文化边界是一个永远在路上的行动，但是依然具有十分重要的意义。因为，我们寻求边界的目的不是要去预测和规划社会主义文化的"规定动作"，而是在于明确它是否有利于人们将自己的文化行动调整到符合自身发展的轨道上来。在全球化、市场化、信息化的境遇中寻求文化边界的确定性是我们积极响应未来的一种发展途径和自主选择，旨在为人们调整自身的文化航道提供发展的指南。理论是灰色的，但生命之树常青。因此，社会主义文化发展永远在路上。

第三章　社会主义文化边界的历史表达与变迁动力

　　社会主义文化边界是指文化在社会主义发展的沉浮跌宕中锻造出的与时俱进、革故鼎新的共同体，凝结着独特的价值追求和精神标识，体现着独特的内在品质和存在方式。社会主义文化的边界不是一成不变的，而是必须根据世情与国情、时情与实情、党情与民情的实际状况进行顺时、顺史、顺势、顺民的动态调整。历史与实践也表明，唯有此，社会主义文化才能保证党的执政拥有充分的合法性支持，才能保证社会主义的政权永不褪色和变色，才能保证国家的稳定与社会的和谐。鉴于此，从经典文本的角度，探究历史与现实中的社会主义文化边界叙事，对于优化和形塑社会主义文化边界具有学理意义。与此同时，结合社会主义发展史探寻社会主义文化边界历史变迁背后的动力因素也是本章要探讨的内容。因为，只有把动因找到且明了了，才能更好地实现社会主义文化边界的优化和形塑。

一、社会主义文化边界的历史表达

（一）马克思、恩格斯关于社会主义文化边界的描绘

　　马克思、恩格斯没有经历无产阶级政党夺取政权后的社会主义实践。就此，他们关于社会主义的探索仍属于一种理想的社会主义。但

是，不能借此否定他们创立科学社会主义所拥有的划时代意义。这种划时代意义的文化体现在于，未来理想社会中的文化应与以往社会中的文化具有截然不同的本质规定，它将是消除了人类生存中的文化异化存在，且实现了人类文化的解放与自由。

1. 历史前进中的文化边界标识

历史发展从不同角度看就会有不同面相，横向看，人类的历史发展是一个综合结构整体的演进，纵向看，人类的历史发展是一个不断突破边界的过程。边界的突破意味着新事物的产生，进而再确立起新的边界。马克思、恩格斯从社会形态、阶级衍化、人的关系、文明史观等视角探究了人类社会发展的面相，并对不同的阶段进行了边界的区分。人类社会本质上是实践的、也是历史的。"实践的"意味着人们的思维创造、精神交往、文化生产等都受到生产力与生产关系的边界制约，"历史的"意味着人们的政治法律、道德宗教、风俗习惯等都受到时代及其依存场景的边界限制。因此，马克思、恩格斯说："现实中的个人，也就是说，这些个人是从事活动的，进行物质生产的，因而是在一定的物质的、不受他们任意支配的界限、前提和条件下活动着的。"[1] 这里，"界限"、"前提"、"条件"都是边界的话语表达。可见，现实的人所从事的物质活动与精神活动都受到实践和历史的边界限制。当然，处在这种边界限制中的人不是消极被动的，而是积极能动的，人的本质必然驱使着自身在边界的除旧迎新中走向未来。文化因其固有属性却一头指向历史，一头指向未来，在现实生活中表现出"二向性"，一方面持有"保守性"，不愿放弃自身已获得的东西，努力守住其边界，另一方面具有"创新性"，不断改变继承下来的形态，试图更移其边界。因此，现实的文化生活中，我们一方面看到各种传统的非物质文化遗产在努力传承，另一方面又看到各种新颖的文化产品创意在不断涌现。

一旦某种文化不再符合人的需要，或者成为人发展的羁绊和桎梏，

1　《马克思恩格斯选集》第 1 卷，人民出版社 2012 年版，第 151 页。

那么，作为文化主体的人，就要改变和破除原来的文化，或者创造另外一种新的文化，实现文化边界的转换，来满足自己的需要。就此而言，每一种文化理想或文化实践的出现与发展本身就是一种边界突破行为，或者说都会有新的边界标识。如空想社会主义最初作为一种文化学说就是从对资本主义文化价值体系的失望和批判中产生出来的，或者说基于超越资本主义文化的不合理性而试图追求更加合理的文化理想而产生出来的。人类的文化发展正是在这种保守与创新、怀旧与展望、历史与未来的张弛中不断前进。共产主义革命在文化领域的历史使命在马克思、恩格斯看来就是要实现《共产党宣言》中表达出的一种最终的"决裂"，"决裂"表达了他们关于未来社会文化应有的边界标识。但是，这种"决裂"也不是通过一场革命就能轻而易举地完成的，因为文化边界不像物理边界、地理边界那样可感可触，它是一种隐形的思想存在。值得注意的是，资产阶级创造了有史以来最发达、最丰富的生产力，构造了现代世界，这是资本的"文明"一面。为此，社会主义在发展中要直面这一现实，合理借鉴其先进经验和优秀成果。同时，资产阶级创造的现代世界是依照资本逻辑组织社会生活，制造了"物的依赖关系"这种自身不能摆脱的"文明缺陷"。为此，共产主义革命就是要开辟一种新型的文明。人类历史发展的规律决定了文化发展必须要不断突破旧文化的边界，持续进行新的文化创造，用科学来战胜愚昧、用理性来战胜荒唐、用先进来战胜落后。

2. 社会结构中的文化边界厘定

文化是一个历史的和发展的范畴，内在的多样性内涵、多样性规范、多样性理念决定了其发展从来都不是一种孤立的存在，而是与人类的生产生活实践、政治制度设计、历史地理环境等密切关联，并形成了基本的文化演进和文化进步的机制。不同的领域有着不同的边界规定，但是相互的边界之间存在一定的交叉或融通之处。生活中也可以处处见"政治文化"、"经济文化"、"社会文化"、"地理文化"的表达，相互间边界的模糊化、弹性化和可渗透化在现时代日渐加深。文化的表象形态和深层机理随着经济形态、生活方式的转变而不断变迁，一方面，人在社会和自然界中同时获得物质和精神的食粮，通过劳动创造着文化之美，另一方面，文化从属于一定社会和时代的精神生活，受制于相应的社会存在。一般说来，文化的发展形态与社会的历史存在相一致，因为经济基础或物质生产对上层建筑或精神生产起决定性作用，即"宗教、家庭、国家、法、道德、科学、艺术等等，都不过是生产的一些特殊的方式，并且受生产的普遍规律的支配。"[1] 但这种支配不是绝对的，而是相对的，不是恒定的，而是移变的。因为，物质生产的发展与文化的发展具有不平衡性。1857 年 8 月，马克思在《〈政治经济学批判〉导言》中阐明了上层建筑和经济基础之间、文学艺术和物质生产之间的关系。在谈到物质生产与艺术发展的关系时，他写道："关于艺术，大家知道，它的一定的繁盛时期决不是同社会的一般发展成比例的，因而也决不是同仿佛是社会组织的骨骼的物质基础的一般发展成比例的。"[2] 在他们思想上，社会结构是一个有机整体，有机意味着它不是浑浊的，而是有边有界的，不是同质的，而是有棱有角的，关键在于如何厘清和定位文化在社会结构中的边界与功能。

事物内部的结构至关重要，影响事物的整体功能及其发挥，事物的结构是什么样的，其功能就是什么样的。但是，结构也要求进一步分析其组成要素之间的关系、顺序、比例等。事实上，边界本身就是一种界限，具有阻隔的作用，以判别不同的领域。但是，边界也有交往的功能，更向往着秩序建构，没有交往与秩序的社会难以想象。隐含在人们思想活动中的边界意识将社会有机体进行人为区分，但区分是为了更好把握。就此而言，文化发展是以经济发展为基础，否则，文化发展将失去根基，经济发展需要文化的引领，否则，经济发展将失去魂脉。因此，片面臆断马克思、恩格斯的"经济决定论"是不正确的，主观歪曲

1　《马克思恩格斯文集》第 1 卷，人民出版社 2009 年版，第 186 页。
2　《马克思恩格斯选集》第 2 卷，人民出版社 2012 年版，第 710 页。

马克思、恩格斯的"文化能动论"是不妥当的。

3. 文艺创作中的文化边界导向

从哲学意义上讲，一个事物与其他事物之所以能够作出区分，就意味着两者之间横亘着边界，存在着差异。在马克思、恩格斯看来，社会主义文化区别于以往社会文化的前提性和根本性问题是文化应该反映什么以及为什么人服务。与此同时，他们站在无产阶级的立场，把文化创作当作是"战斗的呼声"和"批判的武器"，以革命性的力量揭露着资本主义社会的压迫与黑暗，启迪着无产阶级的思想文化觉悟，进而试图引起人们对现实关系的怀疑和否定，而这些正是变革现实社会所必要的准备。从 19 世纪 40 年代起，马克思、恩格斯在对许布纳尔的绘画、西里西亚织工起义的革命诗歌等文化作品的评论中就提出，先进的文化创作应具有鲜明的边界导向。1885 年德国女作家明娜·考茨基撰写的小说《旧和新》对普通工人的生活状况进行了描写。恩格斯在回信中指出，小说虽然在当时社会环境中的主要阅读者是资产阶级，但具有社会主义倾向的作品就要通过对现实的真实描写来明确自己的立场。他说："如果一部具有社会主义倾向的小说，通过对现实关系的真实描写，来打破关于这些关系的流行的传统幻想，动摇资产阶级世界的乐观主义，不可避免地引起对于现存事物的永恒性的怀疑，那么，即使作者没有直接提出任何解决办法，甚至有时并没有明确地表明自己的立场，我认为这部小说也完全完成了自己的使命。"[1] 当时，无产阶级文化事业随着革命事业的高涨而蓬勃发展，如英国有宪章派文学，巴黎街头的勇士们唱起了战歌等，这些无产阶级的文化创作都有鲜明的见解和强烈的倾向。在实践中，人们固有的边界意识要求人们利用边界去展开各种各样的活动，它既可以作为一种导向，又可以成为一种标识。面对繁杂的社会文化现象，马克思、恩格斯坚持阶级分析的方法，强调文化创作者的阶级立场不同，表达的思想倾向和价值就会相异，呈现出的面貌就会迥然有

1　《马克思恩格斯选集》第 4 卷，人民出版社 2012 年版，第 579 页。

别，具有社会主义倾向的文化应当反映和歌颂革命的无产者，不能仅停留在社会现象与故事的简单文化临摹，而应该亮明身份、表明立场、划清边界。

（二）列宁关于社会主义文化边界的叙述

列宁在社会主义发展史上第一次开启和彰显了马克思主义文化理论的实践维度，但是他在社会主义实践中所形成的社会主义文化理论并没有拘泥于马克思、恩格斯所描绘的文化边界，而是在继承的基础上有所创新。继承体现在，社会主义文化的阶级基础、领导力量、未来方向等的边界依然坚守，创新体现在，社会主义文化的力量支撑、发展进程、历史担当等的边界更移调适。列宁领导的苏俄社会主义文化发展不仅意味着一种新型的文明形态，而且是人的发展的新阶段和新形态，它突破了思想的桎梏，冲破了实践的障碍，激发了人民群众的文化潜能，确立了新的道德准则，并实现了与旧文化传统的"决裂"。

1. 政治变革中的文化边界掌控

通读列宁的文献可以发现，列宁的思想中深藏着一种边界意识。如列宁在《国家与革命》中就有关于文化边界的话语表达。他指出，只有在共产主义社会中，人们"就会逐渐习惯于遵守多少世纪以来人们就知道的、千百年来在一切行为守则上反复谈到的、起码的公共生活规则，而不需要暴力，不需要强制，不需要服从，不需要所谓国家这种实行强制的特殊机构。"[1] 这里，"起码的公共生活规则"是一种关于文化边界的话语表达。因为一个社会总有一些起码的而非高远的，公共的而非私人的，生活的而非精神的规则是要遵守的。从边界的角度分析列宁这句话，还可以得出：边界具有历史性，因为它是"千百年来"，"反复谈到的"；边界具有公开性，因为它是"多少世纪"，"人们就知道的"；边界具有自觉性，因为它应该不需要"暴力、强制、服从"。

1　《列宁全集》第 31 卷，人民出版社 2017 年版，第 85 页。

无产阶级在推翻资产阶级的政治统治后，从其文化霸权统治中解放出来，建立了社会主义文化发展的政治前提，拥有了社会主义文化的领导权和话语权。这本身就是一种文化边界的突破。但是政治的变革不能没有限度，列宁在《十月革命四周年》的讲话中就指出，苏俄为热情的浪潮所激励，先是政治热情，后是军事热情，再到经济热情，最后到文化热情。但是，共产主义的实现不能直接凭借热情，它需要的是人民群众文化水平整整提高一个时代。1921 年，在经历急剧的转变后，列宁指出，在解决了伟大的政治变革任务后，就是"消化这个政治变革"。如何消化，就是通过文化任务的解决使得人民群众理解政治变革的划时代意义。但是，"消化"需要掌握好限度，否则就会出现"消化系统"的紊乱。在他看来，俄国民众在党的领导下激起了强烈的政治热情和高涨的经济热情，但是文化发展切不可犯"急躁冒进"的毛病，这是由文化问题的性质所决定的。

社会共同体公共生活秩序的建立，有赖于政治制度的引导。因为现实的秩序与理想的秩序总有差距，在和平发展的年代，执政党对秩序建构的需求更为强烈。鉴于此，列宁特别提醒道："对于一个真正的革命者来说，最大的危险，甚至也许是唯一的危险，就是夸大革命作用，忘记了恰当地和有效地运用革命方法的限度和条件。真正的革命者如果开始把'革命'写成大写，把'革命'几乎奉为神明，丧失理智，不能极其冷静极其清醒地考虑、权衡和验证在什么时候、什么情况下、什么活动领域要善于采取革命的行动，而在什么时候、什么情况下、什么活动领域要善于改用改良主义的行动，那他们就最容易为此而碰得头破血流。"[1] 在他看来，如果把"革命"奉为神明，不冷静清醒地考虑、权衡和验证革命行动与改良行动的限度条件，异想天开地以为"伟大的、胜利的、世界性的"革命在任何情况下都可以通过革命的方式一下子来完成，那么就最容易碰得头破血流甚至毁灭。列宁在晚年即便提出了"文

---

1 《列宁选集》第 4 卷，人民出版社 2012 年版，第 612 页。

化革命"的主张，他还特别强调："在文化问题上，急躁冒进是最有害的"，并建议"对任何冒进和说大话等等一概不相信"。[1] 可见，在俄共（布）取得执政地位后，列宁特别担心党内及党外广大民众在政治变革的伟大胜利面前失去应有的理性，不能把握住政治变革中的文化边界限度，试图用政治革命的思维来指导文化发展，企图用政治革命的方法来进行文化建设，尤其他在病榻上的思考中这种担忧愈加强烈。因为，社会规范会像坚固强硬的外壳一样，具有强烈禁锢人心灵的控制作用。它会使无数个人的情感、意志都服从于社会的政治制度的需要，服从于集体的强制意志和社会结构的法则，服从于一个精巧的、牢固的制度化的结构网络。"人们长期被这种强制性的外部力量包围着，激情就会慢慢窒息，思想就会慢慢僵化，无数个人的意志就会慢慢趋向雷同，众多的个性也就会慢慢泯灭了。"[2] 在列宁去世后，苏联社会主义文化发展的兴衰成败也警示后人，倘若对社会结构中的边界意识不清，试图用政治手段来人为硬性设置或固守教条的社会主义文化边界，低估社会主义文化发展的长期性、复杂性，自以为可以穷尽规律，掌控命运，这种致命的自负必将带来沉重的乌托邦灾难。

2. 经济建设中的文化边界调节

列宁没有拘泥于马克思关于共产主义应该"同时胜利"的理论，而是从俄国国情实际出发，使科学社会主义的政治目标率先在俄国变为现实，有力地推进了俄国革命的进程。十月革命胜利后，俄共（布）成为执政党，开启了社会主义建设的实践，但是关于十月革命的正当性，在当时却遭到了孟什维克和西欧社会民主党人的责难和质疑。责难和质疑的缘由之一就是俄国社会主义事业没有建立在生产力高度发达的基础之上。对于种种非难，列宁并没有陷入无休止的"口水之战"中，而是试图通过实践来验证社会主义道路的正确性。关于如何实践，为后人铭记

1　《列宁选集》第 4 卷，人民出版社 2012 年版，第 784—785 页。
2　司马云杰：《文化悖论：关于文化价值悖谬及其超越的理论研究》，安徽教育出版社 2011 年版，第 124 页。

的就是列宁自 1921 年起主导开启的新经济政策。关于新经济政策是暂时退却的选择，还是长久发展的战略，后人评价不一，但一致肯定它是实践社会主义对理想社会主义的一次边界突破，即人们已经开始通过实践来说明社会主义是什么样子，而不是仅仅停留在理论的抽象中。列宁也曾反问过，谁将取得胜利，是资本家还是苏维埃政权？

1921 年 12 月，列宁在《关于工会在新经济政策条件下的作用和任务的提高草案》中写道："无产阶级国家在不改变其本质的情况下，可以容许贸易自由和资本主义的发展，但只是在一定限度内，而且要以国家调节（监察、监督、规定形式和规章等等）私营商业和私人资本主义为条件。这种调节能否成功，不仅取决于国家政权，而且更取决于无产阶级和全体劳动群众的成熟程度以及文化水平等等。"[1] 这里"不改变其本质"、"一定限度"、"国家调节"都是关于边界的叙事话语，关键在于"调节能否成功"，即如何控制好边界。欲想实现良好的边界控制和建立理想的边界秩序，在列宁看来，重要的是党和人民群众的成熟程度以及文化水平如何。换言之，社会主义国家的文化水平决定着社会主义能否最终取得胜利。为此，列宁强调要大大提高文化水平，否则，就不能掌握调节的边界艺术。列宁还指出，政治任务和军事任务可以在工人农民现有觉悟水平上通过激发他们的热情来完成，但是经济任务的完成不能采用同样的办法。新经济政策的实施给苏俄提出了需要费力的、艰苦的、长期的学习任务，因为只有通过学习来提高人民群众和共产党员的一般文化水平，才能实现文化助力经济发展的目标。但是，列宁主张在经济建设中利用资本主义一切积极因素来发展社会主义不是毫无边界的，而是有前提条件的。在他看来，在掌握着国家政权和经济命脉的前提下，建设社会主义的关键任务就是人民群众文化水平的普遍提高。因为只有实现了文化上的质变，苏俄才能成为真正意义上的社会主义国家。概言之，在列宁思想上，经济建设既要喜于进攻，也要善于退却，

---

[1]　《列宁选集》第 4 卷，人民出版社 2012 年版，第 620 页。

既要懂得斗争，也要学会转变，既要认清困难，也要警惕危险，关键在于掌握边界调节的艺术。

3. 文化发展中的文化边界扩容

人类思维深处蕴藏着一个系统性的边界意识，并由此建构起一个规范体系，这种规范体系实质就是一种文化秩序。这种文化秩序不断对自己进行调整以便满足其所处环境中社会政治与经济的需要，因此它的边界总是在不断地突破，也在不断地形塑。无产阶级文化作为一种新型的文化形态将如何形塑自己的边界，列宁早在 1905 年 11 月发表的《党的组织和党的出版物》一文中就明确了无产阶级文化的党性、阶级性、原则性、组织性，标明了其应有的边界并赋予边界以导向和规约功能。众所周知，由于长期的文化压迫，无产阶级没有自己的文化话语权，但是一旦掌握了话语权，往往会表现出热情的高涨与激情的猛进。当时出现的"无产阶级文化协会"就是这样一个组织。该组织提出要建立独立的无产阶级文化，创造没有任何"阶级杂质"和"过去残余"的文化，在实践中还拒绝接受党的领导。为此，作为领导人的列宁深知过犹不及，如果无视苏俄文化落后的现实，无视文化边界的存在，必然会导致社会主义文化发展的断裂。为此，他对这种激进的文化思想与做法进行了批判。他说："无产阶级文化应当是人类在资本主义社会、地主社会和官僚社会压迫下创造出来的全部知识合乎规律的发展。条条大道小路一向通往，而且还会通往无产阶级文化"。[1] 可以看出，列宁将人类所拥有的历史文化按照社会形态进行了界域划分，并且认为以往剥削阶级的文化对无产阶级文化并非只有消极意义，也有积极因素。

问题的关键在于如何区别、如何挑选、如何发展，即厘清无产阶级文化与旧社会文化之间的边界。稳定的关系意味着固定的边界，一旦关系出现变化，边界就会处于调整中。为此，列宁一方面拒绝无产阶级文化的狂飙猛进，一方面呼吁接纳资产阶级文化中的优秀成分，实现了社

1　《列宁选集》第 4 卷，人民出版社 2012 年版，第 285 页。

会主义文化发展中的边界扩容。他于 1920 年在俄共（布）中央政治局《关于无产阶级文化决议草稿要点》中指出："不是臆造新的无产阶级文化，而是根据马克思主义世界观和无产阶级在其专政时代的生活与斗争的条件的观点，发扬现有文化的优秀的典范、传统和成果。"[1] 在列宁思想上，苏俄社会主义文化发展要注重实际，切勿空谈，要注重普及，切勿高谈，但是注重实际、注重普及决不是无原则的边界扩容，共产党的领导不能变，马克思主义的指导地位不能变，无产阶级的立场不能变，社会主义的性质不能变。总的来看，列宁的文化思想具有强烈的党性原则和阶级意识，明确了为与不为的价值边界。

（三）　中国共产党人关于社会主义文化边界的阐释

社会主义没有辜负中国，中国也没有辜负社会主义。百年来，中国化社会主义显然已成为一种文化深深融入到国人的民族精神之中。文化看似无形，实则有形，文化建设之道决非"大水漫灌"似的奔流，而是要执政党和政府进行"筑道修渠"似的引导。文化在中国共产党领导人民进行革命、建设、改革、圆梦的艰难探索、奋力前进中从未"缺场"。在百年的探索中，历代中国共产党人不断丰富和发展社会主义文化建设的基本原则，先后提出"双百"方针、"二为"方向、"双创"方略，为推进中国特色社会主义文化建设提供了基本遵循。但在生活中，由于民众对这些基本原则存在着不同程度的认知偏差，导致实践中"走样"、"跑偏"的情况时有发生。因此，追溯和明了上述社会主义文化建设基本原则的历史与边界尤为重要。

1. "双百"方针：百花齐放、百家争鸣

"万物并育而不相害，道并行而不相悖"体现的是中国传统文化所特有的包容性，强调不同文化间的相互吸收、取长补短。社会主义文化建设"双百"方针的提出是中国共产党人将马克思主义与中国传统文化

1　《列宁全集》第 39 卷，人民出版社 2017 年版，第 376 页。

有机结合的一大文化贡献,其历史渊源可追溯到毛泽东在延安文艺座谈会上的讲话。他指出:"我们的文艺批评是不要宗派主义的,在团结抗日的大原则下,我们应该容许包含各种各色政治态度的文艺作品的存在。……我们的批评,也应该容许各种各色艺术品的自由竞争。"[1] 新中国成立后,毛泽东于 1951 年 4 月为中国戏曲的发展提出"百花齐放,推陈出新"的要求。两年后,他又提出历史研究工作应遵循"百家争鸣"的方针。"百花齐放、百家争鸣"首次作为一个整体提出是在 1956 年 4 月 28 日召开的中共中央政治局扩大会议上。毛泽东说:"百花齐放、百家争鸣问题。艺术问题上的百花齐放,学术问题上的百家争鸣,我看应该成为我们的方针。"[2] 这一方针是根据文化发展的特性和规律而提出的,具有立意高、管长远、筑根本的作用。当时之所以提出文化建设的"双百"方针,其目的在于把一切有助于社会主义文化发展的积极因素调动起来,更好地为繁荣新中国的文学艺术事业,赶上世界先进水平而努力。理论创新是实践行动的先导,但理论问题的解决,并不意味着实践中清醒自觉的践行。从 1957 年开始的"反右斗争扩大化"直至"文化大革命","双百"方针处于"名存实亡"的尴尬境地。但这并不能否定毛泽东开创性提出的"双百"方针及其展现出来的对中国社会主义文化建设道路的伟大贡献。

改革开放之后,邓小平在反思文化建设的历史经验教训时,基于对社会主义基本矛盾的科学分析和对社会主义文化发展规律的正确认识,重申了毛泽东提出的"双百"方针。针对当时党内外有人认为党的文化方针变了,他说:"党的方针没有变,'双百'方针还是要。……'双百'方针的目的是促进社会主义文化的繁荣。"[3] 在他看来,"双百"方针是社会主义文化发展的正确方针必须坚持,提倡艺术创作和艺术理论上不同形式、不同风格、不同观点和不同学派的自由发展和讨论。直到

---

1 《毛泽东选集》第 3 卷,人民出版社 1991 年版,第 868—869 页。

2 中共中央文献研究室编:《毛泽东文艺论集》,中央文献出版社 2002 年版,第 143 页。

3 《邓小平文选》第 3 卷,人民出版社 1993 年版,第 46 页。

今天，"双百"方针依然是社会主义文化事业发展的一条重要原则，因为它科学昭示了文化发展的基本规律。但不可否认，"双百"方针作为繁荣和发展社会主义文化事业的基本方针，它与生俱来内含着鲜明的阶级性。这种鲜明的阶级性规定了社会主义文化是有边界的，有属于自身的"场域"。毛泽东在提出这一方针之初就明确指出这一点，并且提出了"六条"界限，来规约这一方针的使用范围。他说："这六条标准中，最重要的是社会主义道路和党的领导两条。提出这些标准，是为了帮助人民发展对于各种问题的自由讨论，而不是为了妨碍这种讨论。"[1] 可以看出，"双百"方针并不是提倡"鸣放绝对自由"，也不是"简单片面、粗暴过火"的批判，而是强调坚持在党的领导下，围绕一定时期社会主义建设的共同目标，允许不同的文化形式、不同的艺术理论能够自由讨论，进而克服单调刻板、机械划一的"样本"，避免衙门作风的行政干涉，充分发挥优秀文化的引领与聚力作用。

社会主义文化建设的"双百"方针吸取了我国历史上文化发展的经验，总结了党领导文化建设的正反教训，是一个符合社会主义文化发展客观规律的方针，其核心是把一切有利于社会主义事业发展的积极因素都调动起来，实现社会主义文化的大发展大繁荣。但在全球化时代，现代经济和互联网媒介表征出来的是"一匹脱缰的野马"，其追求的是"无边无际"。美国文化学者丹尼尔·贝尔曾指出："现代文化拒绝体验的任何限制或边界。它的触角伸及所有体验；没有什么是被禁止的，所有一切都有待开发。"[2] 不可否认，现存世界的客观事实就是，文化的边界大大拓宽，文化的空间骤然打开，文化的形态纷繁多样，文化的内核日渐收缩。人类进入了"五色令人目盲；五音令人耳聋；五味令人口爽"的"文化景观"社会。[3] 人们在欣赏这些纷杂的"文化景观"时，

1　《毛泽东文集》第 7 卷，人民出版社 1999 年版，第 234 页。

2　[美] 丹尼尔·贝尔：《资本主义文化矛盾》，严蓓雯译，江苏人民出版社 2012 年版，第12 页。

3　《道德经·第十二章》。

只是简单记住了"百花齐放"的概念，而忽视了其边界，即在实践中片面将"低级趣味"、"粗制滥造"与"百花齐放"等同起来，将"言论自由"、"异端思想"与"百家争鸣"等同起来，而忽视了"双百"方针原则的前提在于坚持党的领导，目标指向在于服务于党的中心任务，发挥其价值引领、凝魂聚力的功能，而不是片面解构现实和虚化历史。

2."二为"方向：为人民服务、为社会主义服务

文化建设的人民立场是社会主义文化区别于其他社会文化的显著标志，文化"为什么人"服务是马克思主义文化理论关注的基本问题。马克思主义的创始人在批判资本主义制度下存在的"文化异化"现象时提出，具有社会主义倾向的文化应该旗帜鲜明地表明自己的立场。列宁在领导苏俄进行社会主义建设时明确提出，人民和艺术可以相互接近，艺术家必须经常把工农放在眼前。毛泽东新民主主义文化观三层内涵之一——"大众的"，即是指文化"应为全民族中百分之九十以上的工农劳苦民众服务，并逐渐成为他们的文化。"[1]《在延安文艺工作座谈会上的讲话》中，毛泽东再次明确文化要为人民服务。他说："我们的文艺工作者一定要完成这个任务，一定要把立足点移过来，一定要在深入工农兵群众、深入实际斗争的过程中，在学习马克思主义和学习社会的过程中，逐渐地移过来，移到工农兵这方面来，移到无产阶级这方面来。只有这样，我们才能有真正为工农兵的文艺，真正无产阶级的文艺。"[2] 这里，毛泽东提出了"为工农兵的文艺、为无产阶级的文艺"。在他看来，文化"为什么人"服务是一个根本性、原则性的问题，必须明确、彻底地解决。新中国成立后，毛泽东的"二为"思想在社会主义建设中继续发挥了巨大的指导作用。但遗憾的是，在很长一段历史时期内，我们党没有真正搞清楚"什么是社会主义"、"怎样建设社会主义"的问题，包括文化工作在内的社会主义建设走上了一条极"左"的道路。

1　《毛泽东选集》第 2 卷，人民出版社 1991 年版，第 708 页。

2　《毛泽东选集》第 3 卷，人民出版社 1991 年版，第 857 页。

十一届三中全会的召开使得文艺工作中极"左"的指导思想得到了及时的纠正。1979 年 10 月 30 日，邓小平在有关讲话中提出，我们不仅要建设高度的物质文明，而且要建设高度的社会主义精神文明。在他看来，文化事业"为人民服务"和"为社会主义"服务是一致的。他说："自觉地在人民的生活中汲取题材、主题、情节、语言、诗情和画意，用人民创造历史的奋发精神来哺育自己，这就是我们社会主义文艺事业兴旺发达的根本道路。"[1] 这里，邓小平虽没有明确将两者联系在一起提出来，但这是对我国无产阶级革命文艺传统的深刻总结，又为新时期我国社会主义文艺事业的繁荣发展指明了方向。1980 年 7 月 26 日的《人民日报》发表了"文艺为人民服务，为社会主义服务"的社论。社论指出："离开了为人民服务、为社会主义服务，文艺工作难道还有其他的目的么？没有，这是我们唯一的目的。为人民服务，就是为除一小撮敌对分子外的全体人民群众，包括广大的工人、农民、士兵、知识分子、干部和一切拥护社会主义、热爱祖国的人们服务，首先是为工农兵服务。为社会主义服务，就是为社会主义的经济、政治、军事、文化等各项事业的根本需要服务，在今天，就是为社会主义现代化建设的伟大事业服务。"[2] 至此，文化事业发展的方向正式表述为"为人民服务、为社会主义服务"。党根据我国社会主义建设新时期的总任务，正式提出"二为"方向是我国文化事业的基本原则，为文化在社会主义现代化建设中作用的发挥划定了底线、指明了方向。

不同性质文化之间有着或明或暗的边界，这种边界是区分和界定不同文化形态的重要标志。毛泽东在论述新民主主义文化时，就明确提出了文化在性质上的偏向问题，将新民主主义文化与资本主义文化和社会主义文化区别开来。他指出，新民主主义文化"既不是资产阶级的文化专制主义，又不是单纯的无产阶级的社会主义，而是以无产阶级社会主

1　《邓小平文选》第 2 卷，人民出版社 1994 年版，第 211 页。
2　《文艺为人民服务、为社会主义服务》，《人民日报》1980 年 7 月 26 日。

义文化思想为领导的人民大众反帝反封建的新民主主义。"[1] 在他看来，资产阶级的文化是专制主义的产物，是不承认人民大众的文化，是压迫和奴役工农的工具。同时，新民主主义文化也不是社会主义的，因为整个社会还没有形成社会主义的经济和政治。1983 年 10 月，邓小平曾毫不避讳地揭露改革开放条件下文化领域出现的"精神污染"问题，主要表现在：以西方为榜样，鼓吹"现代"、"时尚"、"开放"、"自由"等；以金钱为目的，创作"庸俗"、"低俗"、"恶俗"、"媚俗"等；以自我为中心，标榜"自我"、"个性"、"张扬"、"人道"等。邓小平对此严厉警告说："不要以为有一点精神污染不算什么，值不得大惊小怪。有的现象可能短期内看不出多大坏处。但是如果我们不及时注意和采取坚定的措施加以制止，而任其自由泛滥，就会影响更多的人走上邪路，后果就可能非常严重。从长远来看，这个问题关系到我们的事业将由什么样的一代人来接班，关系到党和国家的命运和前途。"[2] 这里，邓小平将文化领域出现的精神污染问题上升到党和国家的前途命运的高度，这也是文化建设坚持"二为"方向的边界所在。

进入 21 世纪，社会主义文化边界得到扩展，公益性文化事业和文化产业成为推动中国特色社会主义文化发展的"双轮"。那么，双轮驱动下的文化发展如何坚持"二为"方向？对此，胡锦涛提出："必须科学界定人民的基本文化权益和多样化精神文化需求，全面把握政府和市场在文化建设中的职责和功能，推动形成文化事业和文化产业两手抓、两加强的工作格局……都要坚持社会主义先进文化前进方向"。[3] 这表明，文化事业和文化产业都不能偏离社会主义的本质规定和边界要求。习近平在新时期文艺工作座谈会上也提出，"二为"方向是"党对文艺战线提出的一项基本要求，也是决定我国文艺事业前途命运的关键。"[4]

---

1   《毛泽东选集》第 2 卷，人民出版社 1991 年版，第 706 页。
2   《邓小平文选》第 3 卷，人民出版社 1993 年版，第 45 页。
3   《胡锦涛文选》第 3 卷，人民出版社 2016 年版，第 565—566 页。
4   习近平：《在文艺工作座谈会上的讲话》，人民出版社 2015 年版，第 13 页。

可以看出，"二为"方向作为社会主义文化建设的基本原则任何时候都不能动摇，它不仅关乎自身的前途命运，更关乎党和国家的生死存亡，不仅是社会主义文化发展的"底线"，更是社会主义文化发展的"高压线"。

3. "双创"方略：创造性转化、创新性发展

"创造性转化、创新性发展"是习近平在新时代提出的社会主义文化建设方略，充分综合了我党历史上提出的"取其精华、去其糟粕、古为今用、洋为中用"的文化方针，又在此基础上吸收了学术界有关传统文化现代转化创新的研究成果，为全面继承、弘扬、发展中华文化指明了方向。党的十八大以来，习近平在不同场合、不同时间的讲话中都提及这一点，如在 2013 年 12 月和 2014 年 2 月，第十八届中央政治局连续两次对文化问题进行集中学习，中心议题一次是"提高国家的文化软实力"，一次是"培育和弘扬社会主义核心价值观"。在这两次学习中，习近平都讲到了社会主义文化建设的"双创"方略。他提出夯实社会主义文化的基础在于抓思想道德建设，而思想道德建设需要汲取中华传统美德，要"努力实现中华传统美德的创造性转化、创新性发展，引导人们向往和追求讲道德、尊道德、守道德的生活，让 13 亿人的每一分子都成为传播中华美德、中华文化的主体。"[1] 这一方略是在全球化时代背景下，针对当前我国文化建设面临的两大任务而提出的，一是如何使文化"行于中"，固根守魂、凝气聚力，培育和践行社会主义核心价值观，二是如何使文化"发于外"，增强文化软实力，努力提高国家话语权和展现中华文化之魅力。

"创造性转化"这一概念是美国华裔学者林毓生在上世纪 70 年代针对"五四"时期激进的"反传统文化思潮"而提出来的。他多次就这一概念的内容进行说明，即"使用多元的思想模式将一些（而非全部）中国传统中的符号、思想、价值与行为模式加以重组与/或改造（有的重

1　《习近平谈治国理政》，外文出版社 2014 年版，第 160—161 页。

组以后需要加以改造，有的只需重组，有的不必重组而需要彻底改造），使经过重组与/或改造的符号、思想、价值与行为模式变成有利于变革的资源，同时在变革中得以继续保持文化的认同。"[1] 林毓生这一思想旨趣在于超越五四激烈反传统的文化激进主义，重建中国的人文。他还进一步阐述了这一思想的基本出发点是对中西文化传统有实质性的了解，以便能辨析出传统中的精华与糟粕，其思想核心在于追求将社会变迁和文化认同统一起来，而不是对立起来或者陷入"二元之争"的窠臼。不可否认，这一思想有其局限性，即他站在西方自由、民主的立场上，对未来文化发展指出的方向是西方的"自由和民主"。林毓生本人也曾自谦地说，自己提出的理念只是一个导向，并不是一个蓝图，它并不是指导每一项进展的具体步骤，而是期望人们在面对文化困惑，进行文化选择时，能有更多的方案。

实际上，在 20 世纪初，中国第一次出现"中、西、马"三大文化流交汇时，张岱年就提出了"文化综合创造论"。在他看来，在中国全盘接受西方文化或谋求旧文化的复活都只能是死路一条，中国未来新文化只能兼容东西两方之长，发扬中国原有的优秀文化遗产，同时采纳西方有价值的文化精良，融合发展，合二为一，创成一种新文化。改革开放后，张岱年在原有"综合创造"基础上，于 80 年代正式提出"文化综合创新论"。他提出："我们建设社会主义的新文化，一定要继承和发扬自己的优良文化传统，同时汲取西方在文化上的先进贡献，逐步形成一个新的文化体系。这个新的文化体系，是在马克思列宁主义原则的指导下，以社会主义的价值观，来综合中西文化之所长，而创新中国文化。"[2] 这句话中包含着以下几层含义：一是坚持马克思主义的领导，这是由社会主义国家性质决定的；二是坚持社会主义价值观，这是决定社会主义文化凝聚力的核心要素；三是要综合中西文化之所长，这是由文

1　林毓生：《热烈与冷静》，上海文艺出版社 1998 年版，第 26 页。

2　张岱年：《张岱年文集》第 6 卷，清华大学出版社 1995 年版，第 491 页。

化发展自身规律决定的；四是要创新中国文化，这是文化发展的归宿和旨趣所在。张岱年提出的"文化综合创新论"为建设中国特色社会主义文化做出了有价值的卓越贡献。

对上述两人的文化观进行比较可得，林毓生提出的"创造性转化"理念和张岱年提出的"文化综合创新论"理念，有着异曲同工之妙，但差异也是明显的。相似之处体现在：一是两者都看到了中国近代以来的文化危机。二是认为中国文化危机的出路必须扬弃"西方主义"和"保守主义"。三是中国文化的未来复兴根基在于中国传统之中，同时要学习和吸收西方先进文化。区别之处体现在：一是"创造性转化"以西方的民主自由为导向，而"综合创新论"坚持马克思主义为指导，坚持社会主义的原则。二是"创造性转化"强调的是与现代、西方进行嫁接与转化，侧重于"转化"，而"综合创新论"主张走创造性综合和综合性创造之路，更多地强调"综合"，在我国社会主义文化发展需求和方向上更进一步。事实上，无论是张岱年的"文化综合创新论"，还是林毓生的"创造性转化"，都顺应了全球化时代文化发展的潮流，为在文化问题上理顺中国与西方、传统与现代的关系提供了新的思路，为推动中国文化的复兴提供了可供参考的借鉴价值。

而当前人们在泛论"创造性转化、创新性发展"时，实质上只是停留在字面认知上，并没有深入理解其内含的意蕴。这源自于对"创造性转化、创新性发展"这两个概念的科学认知和实践向度没有形成共识，而思想上的共识是实践中正确前进的前提。因此，我们需要对这一概念的内涵加以界定和阐述。正如有学者提出，只提"双创"方略，并不能完全涵盖新时期党的文化方略，它应有其应用范围。[1] 而要厘清"双创"的概念内涵和应用范围，则要回到其提出的语境中去探寻。2014 年 10 月，习近平在新时期文艺工作座谈会上提出："传承中华文化，绝不是简单复古，也不是盲目排外，而是古为今用、洋为中用，辩证取舍、推

---

[1]　陈来：《"创造性转化"观念的由来与发展》，《中华读书报》2016 年 12 月 7 日。

陈出新，摒弃消极因素，继承积极思想，'以古人之规矩，开自己之生面'，实现中华文化的创造性转化和创新性发展。"[1] 这句话从宏观层面上看，蕴含着两个认识向度，一是针对中华文化，另一是针对外来文化。毛泽东早在《新民主主义论》中就已明确新民主主义文化对待中西文化的鲜明态度。对于中华文化，他说："清理古代文化的发展过程，剔除其封建性的糟粕，吸收其民主性的精华，是发展民族新文化提高民族自信心的必要条件；但是决不能无批判地兼收并蓄。必须将古代封建统治阶级的一切腐朽的东西和古代优秀的人民文化即多少带有民主性和革命性的东西区别开来。"[2] 对于外来文化，他说："一切外国的东西，如同我们对于食物一样，必须经过自己的口腔咀嚼和胃肠运动，送进唾液胃液肠液，把它分解为精华和糟粕两部分，然后排泄其糟粕，吸收其精华，才能对我们的身体有益，决不能生吞活剥地毫无批判地吸收。"[3] 这就要求我们在进行社会主义文化建设时，必须正确处理好古与今、内与外、精与糟、承与创的多种关系。反之，那种在文化讨论中持"全盘西化论"、"复兴儒学论"、"彻底重建论"观点的论调，主张用单一、偏激，甚至错误的方式来进行文化批判和文化重构工作，不仅会在思想上、理论上引起混乱，而且会在实践中形成错误指导。所以，"双创"方略不是"筐子"，什么都可往里面装，而是有选择的；不是"西化"，什么外来的都可以转化，而是有营养的，更不是"复古"，什么传统都可以创新，而是有价值的。

　　党的十九届五中全会提出，中国到 2035 年将建成社会主义文化强国，国民素质和社会文明程度达到新高度，国家文化软实力显著增强，这为新时代文化发展明确了目标，指明了航向。现代化、全球化、信息化的时代潮流意味着国际国内、线上线下、虚拟现实、体制内外等的界限将更加模糊，中国特色社会主义文化发展的领导权、管理权、话语权

1　习近平：《在文艺工作座谈会上的讲话》，人民出版社 2015 年版，第 26 页。

2　《毛泽东选集》第 2 卷，人民出版社 1991 年版，第 707 页。

3　《毛泽东选集》第 2 卷，人民出版社 1991 年版，第 707 页。

也面临着空前复杂的时空环境，更对社会主义文化边界的坚守与开放、巩固与优化、遵从与转换提出了新的要求。尽管时空在流变，但是社会主义文化不是无根之物，也不是漂浮之物，它有根有脉，有边有界。社会发展的秩序建构与目标实现，离不开边界的划定。现时代的边界数目不是在减少，而是在不断增加，不是在变得简单，而是在变得复杂。

　　文化是变化的，文化的中心与边界也是变化的。从空间来看，各个区域的文化中心各具其异，边界内核有别，从时间来看，各个时代的文化中心亦不相同，边界外延迥异。历史与现实中的社会主义边界叙事，与特定的时代样貌、社会的存在基础、人们的思想认识、现实的生活场景有密切的关联。基于马克思主义经典文本，探析社会主义发展历史与现实中的文化边界叙事，不是要返回理想社会主义时代的"二元对立"中去，而是要在社会主义文化的一元指导与多元共进的边界调适中，实现社会主义文化的繁荣兴盛；也不是要堕入实践社会主义早期的"左右纷争"中去，而是要在社会主义文化的阵地坚守与边界开放动态发展中，实现社会主义文化的强国战略。同时，在全球化、信息化、多元化时空环境和历史场景中，我们应该严肃思考社会主义文化的思想根基如何巩固、理论体系如何建构、话语边界如何表达、未来方向如何形塑。不顾条件、不经消化，简单的拿来主义，注定会失败，不顾时代、不经辨别，简单的照搬运用，永不会成功。文化终究是人的创造，本身表达的就是一种边界意识与要求，因此还需要反思的是人类实践活动的自由尺度和边界限度。

二、　社会主义文化边界变迁的动力分析

　　社会主义文化边界作为文化在社会主义发展过程中所依存的空间、形塑的特征、蕴涵的品格、标明的界域，有别于物理边界、地理边界、空间边界的清晰易见，它突出的是意识形态方向，强调的是社会主义属性，秉持的是和而不同理念，追求的是美美与共境界。此外，这种边界

并非永久不变的东西，而且有时候常常是剧烈地变化。同时，随着人们智识的进步，对于边界的内涵和外延也会发展变化。从社会主义文化史看，马克思、恩格斯创立的原初共产主义文化，列宁创制的苏联社会主义文化，中国共产党人创建的"中国特色"的社会主义文化，虽有"质"的一致，但也有"形"的差异。从时空转化的角度看，社会主义文化从19世纪的西欧到20世纪的俄国，再到21世纪的中国，虽有"内"的贯通，但也有"外"的迥别。社会主义文化在历史之流与时空之维中呈现出内涵与外延的边界变迁。探析这背后的动力因素，有助于在中国特色社会主义文化发展道路上把握历史主动，增强历史能动。

（一）时代主题的转换与社会主义文化边界的移变

时代是表明人类社会发展不同阶段的范畴。生活在农耕文化时代的人，其社会表现出农耕文化的烙印，生活在工业文化时代的人，其社会表现出工业文化的烙印。不同时代皆有相异于其他时代的特殊质地，因而也有着特殊的文化形态。社会主义文化史表明，自由资本主义时代的文化有别于垄断资本主义时代的文化，革命与战争时代的文化不同于和平与发展时代的文化。社会主义文化在不同时代的内涵与外延也大相径庭。但无论时代如何变迁，社会主义文化的本质规定与目标追求始终如一。

1."资产阶级时代"与马克思、恩格斯的理想文化观

我们常说马克思、恩格斯生活在"资产阶级时代"。这里的"资产阶级时代"来自《共产党宣言》中提出的："我们的时代，资产阶级时代"[1]。这一时代在马克思、恩格斯看来，至少具有以下特征：一是全球联系的加强；二是世界市场的形成；三是东方从属于西方；四是社会的剧烈变动等，这些特征使得资产阶级时代迥异于以往时代。按照马克思、恩格斯基于唯物史观的逻辑推演，伴随着时代的发展变化，阶级对

1　《马克思恩格斯选集》第1卷，人民出版社2012年版，第401页。

立将呈现出简单化的趋势，即整个社会日益分裂为资产阶级和无产阶级两大直接敌对的阵营。基于此，他们提出："共产主义革命就是同传统的所有制关系实行最彻底的决裂，毫不奇怪，它在自己的发展进程中要同传统的观念实行最彻底的决裂。"[1] 按照马克思主义的传统释义，社会主义是资本主义的否定形式和替代形式，随着资本主义私有制被扬弃，无产阶级将成为社会的统治阶级，生产关系的公有制，政治形式的民主化等都会发生历史性的变革，社会主义的文化生活也会自然而然地历史性生成。因此，社会主义文化也只能建立在消灭或消除资本主义文化的基础之上。但从社会主义实践和文化演变规律来看，社会主义文化的发展并不能直接同传统的所有制关系和观念"实行最彻底的决裂"。因为文化是人的创造物中深层的、无形的、机理性的东西，是人历史地凝结成的生存方式。它与传统有关，表达的是特殊性，不能一下子实现"洗心革面"，甚至还会出现"抽刀断水水更流"的历史回潮。而文明是人的创造物中的外在、有形的、可感性的东西，是人实践中创造出的表现样貌。它与未来有关，表达的是普遍性，人类趋向文明的历史潮流是不会改变的。基于这一认知，他们深刻揭露资产阶级时代文化所呈现出的虚伪性、异化性，并没有直接而系统地探讨无产阶级文化的领导权问题。在这个意义上说，马克思、恩格斯在资产阶级时代所表达的仍属于一种理想的社会主义文化观，但它表明了一种立场、一种态度、一种界识、一种远景，即社会主义文化必须要同传统社会（包括封建社会和资本主义社会等）的文化划清界限，标明边界。

2. "帝国主义时代"与苏俄的现实文化观

19 世纪末 20 世纪初，资本主义从自由竞争发展到垄断竞争的阶段。列宁指出："这是帝国主义时代，是帝国主义发生动荡和由帝国主义引起动荡的时代。"[2] 列宁所处的时代与马克思、恩格斯所处的时代在文明

1　《马克思恩格斯选集》第 1 卷，人民出版社 2012 年版，第 421 页。
2　《列宁全集》第 26 卷，人民出版社 2017 年版，第 144 页。

程度、政党状况、发展阶段等方面都是不同的。为此，列宁提出无产阶级革命和帝国主义战争是这一时代的主要特征。时代潮流冲刷着旧有的文化认知，将新的文化危机摆在人们面前，迫使人们重塑新的文化秩序。列宁对社会主义文化发展的考量，不再把思维局限在预设的框架中，不再用纯粹思辨来主导文化的发展，而是将其置于历史与现实之中来把握。列宁对社会主义文化发展的贡献体现在：一是明确了社会主义文化的党性原则，即社会主义文化必须要坚持无产阶级政党的领导和监督，指明了党性文化和无党性文化的界限。他认为，"确定党的观点和反党观点的界限的，是党纲，是党的策略决议和党章"的全部经验。[1]二是特殊的国情决定了苏俄的社会主义文化建设不能再抱着"纯而又纯"的无产阶级文化思路。执政后的列宁并没有被政治革命的胜利冲昏头脑，而是从俄国文化落后的实际出发，强调社会主义文化的发展必须继承人类思想文化长河中一切有价值的东西，不仅要保存而且还要与时俱进地发展一切优秀文化。与马克思、恩格斯理想主义文化观不同的是，列宁领导苏俄社会主义文化建设显示出一种更为灵活、宽容的立场，实现了原则性与灵活性的统一，坚定性与开放性的统一，体现出强烈的现实性。"根据经验来谈论社会主义"（列宁语）所形成的文化思路与实践，破除了文化发展的思想边界障碍，确立了文化发展新的边界遵循，实现了文化发展的边界革命。到了后列宁时代，苏联的社会主义文化建设在很大程度上依托于行政管控而运行，走上了一条教条、僵化、封闭的道路。

　　3. "革命与战争时代"与中国共产党的革命文化观

　　"革命与战争"是谈及20世纪绕不开的时代话题，因为20世纪上半叶的热战与下半叶的冷战至今仍在影响世界的格局。深重的民族危机，炽热的革命环境，使得20世纪中国的社会氛围、政治主题、大众话语等都浸透着"革命"二字。毛泽东说："现在的世界，是处在革命

1　《列宁全集》第12卷，人民出版社2017年版，第95页。

和战争的新时代。"[1] 基于此，中国共产党逐渐形成以救亡图存、反帝反封为主旋律的"革命文化"，集中体现在坚决反对外来文化中渗透的资产阶级腐朽文化和中国传统封建社会遗存的落后文化。随着革命对象与目标的转变，"革命文化"所呈现的叙事形式、表达方式、展现形态也不相同，如有苏维埃工农文化、抗日文化、新民主主义文化等。中国共产党在中国革命与建设时期围绕民族独立和人民解放的时代任务，形成了中国化的社会主义文化。它以毛泽东文化思想为主体，是中国近现代文化发展史上一个具有里程碑意义的标识，不仅标志着社会主义文化在中国的成功建构，而且对指导和推动革命与战争时代的新型文化发展起到了巨大的规范和引导作用，至今依然是中国文化发展指导思想的重要理论来源。从历史发展来看，中国共产党在这一时期提出的文化思想与展开的文化实践都具有鲜明的"革命"留痕。不可否认的是，由于思想上的封闭僵化、实践上的经验缺乏，加之对变化的时代与复杂的形势把握不准，无论苏联还是中国，社会主义文化发展的指导思想都没有摆脱"革命与战争"的笼罩，从而导致实践上走了弯路，违背了文化发展规律，损伤了社会主义文化的影响力。这也警示后人，社会主义文化的发展并不排斥不同国家、不同民族所具有的差别性，但是也不能离开世界文明的大道去"任性"发展，它总是在一般规律的支配下并在具体的社会、实践和历史中实现内容的更新与边界的丰盈。

4."和平与发展时代"与中国特色社会主义文化

从 20 世纪 80 年代起，世界进入以和平与发展为主题的时代。时代主题的转换要求社会主义文化必须做出边界调整，不能再重犯固守本本、死板教条的毛病，不能再拥抱盲目骄傲、自吹自擂的狂妄，不能再游走脱离时代、自说自话的弯路。如果一个人、一个民族、一个国家不知道自己处于何种时代，很容易做出各种误判，进而导致荒谬、幼稚、低级的错误出现，甚至事与愿违，南辕北辙。中国共产党立足新的时

1　《毛泽东选集》第 2 卷，人民出版社 1991 年版，第 680 页。

代，在改革开放的历史进程中创造性地形成了中国特色社会主义文化。中国特色社会主义文化生长于新的时空环境，具有鲜明的时代特点，体现在：全球开放的环境、多元多样的场域、美好生活的需求、综合国力的较量。这四点有别于"革命与战争时代"封闭单一的环境、既红又专的场域、基本温饱的需求、硬实力对抗的特征。在"革命与战争时代"，社会主义文化是一个边界清晰、展示着矛盾与斗争对立张弛的符号，在"和平与发展时代"，社会主义文化是一个边界柔和、彰显着一元与多元和谐统一的标志。当代中国处在纵横交错的文化环境中，中国特色社会主义文化的边界范围与实践场景都发生了历史性巨变。中国共产党乘势建构了中国特色社会主义文化的理论主题和行动范式，先后突出和强调"社会主义精神文明建设"、"文化体制改革"、"文化大发展大繁荣"、"文化自信"等核心话语，不断在文化使命与主张上展现新作为、实现新突破。处在百年未有之大变局的时代中，中国特色社会主义文化发展要处理好传统与现代、本土与外来、社会主义与资本主义等多种关系，不能再抱着"告别"的心态将一切传统文化削株掘根，不能再怀着"对立"的眼光将一切外来文化拒之门外。中国特色社会主义文化在 21 世纪生机与活力的保持，需要有平等、包容、开放、严谨的文化态度，通过文化的交流实现边界的融通，通过文化的互鉴，实现边界的巩固，通过文化的共存实现边界的延展。

（二）科学技术的进步与社会主义文化边界的扩伸

科学技术的进步是塑造世界政治格局和促进人类发展的根本动力。不论哪个国家、民族原来的文化背景如何，都不能不关心科学技术的发展，因为它不仅可以转化为强大的物质力量推动社会结构的变革，而且可以作为空前未有的精神力量渗透到人们的心灵中去，构建新的价值观念。人类在进入文明时代以前曾经历过火的应用、弓箭的发明、制陶术的发明、动物饲养、冶铁术的发明和铁器使用五次大的技术革命，每一次技术革命都对人的发展、社会的进步、价值观念的更新有着决定性作用。科学社会主义的诞生、实践、建设、创新与人类社会经历的四次较大规模的科技革命在时间上具有动态一致性。科学技术的发展状况直接影响着社会主义的形态样貌与存在境况，进而也决定着社会主义文化的势能强弱与边界畛域。社会主义文化的边界伴随着科技革命的涨落经历了诞生、传播、发展、兴盛的扩伸。

1. 第一次科技革命与社会主义文化边界的诞生

这里的"社会主义文化"是广义上马克思、恩格斯所开创的社会主义文化。马克思、恩格斯生活在资本主义世界体系发轫的蒸汽时代。科学技术的进步拓宽了人们的文化视域、充盈了人们的文化体认。异质文化的碰撞，物质层次的交流总是率先一步。按照唯物史观的运思逻辑，文化的生产不是自决的，而是由社会的经济和政治所决定，随着经济基础的变更，庞大的上层建筑也会渐次发生变革。18 世纪西方启蒙思想家所追求的理性主义文化以及自由、平等、博爱的"理性王国"，在西方并没有真正建立起来。农民破产、工人失业、周期性的经济危机以及整个社会的矛盾、冲突和不协调等，都用事实证明了资本主义文化价值体系并不完全利于人的发展及价值的全面实现，证明了理想主义文化本身存在着不合理性，存在着自我相关的悖论。文化作为社会变化的传感器，在资本主义制度下表征出的种种异化现象和共存悖论受到了马克思、恩格斯的批判。批判的核心话语是，封建宗法和田园诗般的文化羁绊将被赤裸裸的利害关系替代，宗教虔诚和骑士热忱的文化情感将被冷冰冰的利己主义淹没，受人尊敬和令人敬畏的文化职业将被光溜溜的金钱关系撕破。"一切固定的僵化的关系以及与之相适应的素被尊崇的观念和见解都被消除了，一切新形成的关系等不到固定下来就陈旧了。一切等级的和固定的东西都烟消云散了，一切神圣的东西都被亵渎了。"[1]可见，不同社会形态文化的边界因科技革命的力量而发生着蜕变，封建社会文化所固守的文化边界将被资本主义文化所击破，而资本主义文

1 《马克思恩格斯选集》第 1 卷，人民出版社 2012 年版，第 403 页。

所建构的边界又将被社会主义文化所打破。科技革命的进步在重塑世界政治与利益力量格局的同时，也催生和支撑着不同文化思想的诞生。马克思也曾形象地说："火药、指南针、印刷术——这是预告资产阶级社会到来的三大发明。火药把骑士阶层炸得粉碎，指南针打开了世界市场并建立了殖民地，而印刷术则变成新教的工具，总的来说变成科学复兴的手段，变成对精神发展创造必要前提的最强大的杠杆。"[1] 马克思、恩格斯从领导力量、依存基础、现实要求、未来走向等方面描绘了社会主义文化应具有的品格和需恪守的边界。社会主义文化因科技革命引发的剧烈社会变革而萌生，它将打破旧文化壁垒与传统偏见，破除未开化或半开化的文化束缚，以一种崭新的姿态屹立于世，代表着对更高社会形态的文化憧憬。

2. 第二次科技革命与社会主义文化边界的扩展

人类每一次在自然科学理论上的创造都在一定程度上把人们的认识能力提高到新的水平，也在一定程度上改变或发展了人们的真理观和价值观，从而使其更加符合客观世界的本质及其规律性。19 世纪 70 年代起，以电的发明和广泛使用为标志，人类开启第二次科技革命。列宁敏锐地察觉到这场电气化革命必将对社会主义发展产生巨大的能动作用。他希望通过科技革命来实现人们生活的改善，进而展现社会主义制度的优越性，更期望利用科技革命来增强国家实力进而战胜资本主义。他说："电气化将使俄国发生根本变化。在苏维埃制度基础上实行电气化，会使共产主义的原则，没有剥削者、没有资本家、没有地主、没有商人的文明生活的原则在我国获得最终的胜利。"[2] 在他看来，电气化是苏俄社会主义发展的加速器。以苏俄的社会主义实践为根基，社会主义文化实现了边界的扩展：一是社会主义文化思潮与运动不再局限于西欧，开始向世界传播，特别是向东方国家移展，扩大了地缘边界。以俄国、中

1　《马克思恩格斯全集》第 37 卷，人民出版社 2019 年版，第 50 页。

2　《列宁全集》第 38 卷，人民出版社 2017 年版，第 168 页。

国为代表的东方落后国家开始接触马克思主义，并致力于把创造一种新的文明形态（适合本国国情的社会主义文化）作为自身目标追求。二是社会主义文化实践维度的开启，被压迫阶级在人类历史上第一次获得文化主动。实践维度的开启突破了马克思、恩格斯所划定的边界，如社会主义文化建设不能建立在盲目对资本主义文化进行否定的基础上，而是要虚心大胆吸收资本主义文化中的好东西。列宁说："乐于吸取外国的好东西：苏维埃政权＋普鲁士的铁路秩序＋美国的技术和托拉斯组织＋美国的国民教育等等等等＋＋＝总和＝社会主义。"[1] 可以看出，列宁在坚持马克思主义对苏俄文化建设指导的同时，一方面对俄国历史文化和资本主义文化并没有采取"全盘否定"和"关门闭户"的态度，另一方面强调要充分利用新科技革命来推动社会主义文化建设。社会主义文化在 20 世纪初实现了由"西欧"向"俄国"的位移，实现了由"思想"到"实践"的飞跃，其场域在增加、内涵在丰富、边界在扩展。

3. 第三次科技革命与社会主义文化边界的伸缩

每一种新工具的发明创造都是一种新的文化特质，因为它不仅以独特的形式出现，而且还包含着独特的价值内容，向人提供了新的知识、新的价值，并在实践中建构人们新的价值观念。20 世纪 40 年代起，以原子能、电子计算机等技术的发明为标识，人类迎来第三次科技革命。这一时期，社会主义国家实现了由一国到多国的发展。东欧、东亚、东南亚、拉丁美洲等都建立了社会主义国家，并不同程度地展开了对社会主义文化建设的艰难探索，社会主义文化的边界实现了前所未有的扩延。第三次科技革命使得科学技术的能动作用大幅增强，为世界文化的发展提供了雄厚的物质基础，并使全球性文化联系日益密切，文化发展呈现出多元化的特点。但社会主义国家因各种原因在这一时期的改革却曲折不断，挑战与突破相伴，成功与失败并存。历史地看，世界范围内的社会主义文化并没有取得实质性进步，多数国家的文化建设仍旧处在

1　《列宁全集》第 34 卷，人民出版社 2017 年版，第 520 页。

苏联社会主义文化的映照下。社会主义文化虽在地缘上赢得了空间边界的扩展，但在理论创新的内核边界上并未实现突破，呈现出"外伸内缩"的文化边界景象。社会主义文化并没有随着科技革命的进步实现自我革新，而是在"冷战"思维的影响下，其发展过程一直伴随着系列的政治批判和文化争论。社会主义文化在这一时期给世人留下了一致化代替了多元化、政治化代替了生活化、样板化代替了七彩化的样貌，造成了主观优于客观、形式大于内容、口号先于实质的诟病。回溯历史，社会主义文化发展与第三次科技革命失之交臂，原本应该充分利用第三次科技革命的先进成果来推动社会主义文化的发展，但却沉溺在思想僵化、封闭禁锢、因循教条、闭合排他的囚笼中，以简单化、庸俗化的观点看待文化问题，以阶级化、斗争化的思维对待文化发展。在"中西对峙"、"左右对战"、"资社对垒"中表现出一种强烈的非此即彼的形而上学思维方法，使得整个社会主义文化事业出现了停滞甚至倒退的局面。

4. 第四次科技革命与社会主义文化边界的调适

科技发展必然带来价值观念的变迁，一方面因为人要适应新的技术体系，学习新知识，建立新规范，另一方面新的技术体系又会引发社会生活的改变，进而为整个社会带来新的文化情境。21世纪以来，以人工智能、量子信息、移动通信、物联网、区块链为代表的新一代科技革命将人类带入了智能时代。科学技术从未像今天这样深刻影响着国家前途命运，也从未像今天这样深刻影响着民生福祉。因此，"科技创新是文化发展的重要引擎。"[1] 每一次科技革命都会扩大人们文化的思想界域和实践场域，不仅把旧思想、旧观念付诸东流，而且会带来一系列交互作用的新思想、新观念。因此，科技革命构成了文化创新发展的经常性动力。一次次科技革命改变着生活的美好文化追求、冲击着传统的文化价值观念、塑造着人们的社会文化心理。它提供了文化发展的新场地，

1　中共中央文献研究室编：《十七大以来重要文献选编》（下），中央文献出版社 2013 年版，第 545 页。

增进了文化理解的新认识，为文化结构调整和文化精神解放增添了新燃料。现如今，文化与科技的交融日益广泛和深入，科技已渗透到文化创作、生产、传播、消费的各个层面、各个环节，成为社会主义文化发展的重要支撑和力量引擎。社会主义文化的繁荣与发展要紧跟科技创新的脚步，实现内容创新、手段创新、业态创新，自觉将文化发展的内容与形式、作品与载体、特色与风格、观念与气派有机融合，实现文化与科技的同向同步发展。在科技革命的影响下，主流文化日渐壮大、流行文化持续高涨、大众文化广泛普及、网络文化异军突起，打破了原有的文化限制和禁忌，增加了文化的世俗感和亲民感。这些既给社会主义文化发展提出了理论阐释的新任务，也在文化实践中要求做出边界调适以顺应科学技术的发展。在这样一个沸腾不息的世界，一个充满变幻的世界，文化发展中既存在有序状态，也存在无序状态，既存在平衡状态，也存在失衡状态，既存在线性变化，也存在弯性变化。但是，智能时代所引发的价值边界、思想边界、语言边界等文化安全问题不能忽视。尽管科技在进步，但中国特色社会主义文化发展的根基不能动摇、边界不能流放，必须坚守马克思主义和中国特色社会主义的思想阵地，这是我们党赖以执政的合法性基础，任何时候都不能动摇。

（三）政治关系的调整与社会主义文化边界的转化

文化边界的转化不是漂游的浮萍，而是有根有据的。社会主义文化边界也不是预成的而是生成的，不是凝固不变的，而是流动发展的。文化发展史表明，影响文化边界生成与发展的因素是多样与复杂的，而且越是在社会历史演进的较高阶段，影响因素越呈现增加趋势，决不能用某种单纯因素去解释文化边界的变化。从社会主义文化发展史来看，政治关系的调整与文化边界的转化有着密切的关系。政治关系的调整对文化的变革与创新具有正向引导或反向阻滞作用。不同时期社会主义文化边界的内外表征与不同时期的政治关系密切相关。随着政治关系基本性质、组织制度、运行机制的变革与完善，社会主义文化的思想边界、价值边界、行为边界、规则边界、意识边界等都会发生转化与移易。

1. 政党身份转变，推动社会主义文化边界变革

革命是实现政治形态质变的决定性手段。与政治革命相对应，社会的文化关系也会随之发生迅速的全面性变革。因此，代表无产阶级根本利益的政党在革命前和革命后的文化观是不一样的。革命前，无产阶级文化的中心任务是服务于政党夺取政权。革命后，社会主义文化的中心任务是遵从于政党巩固政权。在马克思、恩格斯的叙事结构中，社会主义文化应该建立在消灭资本主义文化的基础上，两者似乎无法同时共在共生。直到俄共（布）在苏俄进行社会主义文化建设实践，列宁还在不停地为人们对旧文化的斥责与非难进行辩解。他说："无产阶级文化并不是从天上掉下来的，也不是那些自命为无产阶级文化专家的人杜撰出来的。如果硬说是这样，那完全是一派胡言。无产阶级文化应当是人类在资本主义社会、地主社会和官僚社会压迫下创造出来的全部知识合乎规律的发展。"[1] 列宁还特别强调，社会主义文化发展要坚持革命的辩证法，去其所短，合其所长，借以校正人们对社会主义文化的认知和体悟。可见，随着政党身份的转变，列宁在巩固社会主义主流文化的同时，保持了对其他文化的边界开放。政党身份与行政区域的划分与建制有时候对文化边界的形塑起着决定性作用。有些文化一旦成为一个国家的官方主流文化，该文化就会通过教育体系、媒介、文件、条文等多种形式进行扩界。如在苏联时期，由于苏联共产党为苏联地区的执政党，俄罗斯地区和乌克兰地区因为都属于苏联，因而都采用俄语，而现在，随着苏联的解体，乌克兰和俄罗斯成为两个不同的国家，乌克兰语便很快成为乌克兰境内使用最多的语言。

毛泽东在《新民主主义论》中也明确区分了新民主主义文化和社会主义文化的差别。他说："现阶段革命的基本任务主要地是反对外国的帝国主义和本国的封建主义，是资产阶级民主主义的革命，还不是以推

1　《列宁全集》第 39 卷，人民出版社 2017 年版，第 334 页。

翻资本主义为目标的社会主义的革命。就国民文化领域来说，如果以为现在的整个国民文化就是或应该是社会主义的国民文化，这是不对的。"[1] 在他思想上，由于政党身份的不同，因而不能将两种文化混为一谈。1949 年，中国共产党由革命党转为执政党、局部执政转为全面执政，文化为夺取政权服务的任务完成。社会主义文化发展的"百花齐放、百家争鸣"方针在毛泽东的文化战略思考中逐渐形成。可见，政党的身份不同其文化战略主张、文化发展形态、文化建设方式等也不相同，都有着相异的文化边界标识。

2. 执政环境更移，促使社会主义文化边界衍化

人与环境是一种互构关系，人创造环境，环境改变人。文化的边界正是在人与环境的互构中不断解构与建构，不断销蚀与开启。社会主义文化在不同民族、不同地域、不同国情所造就的环境中表现出不同样态。马克思、恩格斯面对的是西欧，其文明程度较高，因此他们认为社会主义文化将建立在资本主义文明成就的基础之上。列宁面对的是俄国，其文明程度较低，因此他在领导俄共（布）取得执政地位后，认识到苏俄的社会主义文化建设要从文化落后的国情出发。他在晚年口授的《日记摘录》中特别提醒到，不要高谈或空谈无产阶级文化与资产阶级文化的关系，文化落后的事实要求"我们还要做多少非做不可的粗活，才能达到西欧一个普通文明国家的水平"。[2] 毛泽东面对的是中国，其文明程度更低，因此他在人民革命取得基本胜利的时候呼吁道："我们中国是处在经济落后和文化落后的情况中。在革命胜利以后，我们的任务主要地就是发展生产和发展文化教育。"[3] 落后的国情决定了中国的社会主义文化发展具有长期性和艰巨性。对于执政党来说，执政环境不同，所确定的执政目标、任务、方针和路向就会不同。

创新往往是从突破传统的观念开始的。文化的本质和功能本身决定

---

[1]　中共中央文献研究室编：《毛泽东文艺论集》，中央文献出版社 2002 年版，第 39 页。

[2]　《列宁全集》第 43 卷，人民出版社 2017 年版，第 360 页。

[3]　中共中央文献研究室编：《毛泽东文艺论集》，中央文献出版社 2002 年版，第 129—130 页。

了文化必然具有某种保守型，决定了每一种文化都注重或强调自身传统的稳定、延续、继承。因此，文化观念的更新与变革，不仅对文化自身的创新具有特别重要的意义，而且也是理论创新、科技创新、制度创新等创新的一个重要前提和条件。1978 年十一届三中全会的召开，中国共产党抛弃了"以阶级斗争为纲"的路线，确立了"以经济建设为中心"的路线。随着这一根本性转变，中国特色社会主义文化在改革开放的进程中逐渐形成，实现了文化发展思想内容和话语形式、叙事时空和依存基础、建构思路和表达范式的当代转换。党的十九大报告指出："发展中国特色社会主义文化，就是以马克思主义为指导，坚守中华文化立场，立足当代中国现实，结合当今时代条件，发展面向现代化、面向世界、面向未来的，民族的科学的大众的社会主义文化，推动社会主义精神文明和物质文明协调发展。"[1] 这里，从指导思想、原则立场、现实依据、时代条件、未来方向、本质规定、目标指向等方面为新时代中国特色社会主义文化厘定了边界，提供了遵循。任何民族文化的现代化都不是从天上掉下来的，而是立足于原有民族文化的深厚基础之上，根据新的需要，并从现实生活和时代发展中吸取精华，不断地选择、融合、重组、整合世界各民族文化的优秀特质转变出新的观念、思想、体系。中国特色社会主义文化的发展也是这样。它一方面要扬弃、淘汰一些与现代化社会不适应的旧文化、旧特质，另一方面也要吸收、整合一些适合现代化社会需要的新文化、新特质。这也是文化边界形塑的难点所在，即甄别哪些观念是陈旧的、过时的、束缚人们思维的，哪些观念是应该继承的、保持的、需要人们弘扬的。当然，这个过程中伴随着杂糅需要理顺，伴随着拼凑需要重组，伴随着调和需要融化。

　　3. 执政政策变化，促使社会主义文化边界移易

　　党的文化政策既是文化制度的一个重要组成部分，也是文化本身的一个重要内容。文化政策在文化结构中处于承上启下的位置，其上为精

1　《习近平谈治国理政》第 3 卷，外文出版社 2020 年版，第 32 页。

神文化，其下为生活文化。良好的文化政策是文化发展的基本保障，事关文化发展的目标方向，集中回答了文化发展的基本原则以及如何发展的行为准则，为特定时期的社会主义文化发展提供遵循。在不同的历史时期，甚至同一时期的不同发展阶段，由于党的工作中心不同，社会主义文化发展的政策也会因时而新、因势而变，展现出不同的时代特点、不同的侧重要点、不同的路径方法，体现出边界的移易。一种文化政策的制定必定受当时主流意识形态指导，并服务于生产和生活文化发展的需要。就中国而言，改革开放后，中国共产党摒弃了"无产阶级专政下继续革命"的文化范式，确立了"为人民服务、为社会主义服务"的文化方向，恢复了"双百"方针，在发展中又提出"弘扬主旋律、提倡多样化"、"实现中华文化的创造性转化和创新性发展"等一系列方针政策。在全面深化改革的今天，原有的各种文化政策中存在的与现时代发展不相适应的方面，就需要根据社会主义发展的规律和特点，推进政策调试，以适应和助力当前的文化发展。

文化观念的转变和文化政策的调整，催生了社会主义文化形态的多样化发展，促使了社会主义文化边界的移易。新鲜的文化观念、新奇的文化形态、新颖的文化实践总是不断地被纳入到社会主义文化发展的政策中来，使得社会主义文化的内涵边界得以扩容。如 2000 年，党的十五届五中全会第一次提出"文化产业"的概念。2011 年，党的十七届六中全会提出"发展健康向上的网络文化"的命题，指出"加强网上思想文化阵地建设，是社会主义文化建设的迫切任务"。[1] 随着各种文化政策的出台和实施，文坛艺苑空前活跃，流行文化强势回归，文化体制改革深化，文化市场应运而生，文化交流蓬勃发展，社会主义文化发展呈现出欣欣向荣的景象。实践证明，"压抑的、禁忌的、强求一律的文化政策肆意蹂躏文化健康的生活，窒息它的内在活性。开朗、宽容的文化政

1　中共中央文献研究室编：《十七大以来重要文献选编》（下），中央文献出版社 2013 年版，第 569 页。

策则推动文化在多元扩展和深化中展露新颖。"[1] 社会主义文化发展不能脱离社会实际，不能违背客观规律，不能以革命的激情代替理性的思考，不能以主观的意志代替客观的现实。改革开放以来，中国特色社会主义文化发展以解放思想为先导，以改革开放为动力，与时俱进，守正创新，以宽阔的视野、博大的胸襟、包容的气魄，走出了一条正确且自信的发展道路。

（四）社会环境的变化与社会主义文化边界的延展

社会主义文化不是某种固化的思想形态和理论模型，而是在时代与历史、经济与政治、社会与自然、主体与客体等多重要素的边界互动中持续建构的一种实践过程。在马克思、恩格斯思想上，生产资料私有制是引起社会不平等的根源，使社会日益分化为两大对立阶级，无产阶级在这一过程中会展开夺取统治权的斗争，进而打破原有的社会秩序，建构起新的边界秩序。随着人们社会存在的改变，人们的文化意识也会改变。社会主义文化边界的延展既有人们文化需要的内在动力牵引，也有文化规律的原生动力规导，更有社会转型的外在因素浸染。

1. 人们文化需求的提高及其边界渴求

人作为个体的存在，人与之人间总是自然地存在各自的边界。但人又是文化的人，文化的生成离不开人，要求人突破自我的边界去结成一个有机的整体性边界。人作为文化生成的积极参与者和有限度的主导者，在文化的发展进程中留下了深浅不一的印迹与纹理不同的色调。例如，在改革开放的进程中，人们文化的价值取向、审美情趣、思维方式等都发生了翻天覆地的变化，要求文化的边界必须作出调整以适应人们高质量、优品位、靓品格的文化渴求。往日单一色彩的文化输出满足不了日益多彩的文化愿景，往日从上而下的文化灌输适应不了多元快速的文化期盼，往日简单低层的文化供给满足不了复杂高级的文化渴望。随

---

[1]   冯天瑜等：《中华文化史》（上），上海人民出版社 2006 年版，第 446 页。

着国际国内形势的变化和人们文化需求的提高，社会主义文化发展的内容要更为丰富、品质要更为精致、范围要更为全面、方式要更为科学、效果要更为凸显。原被认为是不符合现实的文化形态可能因为得到了普遍认可而被纳入合法体系，一些既定的文化形式也因不合时宜而淡出生活，旧的文化体系会因为新的思想观念的植入而被取代，文化边界的移易总是伴随着旧文化的沉积和新文化的创生。与此同时，一些有悖于社会主义文化良序发展的文化观念、文化行为、文化选择也会随着文化边界的延展而显露。具体表现为：指导思想上，弱化党的领导和社会主义制度；发展方略上，强化"以洋为美"和"崇洋媚外"；行为选择上，盼求"自由自在"和"无拘无束"。结果造成，无度的思想抑扬泯灭了鲜明的文化准则，无度的文化狂欢削弱了历史的文化根基，无度的名利追求打破了健康的文化秩序。

人类历史发展表明，一些文化边界适应社会需要，因促进社会发展而产生，一些文化边界背离社会需要，因阻碍社会发展而被抛弃。但是，新边界代替旧边界的历史都不是简单的历史演进，而是包含着诸多因素和价值追求。因此，人们文化需求的提高要求新时代中国特色社会主义文化发展需审时度势、因势利导，站在时代前沿，引领风气之先，满足人们的文化需求，丰富人们的文化世界，增强人们的文化力量。当人人都能遵循其边界行为的时候，不仅秩序出现了，而且在实现其名分的意义上，平等也会出现。在中国传统文化中，"礼"界定边界又规定着人们的边界行为。"和"是"礼"的秩序化所呈现出来的一种状态。人们对"和"的追求，离不开作为边界的"礼"。遵照着这一逻辑理路，社会主义文化如何才能在现代中国的空间场域中达成"最大公约数"、画出"最大同心圆"，呈现出不同生活维度的共相秩序与和谐，强烈需要边界的力量，强烈呼唤边界的作用。

2. 文化间的冲突与融合及其边界诉求

每一种文化都蕴含着特定的价值观，并以自己的内容构成其边界规定。纵观世界历史，不同部落和民族的每一次大规模迁徙、冲突、融合、重构，都有力地打破了原有文化的边界，促进了新的文化的生成，并在此基础上确立起自己的边界。因此，自古洎今的每种文化都经历从产生到发展，然后到衰落的过程。这个过程中往往伴随着一种文化从空间内的一个点萌生出来，然后扩散到其他地区，其文化的边界也会随着文化生命力的消长而扩张和缩小。民族的交往、文化的交流，可以使各民族、各地区的文化相互交融与吸纳。在这种文化间的交往中，某些文化可能得到加强，甚至取代原有的文化，有的文化可能被削弱，甚至彻底消亡。全球化时代，不同的文化都在以自己的方式维持着自身的边界，在"中心"与"边缘"、"主流"与"支流"的位置挪移中改变着彼此的边界。马克思、恩格斯说："过去那种地方的和民族的自给自足和闭关自守状态，被各民族的各方面的互相往来和各方面的互相依赖所代替了。"[1] 交往是人类不同于动物的社会本性。交往使得人们逐渐摆脱野蛮状态，走上更高文明层次的社会。"人的现实存在是通过'对象性交往关系情境'中的交往活动来实现的，交往即有'边界'，在这一意义上，人的存在乃是边界的存在。"[2] 因此，也可认为，社会主义在俄国的生根就是马克思主义作为一种文化扩大边界的结果，社会主义在中国的生根就是马克思列宁主义作为一种文化扩伸边界的结果。在普遍的交往中，社会主义文化发展的深度、程度、广度、热度都得到了全方位拓展，并试图向全球领域延伸。在全球文化交往中，一些国家极力宣扬自己价值观念的普世性，并努力推而广之，一些国家力图捍卫自己的主流价值，以免被外来文化侵蚀。不同文化间的冲突与融合改变了人们的价值观念和行为方式，将不同的社会制度、民族精神、风俗习惯推向前台。

时至今日，西方世界依旧没有放弃"普世价值"的推行，试图凭借"资本逻辑"带来的话语优势将自己的文化打造成"文化共相"，竭力维

1　《马克思恩格斯选集》第 1 卷，人民出版社 2012 年版，第 404 页。
2　董平：《天人之际：中国传统文化中的"边界"意识》，《衡水学院学报》2020 年第 3 期。

持世界文化格局中的现有结构。当代中国，"普世价值"的争论、"文明冲突"的传播、"中国威胁"的论调，都会给中国特色社会主义文化发展带来难以避免的影响。就"普世价值"而言，社会主义制度下的自由、平等、民主与资本主义制度下的自由、平等、民主有明显的差别。就"文明冲突"而言，亨廷顿站在资本主义制度的立场上，表示出对其他文明，尤其是社会主义文明的忧虑和不安。就"中国威胁"而言，无非是秉持"非我族类、其心必异"的理念来诋毁日益强大的中国。不同文化间的边界纷争是客观存在且经常处于动态平衡之中的。因此，没有哪一个时期的人们对文化边界的思考和理会比当今时代更为强烈。在中西文化交流、交融、交锋的时代境遇下，中国特色社会主义文化的发展要从时空向度上构建起多彩、平等、包容的共同体文化，既不排斥其他优秀文化的存在与发展，也不与伪劣文化同流合污，既不筑起壁垒、高墙相隔，也不无垒无墙、任其自流，而是在互鉴互惠的交往对话中形塑好自身的边界。

3. 经济发展与社会转型及其边界要求

经济基础是社会发展的动力源，社会主义文化边界的变迁离不开经济的发展，并受其制约。人们运用生产力改变了社会主义文化边界的存在形态，也在这个过程中改变着社会主义文化自身的边界向度和范围。一方面，经济发展水平的提高对文化提出了更高的要求，要求其实现边界的更移；另一方面，经济发展水平的提高，为文化边界的形塑提供了技术保证和物质基础。恩格斯说："一切社会变迁和政治变革的终极原因，不应当到人们的头脑中，到人们对永恒的真理和正义的日益增进的认识中去寻找，而应当到生产方式和交换方式的变更中去寻找。"[1] 按照唯物史观的释义，从文化的成分看，文化的其他成分，如法律、政治、宗教、文学等都是建筑在经济的基础上，从文化的发展看，文化是跟随着经济状况的变迁而变迁。依照经济发展的阶段，是由封建主义阶段到

---

1 《马克思恩格斯文集》第 9 卷，人民出版社 2009 年版，第 284 页。

资本主义阶段，再到社会主义阶段，所以文化的发展也可分为封建主义的文化、资本主义的文化、社会主义的文化三个阶段。因而，不同文化模式的发生机理、演变路径、外在表征之所以不同，根源在于经济发展及其引发的社会转型。从国际横向看，经济实力的强弱直接决定了不同文化在全球影响范围的大小。

近代以来，往往是经济较为发达或文化较为先进的民族，加之政治上的权力，强迫被其统治的民族采纳自己的文化，学习其语言，信仰其宗教，目的不外是使整个民族的文化能够趋于一致。从国内纵向看，经济发展使得民族文化的固有矩阵发生裂变，形成新的序列。在中国，社会主义市场经济条件下的文化与传统计划经济时期的文化相差甚远，尽管在体现社会主义的"质"上是一致的，但是在不同方面的"量"上却有差别。市场经济打破了等级与区域界限，社会结构与阶层的边界获得开放。社会成员的多阶层化要求文化的边界必须能够容纳多元，满足不同阶层的文化需要。社会交往方式的变化要求文化的边界必须能够实时更新，增强不同文化的交流互融。以改革开放为标识的社会转型开启并正在建构一种全新的文化边界叙事，既有的神圣与世俗不再是绝对对立的两极，高贵与卑贱之间也不再有不可逾越的鸿沟，人们文化生活中的地域界限模糊了、时空观念淡化了、雅俗区别减弱了、是非观念含混了。因此，固守僵化教条的社会主义文化边界在现时代是不合适的，但痴想社会主义文化可以无边无界地自由飞翔也是不正确的。在从文化大国迈向文化强国的前进征程中，社会主义文化将在经济发展与社会转型的裂变与聚合、传承与跨越、坚守与创新中实现自身的边界调适。这种边界的调适，不是简单恢复既有规范系统及其价值观念的权威，而是要通过坚持改革开放和推进现代化进程，寻求与建立一套与中国现代化存在方式相适应的价值观念及其规范系统，形成新的边界秩序。

社会主义文化边界的变迁是一个迎合时代又划破时代、立足地域又冲破地域、尊重传统又打破传统、吸收外来又突破外来的过程。因为任何社会文化价值体系都不是静止不变的，而是不断发展变化的。任何社会都不存在一个不变的、凝固的社会价值体系，不存在僵化的、静止的社会文化状态。社会文化价值体系在发展变化，人们的价值选择和追求也会相应发生变化，因此价值冲突及价值选择的同轴对称原理也会不断演化为新的格局。不同的文化寄托着不同的价值观，当不同的文化相遇时，就会有不同的价值碰撞，从而引起边界意识的变化，引起边界行为的革新。社会主义文化边界的变迁与定格，离不开时代变迁产生的行为取向、经济发展奠定的物质基础、政治制度厘定的价值规范、社会交往铸就的思想认同、人类发展希冀的文化欲求。不同的社会有不同社会的文化，不同时代有不同时代的文化，以此形成了不同社会与不同时代的文化边界。这也告诉我们，社会主义文化发展中，以不变应万变的社会决策自然就会成为刻舟求剑的愚蠢行为。因此，不能以一个社会的文化去衡量其他社会的文化，如不能拿苏联的社会主义文化来比对中国的社会主义文化；也不能以一个时代的文化去衡量其他时代的文化，如不能拿改革开放以前的文化来衡量改革开放以后的文化。总之，时代的、科技的、政治的、社会的、人类的诸生态层面共同组成文化生态综合体，提供了社会主义文化发展的基础，影响了社会主义文化边界的范围，决定了社会主义文化边界的走向。当人们站在文明转折点的立交桥上时，既会有对未来的展望，也会有对过去的眷恋，既会有欢乐的憧憬，也会有郁闷的痛苦。历史的发展总是要有牺牲的、总是要有代价的。社会主义文化边界形塑只有从实际出发，纵观全局，审时度势，找出规律进行集体的社会选择和决策，才是行之有效的。

第四章　社会主义文化边界的当代形态与现实境遇

　　社会主义文化边界问题在当代已经凸显，但是人们不禁还是会产生疑问：社会主义文化边界在当代有哪些形态？何种表现？何以把握？党的十八大以来，习近平多次强调在宣传思想工作中要"增强阵地意识"，在新闻舆论工作中要"掌控新闻舆论阵地"，文学艺术创作不能"迷失方向"，网络舆论不能"超越了宪法法律界限"，价值观念不能"不讲对错，不问是非，不知美丑，不辨香臭"。与此同时，他还多次强调要高度重视社会主义文化建设，牢牢掌握意识形态工作的领导权、管理权、话语权，大力培育和践行社会主义核心价值观，提高全民族思想道德水平，为实现中华民族的伟大复兴提供思想保证、精神力量、道德滋养。这些重要论述本质上强调的是社会主义文化边界问题，前者是边界问题的多样表征，后者是边界形塑的多维路向。中国特色社会主义进入新时代，明确社会主义文化边界的当代形态，判断文化发展中的越界行为，并对其进行审思，有助于人们在文化理念中树立边界意识，在文化实践中力争做到"从心所欲而不逾矩"。

一、社会主义文化边界的当代形态

（一）宣传思想工作中的阵地意识

　　宣传，一般意义上说，指的是一定的主体（可以是政党、组织、团体、个人等）运用各种符号（图像、影视、声音、书籍等）传播特定的观念以影响人们思想与行动的社会行为。宣传活动在人类文明发展史中源远流长。早在中国西晋史学家陈寿的著作中就有记载："先生亦以为奇，数令兼宣传军事，指授诸将，奉使称意"。[1] 这里"宣"与"传"两个字已经合并使用。现代意义上的宣传概念起源于 17 世纪罗马教皇建立的宣传信仰协会，简称"宣传"。马克思、恩格斯在创立新世界观的最初年代，就对宣传一词进行过考证，写道："Congregatio de propaganda fide（传教协会）（成立于 1640 年）。"[2] 近代中国在戊戌维新变法和辛亥革命时期，"宣传"一词已广为人知。宣传在阶级社会中体现为统治阶级的意识形态表达与输出，其话语言说的倾向性和目标性带有强烈的阶级烙印和政治色彩。正如马克思、恩格斯所言："统治阶级的思想在每一时代都是占统治地位的思想。这就是说，一个阶级是社会上占统治地位的物质力量，同时也是社会上占统治地位的精神力量。"[3] 可以看出，在一个社会中处于统治地位的物质力量，总是在思想领域也处于统治地位，并主导着这个社会的主流意识形态及其发展。马克思主义作为工人阶级的"精神武器"，工人阶级作为马克思主义的"物质武器"，两者如何实现有机结合，成为真正的"闪电"去击中广大的工人阶级。在马克思、恩格斯看来，只有到工人阶级中通过广泛且深入宣传的方式才能得以实现。原因是工人阶级由于自身的地位和文化局限，不可能自发地产生出先进的科学理论，至多产生的是工联主义或经济主义之流。但是宣传的成功与否或效益高低是多种因素合力的结果，包括宣传思想的科学、宣传活动的基础、宣传人员的水平、宣传内容的真实、宣传对象的契合、宣传时机的掌握、宣传环境的适宜等。马克思特别反对空洞的说教和愚蠢的废话。1853 年，他针对马志尼、维利希和其他小资产阶级活动家不顾客观的经济和政治条件，专在"革命的"冒险和密谋上打

1　《三国志·蜀志·彭羕传》。
2　《马克思恩格斯全集》第 3 卷，人民出版社 1960 年版，第 234 页。
3　《马克思恩格斯选集》第 1 卷，人民出版社 2012 年版，第 178 页。

主意的做法时提出批评："我还要重申一下我的看法：无论是煽动家的激昂慷慨的演说，还是外交家的愚蠢的废话，都不会造成危机，只有日益迫近的经济灾难和社会动荡才是欧洲革命的可靠预兆。"[1] 在他看来，在准备新的革命高潮方面，主要的因素是资本主义经济矛盾的增长、新的经济危机和政治危机的必然发生以及与此相关的欧洲各国阶级斗争的尖锐化，而不是不切实际的宣传就能发动起革命的高潮。与此同时，马克思、恩格斯还特别强调用事实推动宣传。马克思 1842 年在致阿尔诺德·卢格的信中写道："少发些不着边际的空论，少唱些高调，少来些自我欣赏，多说些明确的意见，多注意一些具体的事实，多提供一些实际的知识。"[2] 1845 年，恩格斯在《对英国工人阶级状况的补充评述》中也提出："使读者确立无可争辩的信念，只有明显的、无可争辩的事实才能做到这一点，特别是在一个被无穷的'祖先智慧'迫使人们持怀疑论的世纪里，仅凭空洞的说教，哪怕是很高明的权威的说教，都不能使人产生这种信念。"[3] 马克思和恩格斯这两段话都表明，宣传从来都不是孤立的行为，而是有条件的、有环境的、有限度的。因此，认为通过宣传就能使得革命获得"成功"的论调是不符合马克思主义的，也是不符合人类认识规律的。

在资产阶级占统治地位的资本主义社会，广大的工人阶级处于被统治地位，无法通过接受普遍的教育来提高自身的文化水平。因此，科学的理论只有通过外围灌输进去，借此来提高自身的主人翁意识与革命意识。就此而言，科学社会主义学说也只能通过宣传的方式灌输给工人阶级。无产阶级政党在革命进程中高度重视宣传思想工作，并把宣传和组织紧密联系起来，创新了无产阶级的宣传理论和宣传形式，进而推动了无产阶级政党的建设和社会主义事业的发展。俄国从文化角度看，属于典型的东方落后国家。为此，列宁在领导俄国进行革命和社会主义建设

---

1   《马克思恩格斯全集》第 12 卷，人民出版社 1998 年版，第 356 页。

2   《马克思恩格斯选集》第 4 卷，人民出版社 2012 年版，第 403 页。

3   《马克思恩格斯全集》第 42 卷，人民出版社 1979 年版，第 277 页。

的进程中，特别注重宣传在阵地占有、力量集聚方面的重要作用。在他看来，"思想一旦掌握群众，就变成力量"。[1] 俄国广大的工人阶级和农民要想起来搞革命推翻旧的阶级统治，必须要有科学理论的指导进而团结起来，否则，就会滑向民粹主义和盲动主义。那么，思想通过何种途径才能为群众掌握，就必须要通过合理有效的宣传教育来实现。因此，在革命时期，他就特别强调要深化和扩大对广大群众的经常性的宣传教育，以引导人们跟着共产党走。如他说："在任何场合，在任何情况下，都不应当拒绝利用哪怕是最小的合法机会来组织群众和宣传社会主义"。[2] 十月革命胜利后，随着社会主义实践事业的开展，列宁强调宣传的主题要转变，由革命转向建设，宣传的方式要多样，不能千篇一律，宣传的方向要明确，不能脱离政治，宣传的范围要扩展，贴近人民群众。

中国共产党自成立伊始，就非常注重宣传思想工作在党的总体工作中的作用。但在党成长壮大的过程中，不同时期宣传思想工作的目标对象、附合形式、使用概念等都是不一样的。当然，宣传思想工作的内涵也不是静止的而是动态的，有一个不断深化拓展的过程。党的十八大以来，以习近平同志为核心的党中央高度重视宣传思想工作，将其提升到全局性战略高度，并亲自主持召开了一系列重要会议、发表了一系列重要讲话，深刻回答了新时代宣传思想工作一系列重大问题。之所以空前重视这一工作，原因在于：一是历史地看，宣传思想工作是党由小到大、由弱变强的重要支撑和显著优势，它在革命和建设时期表现显著，但在和平发展、多元开放的改革开放时期，它会像波浪一样由中心向外围呈现出递减状态。因此，如何保持这一支撑和优势就成为新时代中国共产党的"一项极端重要的工作"。二是现实地看，世界和国内的形势发展均出现了新态势，宣传思想工作所处的内外环境渐趋复杂。因此，

1　《列宁全集》第 32 卷，人民出版社 2017 年版，第 324 页。
2　《列宁全集》第 26 卷，人民出版社 2017 年版，第 338 页。

对内如何团结稳定鼓劲，激发奋进力量，对外如何讲述好中国故事，传播好中国声音，要求新时代中国共产党必须"把宣传思想工作做得更好"。三是自身地看，宣传思想工作领域存在马克思主义在意识形态领域的指导地位不牢，人民团结奋进的共同思想不稳，党性意识和党性原则淡漠旁落等问题。这就要求新时代中国共产党做到"因势而谋、应势而动、顺势而为"。事实上，重视的背后是边界复杂化的征兆，意味着边界在时空上的变化越来越频繁快速，意味着边界的含义超越了经典的边界概念。对此，习近平指出："现在，宣传思想工作的环境、对象、范围、方式发生了很大变化，但宣传思想工作的根本任务没有变，也不能变。"[1] 因此，厘清宣传思想工作中的"变"与"不变"尤为重要，这是社会主义文化边界在当代的第一表现形态。

"阵地意识"、"思想防线"是社会主义文化边界在宣传思想工作中的话语表达。"阵地"原本指为进行战斗，兵力兵器所占领的位置，是部队作战的重要依托。"防线"指为防御敌方进攻而建立的连成片的防御阵地。宣传领域的思想防线不同于军事领域的阵地防线，呈现出隐形化特征，但这种阵地又是实存的。这种"似隐实存"的宣传思想阵地要求新时代的中国共产党人一定要增强阵地意识。习近平强调："我们的同志一定要增强阵地意识。宣传思想阵地，我们不去占领，人家就会去占领。"[2] 为此，他将阵地分为"红色地带"、"黑色地带"、"灰色地带"，对于"红色地带"要守住、要巩固、要扩展，对于"灰色地带"要工作、要转化、要防变，对于"黑色地带"要重视、要斗争、要改变。他还将其上升到党和政权生死存亡的高度加以阐述，"思想防线被攻破了，其他防线就很难守住"。[3] 习近平还从不同层面、不同角度提出了巩固阵

1　中共中央文献研究室编：《习近平关于社会主义文化建设论述摘编》，中央文献出版社 2017 年版，第 22 页。

2　中共中央文献研究室编：《习近平关于社会主义文化建设论述摘编》，中央文献出版社 2017 年版，第 30 页。

3　中共中央文献研究室编：《习近平关于社会主义文化建设论述摘编》，中央文献出版社 2017 年版，第 21 页。

地和筑牢防线的战略与策略。如他说："党性原则不仅要讲，而且要大张旗鼓讲、理直气壮讲、坚持不懈讲。不要躲躲闪闪、含糊其辞"、[1]"讲导向不含糊、抓导向不放松"。[2] 思想领域的更易虽然不能瞬间发生，但是一旦发生将无法挽回。因此，宣传思想工作一要巩固马克思主义在意识形态领域的指导地位，二要坚持正确的政治方向和站稳政治立场，三要巩固全党全国人民团结奋斗的共同思想基础，前者解决的是方向和道路问题，中者解决的是立场和原则问题，后者解决的是人心和根本问题，最终达到"守土有责、守土负责、守土尽责"的要求。

（二）　新闻舆论场域中的界限意识

新闻舆论是公众对现实社会中的各种现象、事件、问题所表达出的一种认知态度、观点意见、信念情绪等的综合。新闻舆论不同于有组织、有目的的新闻宣传，它是新闻传播造成的影响，是自发形成的无序意见。所以，现实生活中表现出的新闻舆论境况有时会让人们产生一种"真假难辨"、"忽左忽右"的困惑。但不能否认的是，新闻舆论不仅是反映社会状况的重要标识，更是影响社会发展的重要力量。进入 21 世纪以来，新闻媒体在总量、种类、方式、手段、效率、广度、深度等方面都取得了长足进步，时效性、公信力、传播力、影响力都大大增强。中央有关部门先后出台《关于进一步加强和改进舆论监督工作的意见》、《突发公共事件新闻报道应急办法》等文件，要求加强舆论监督的社会功能，对违法违规行为、社会丑恶现象、侵害群众利益以及党员干部违纪批评等方面进行舆论监督，要求在重大问题上不缺位，在关键时刻不失语，抢占舆论制高点。党的十八以来，以习近平同志为核心的党中央专门召开了党的新闻舆论工作座谈会，为新时代党的新闻舆论工作道明

1　中共中央文献研究室编：《习近平关于社会主义文化建设论述摘编》，中央文献出版社 2017 年版，第 25 页。

2　中共中央文献研究室编：《习近平关于社会主义文化建设论述摘编》，中央文献出版社 2017 年版，第 26 页。

了来历、明确了地位、提出了要求、划定了遵循。所谓"道明了来历"即从历史角度看，古往今来的任何政党要夺取和掌握政权，实现长治久安，都必须抓好舆论工作。所谓"明确了地位"即从战略高度看，"做好党的新闻舆论工作，事关旗帜和道路，事关贯彻落实党的理论和路线方针政策，事关顺利推进党和国家各项事业，事关全党全国各族人民凝聚力和向心力，事关党和国家前途命运"。[1] 所谓"提出了要求"即从职责角度看，"党的新闻舆论工作的职责和使命是：高举旗帜、引领导向，围绕中心、服务大局，团结人民、鼓舞士气，成风化人、凝心聚力，澄清谬误、明辨是非，联接中外、沟通世界"。[2] 所谓"划定了遵循"即从原则角度看，党的新闻舆论工作要坚持党性原则、坚持正确导向、坚持人民至上、遵循发展规律、坚持开拓创新、坚持面向世界。实践的发展表明，新闻的作用不能忽视，舆论的力量不容小觑，要让新闻舆论在社会生活中成为"推进器"、"晴雨表"、"黏合剂"、"风向标"，而不要成为"迷魂汤"、"分离器"、"软刀子"、"催化剂"。2006 年 1 月 26 日，习近平在看望人民日报社和新华社驻浙编辑记者时的讲话中指出："新闻宣传工作顾大局，最重要的就是要把握好事物发展的主流，以此来确定宣传的重点，解决好'边界'问题。……这些'边界'问题解决好了，就能够有效地凝聚起全社会的力量，就能够有力地推动经济社会又快又好地发展。"[3] 这里，他明确提出了新闻舆论工作中的边界问题，即要多做维护稳定而不是有损和谐的工作，要多做排忧解难而不是添乱增堵的工作，要多做凝聚人心而不是挫伤兴致的工作，要多做释疑解惑而不是混淆视听的工作。在他看来，能否解决好"边界"问题，是衡量新闻宣传工作是否顾全大局的重要标志。

新闻舆论工作是党的宣传思想工作的重要依托。在新的时代条件

1　《习近平谈治国理政》第 2 卷，外文出版社 2017 年版，第 331—332 页。

2　《习近平谈治国理政》第 2 卷，外文出版社 2017 年版，第 332 页。

3　习近平：《干在实处走在前列——推进浙江新发展的思考与实践》，中共中央党校出版社 2016 年版，第 310 页。

下，新闻舆论场域呈现出的多元、多变、多样态势更加明显，跨界、临界、无界、越界、破界等现象在现实生活中成为一种常态。"全媒体不断发展，出现了全程媒体、全息媒体、全员媒体、全效媒体，信息无处不在、无所不及、无人不用，导致舆论生态、媒体格局、传播方式发生深刻变化，新闻舆论工作面临新的挑战。"[1]具体说来，"多元"体现为新闻舆论的主体不仅有官方主流媒体，也有团体组织媒体，更有亿万个自媒体。"多变"体现为新闻舆论的来源不仅来自多个方向，而且拥有多个主题，"蝴蝶效应"体现得异常明显。"多样"体现为新闻舆论的表现既有显性的意见表达，也有隐性的心理情绪，既有理智的客观认知，也有偏执的主观臆断。在现今的新闻舆论场域中，有党报党刊党台为主体的传统媒体舆论场，也有微信微博微视为平台的新兴媒体舆论场，既有正面宣传为主的"官方媒体"，也有追求"资本为王"的"资本媒体"，既有弘扬正能量为主的"互联网＋"，也有崇尚"娱乐至死"的"炒作媒体"。事实上，文化新时代的来临，绝不单纯是新视角的凸显、新视野的扩展，其反映的是社会结构和文化秩序的深刻变革。

当下，新闻舆论中言论表达的语境和效应已发生变化，无向度、无秩序、无边界的网络化效应不断更新迭代，轮翻上演着不同的"闹剧"，成为过眼云烟的"笑料"。面对新闻舆论生态的深刻变化，面对媒体格局结构的深度变更，面对受众信息需求的今非昔比，新闻舆论工作必须在理念上更新、方式上创新、边界上守新，直面问题，补齐短板。但是，"无论时代如何发展、媒体格局如何变化，党管媒体的原则和制度不能变"。[2]对新闻舆论场域中的文化表达不能回避现实问题和社会矛盾，不能只讲空泛的官话和套话，不能只讲空洞的说教和灌输，在方式方法、战略策略上，要有一种文化自信，不能用压制、控制的封闭性思维，而应以开放、主动、全面、灵活的思维，顺势应势，与时俱进，积

1　《习近平谈治国理政》第 3 卷，外文出版社 2020 年版，第 317 页。
2　中共中央文献研究室编：《习近平关于社会主义文化建设论述摘编》，中央文献出版社 2017年版，第 41 页。

极直面文化的多元多样多变场景。与此同时，在创造宽松环境的同时，主流文化要主动担当起提供清晰明确的社会价值尺度和文化方向原则的功能和使命。因此，厘清新闻舆论场域中的"变"与"不变"尤为重要，这是社会主义文化边界在当代的第二表现形态。

"界限模糊"、"无界难控"是社会主义文化边界在新闻舆论场域中的话语表达。"界限"，顾名思义，指不同事物的分界。国家有地理边境线，城市有范围边界线，这些都是显性的、清晰的、可控的。人作为具有思想的能动主体，有文化情愫，有心理情绪，有难言之隐，心理防线、道德底线、思想战线就成为一种隐性的、模糊的、难控的存在。"媒体泛化、新媒强化、受众分化、声音杂化、沟通难化的趋势更加明显。媒体边界的破与立直接影响舆论引导的难度。"[1] 为此，新的发展阶段，必须要为新闻舆论工作的边界内涵与外延进行更为科学、精准的把握与厘辨，守正创新、凝聚共识。习近平为新时代的新闻舆论工作划定了边界，主要体现在以下方面：一是坚持党性原则。习近平指出："党性原则是党的新闻舆论工作的根本原则。"[2] 因此，党不仅要管宣传，也要管意识形态，更要管媒体，在"乱花渐欲迷人眼"的诱惑干扰面前，不能架空党管媒体的原则，不能躲闪扭捏羞讲党性原则。党的媒体必须自觉在思想上、政治上、行动上同党中央保持高度一致，体现党的意志，反映党的主张，维护党的团结。二是要坚持马克思主义新闻观。他说："把马克思主义新闻观作为党的新闻舆论工作的'定盘星'，引导广大新闻舆论工作者做党的政策主张的传播者、时代风云的记录者、社会进步的推动者、公平正义的守望者。"[3] 开放场域中的各种社会思潮此起彼伏，争夺人民的较量从未止息，是否站稳政治立场，是否保持政治定力，能否认清西方"新闻自由"的虚伪性与欺骗性，考验着当今时代的

1　双传学：《厘清边界内涵　构建凝聚共识的大舆论格局》，《中国记者》2019 年第 11 期。

2　中共中央文献研究室编：《习近平关于社会主义文化建设论述摘编》，中央文献出版社 2017年版，第 40 页。

3　中共中央文献研究室编：《习近平关于社会主义文化建设论述摘编》，中央文献出版社 2017年版，第 43 页。

中国共产党人。三是要坚持正确的舆论导向。他说："舆论导向正确，就能凝聚人心、汇聚力量，推动事业发展；舆论导向错误，就会动摇人心、瓦解斗志，危害党和人民事业。"[1] 因此，在新闻舆论工作中，要坚持团结稳定为主、正面宣传为主的基本方针。事实上，社会发展中积极正面肯定是主流，消极负面无疑是支流，因此不能用支流否定主流，不能以局部否定整体。值得注意的是，新闻舆论场域中的边界形塑不仅需要新闻人扛起厚重担当，更需要普通人担起行为责任。众人拾柴火焰高，人人都是正能量的"麦克风"，定国安邦的新闻舆论才会心随人愿。

（三）文学艺术创作中的规则意识

文学艺术是指借助语言、表演、造型等手段塑造形象典型来反映社会生活的一种方式，本质上属于社会的意识形态。它源于远古时代人类的生产劳动，劳动一方面促进了人的思维和语言的发展，另一方面为文学艺术的产生提供了基础。如"民歌"是不同的时代、地域、民族、国家在不同的地理环境、语言文化、风俗习惯的影响下，产生的一种表达劳动人民思想感情、意志要求、理想愿景的艺术形式。从根源上讲，文学艺术源于现实，并作用于现实。因此，"文艺是时代前进的号角，最能代表一个时代的风貌，最能引领一个时代的风气"。[2] 唐诗宋词就是整个唐代和宋代的一个缩影，从政治到文化，从官风到民俗，从边塞到宫廷，各个层面、各式人物均有涉猎。在中国历史发展中，包括文学艺术在内的文化发展同样与中华民族的发展紧密联系在一起。中华民族文化史"千年未断"的一个重要原因在于中国地处亚欧大陆的东方，历朝历代虽然没有完全"与世隔绝"，但是或主动或被动地与他文化进行正面大规模接触的机会"屈指可数"。自 1840 年起，中国文化在国门被迫打

1　中共中央文献研究室编：《习近平关于社会主义文化建设论述摘编》，中央文献出版社 2017年版，第 43—44 页。

2　中共中央文献研究室编：习近平：《在文艺工作座谈会上的讲话》，人民出版社 2015 年版，第 5 页。

开后开始被动接触外来文化，由于文化自身的特性，外来文化并未在国人中间大范围铺展。但是历史发展到 1978 年，我国的文艺创作迎来了全新的时空环境，一方面体现为由"被动接触"转为"主动吸纳"外来文化，另一方面体现为由"上层接触"转为"全面接触"外来文化。1979 年 10 月 30 日，中国文学艺术工作者第四次代表大会召开，邓小平出席大会并发表了祝词。他回顾了中国共产党领导下文艺路线的发展历程，提出："我们的国家已经进入社会主义现代化建设的新时期。……我们要在建设高度物质文明的同时，提高全民族的科学文化水平，发展高尚的丰富多彩的文化生活，建设高度的社会主义精神文明。"[1] 就此，社会主义文艺的发展迎来了新的春天。当然，这里也有外部环境对文学艺术发展的影响：一是市场化竞争机制的逐步确立和现实运作，二是全球化开放环境的逐步适应和渐次深入，三是信息化虚拟网络的逐步完善和普遍推广。上述因素使得文学艺术的边界在新时代环境中不断扩延。伴随这一扩延而来的是文学艺术传统规则的边界不断被改写和重塑。因此，新时代文学艺术创作中的规则边界如何确立，成为当前需要思考和回答的重要问题，这是社会主义文化边界在当代的第三表现形态。

边界变迁带来的一个直观性问题就是"雅"与"俗"之辨。事实上，现实生活中文学艺术的"雅"与"俗"历来就有。优秀的文学艺术作品也并非要拘于一格、形于一态，亦非要定于一尊。因为，只有文学艺术的创作自由才能有力且有效促进文化的繁荣。当然，这种创作自由是有一定限度的——国家的法律规则制度和公民的道德伦理底线，有边界的自由创作才能焕发出一种有生命感的激情和人生的思考。文学艺术的创作自由也检验着社会的包容程度，关乎着文化认同的增强和文化力量的提升。现如今文艺领域存在的问题是，有数量缺质量，有"高原"缺"高峰"，甚至低俗、庸俗、媚俗的文艺作品充斥市场，具体表现为：扭曲经典调侃崇高的有之，颠覆历史丑化英雄的亦有之；是非不分善恶

---

1   《邓小平文选》第 2 卷，人民出版社 1994 年版，第 208 页。

不辨的有之，过度渲染以丑为美的亦有之；色情低俗搜奇猎艳的有之，暴力黄毒感官刺激的亦有之。在大众文化时代，似乎一切文化都可以成为娱乐的工具和消遣的对象，文化所蕴含的原有价值在近乎游戏的状态中不知不觉地诉诸受众。习近平对这些形式大于内容、面子重于内核的文化乱象进行了归结。他说："低俗不是通俗，欲望不代表希望，单纯感官娱乐不等于精神快乐。文艺要赢得人民认可，花拳绣腿不行，投机取巧不行，沽名钓誉不行，自我炒作不行，'大花轿，人抬人'也不行。"[1] 2021 年 12 月 1 日，习近平在中国文联十一大、中国作协十大开幕式上的讲话中再次强调了这一问题："文艺要通俗，但决不能庸俗、低俗、媚俗。文艺要生活，但决不能成为不良风气的制造者、跟风者、鼓吹者。文艺要创新，但决不能搞光怪陆离、荒腔走板的东西。文艺要效益，但决不能沾染铜臭气、当市场的奴隶。"[2] 这里的四个"要"和四个"决不能"就是鲜明的关于社会主义文化边界在文艺领域的话语表达。在现实的文化实践中，将低俗与通俗边界虚化的有之，认为人民"喜欢就行"，将欲望与希望边界虚化的有之，认为百姓"快乐就好"。当今世界，瞬息万变的海量信息，雾里藏花的社会现象，多元多样的世态百相，"名利与操守、声响与色彩、颠覆与重塑、沉湎与虚浮，不断地变换洗牌和推倒重来，焦躁、惶恐、浮躁、短视、势利等充斥社会生活，冲击和瓦解着人们的固有的精神结构"。[3] 随着固有精神结构的瓦解，原有的文化规则将不再具有边界的区分功能、规约功能、凝聚功能、引领功能。

"迷失方向"、"发生偏差"是社会主义文化边界在文学艺术创作中的话语表达。有了方向，就有了奋斗的理想、有了追求的目标，迷失了方向，就容易失却动力、失去干劲。道路正确，就能到达彼岸；发生偏差，就会失之千里。为此，2015 年 10 月 3 日，党中央专门通过了《中

1　习近平：《在文艺工作座谈会上的讲话》，人民出版社 2015 年版，第 10 页。
2　习近平：《在中国文联十一大、中国作协十大开幕式上的讲话》，《人民日报》2021 年 12 月 15 日。
3　刘汉俊：《文化的颜色》，中国人民大学出版社 2013 年版，第 94 页。

共中央关于繁荣发展社会主义文艺的意见》，对新时代中国特色社会主义文艺事业的健康优质发展提出了要求、划定了航道。一是要坚持以人民为中心的创作导向。这一创作导向始于马克思、恩格斯，明确成熟定型于列宁。这一思想又为历代中国共产党人所继承与弘扬。习近平也提出："社会主义文艺本质上是人民的文艺，人民的需要是文艺存在的根本价值。"[1] 因此，新时代文艺创作不能脱离生活去主观创造，不能脱离人民去粗制滥造。二是要让中国精神成为社会主义文艺的灵魂。文化不仅要有灵魂，而且需要灵魂，没有灵魂的文化无异于行尸走肉，无异于干枯的木乃伊。但是，灵魂如果被金钱和利益所绑架，将比没有灵魂更可怕，因为病态的精神必然导致社会的溃烂。新时代文艺创作的主题是实现中华民族伟大复兴的中国梦，要用梦想支撑起中国特色社会主义的伟大实践。三是要创作无愧于时代的优秀作品。当今时代，文艺创作中不乏琳琅满目的作品，却严重缺少流芳百世的精品。而一个民族如果没有代表自己国家文化形象的文艺精品，没有体现时代发展的文化成就，就难以屹立于世界民族文明之列。四是要建设德艺双馨的文艺队伍。文艺创作最终还是要靠人来完成，因此人的思想道德、艺术品德尤为关键。习近平指出，要"引导文艺工作者打牢世界观、人生观、价值观的根底，明确是非、善恶、美丑的界限，摒弃低俗、庸俗、媚俗现象，弘扬公德良序，树立新风正气"。[2] 2021 年，他还提出："创作要靠心血，表演要靠实力，形象要靠塑造，效益要靠品质，名声要靠德艺。低格调的搞笑，无底线的放纵，博眼球的娱乐，不知止的欲望，对文艺有百害而无一利！"[3] 这两段话都是习近平在对有关新时代文艺工作的讲话中提出的，都强调了"界限"在文艺创作中的重要地位。

1　《中共中央关于繁荣发展社会主义文艺的意见》，《人民日报》2015 年 10 月 20 日。
2　《中共中央关于繁荣发展社会主义文艺的意见》，《人民日报》2015 年 10 月 20 日。
3　习近平：《在中国文联十一大、中国作协十大开幕式上的讲话》，《人民日报》2021 年 12 月 15 日。

（四）　网络虚拟空间中的法治意识

纵观人类历史发展，先后经历了农业革命、工业革命，目前正在经历的是信息革命。信息革命加上机器人制造、生物工程、自动化系统等的建立以及日益便捷的交通工具，使得各行各业的生产、交换、消费都发生了革命性的变化。信息革命就像具有穿透力的辐射一样深入每一个人，改变着人们关于世界、社会和自身的认识。每次革命都会大大增强人类的生存能力，摆脱旧的框架的局限，急于冲向广阔的天地，人类的文化边界同时也随之扩伸。1973 年，罗伯特·梅特卡夫（Robert Metcalfe）发明了以太网。1975 年，温顿·瑟夫（VintonCerf）和罗伯特·卡恩（Robert Kahn）发明了互联网。1976 年，乔布斯和沃兹尼亚克发明了第一台个人电子计算机。1990 年，蒂姆·伯纳斯·李（TimBerners-Lee）发明了万维网。这些激动人心的进步催生了第一个浏览器、第一个搜索引擎、第一个社交网络、第一部智能手机和第一个手机应用。随着虚拟现实、区块链、数字货币、人工智能和机器人等技术的发展，技术正在进一步加速发展。网络是信息传输、接收、共享的虚拟平台，通过它把各个点、线、面、体的信息联系起来，从而实现资源的共享。

互联网自 1969 年在世界上诞生至今已有 50 余年，中国自 1994 年全功能接入互联网起距今也已有了 30 年。中国的互联网事业经历了从无到有、从小到大、由大渐强的历程，也创造了令世人惊叹的发展奇迹。网络发展所带来的经济变革、政治变革、文化变革等都是有目共睹的，更是从深层次上改变了世界的整体面貌和人类的生活方式。现如今的世界，脱离网络似乎是不可想象的。人们的思维方式和价值观念虽然不如经济发展和政治治理的变化那样明显，但是网络对人们文化观念产生的影响却不容忽视。当然，这种影响既有积极的、正面的，如人们的文化观念更加开放、文化思维更加多元，但也有消极的、负面的，如人们的传统文化认知被消解乃至磨灭、原有的文化结构被肢解乃至虚无。

从这个意义上来看，网络文化的兴起首先要回答的问题是，我们将如何使用技术，而不是我们将使用什么技术来发展文化。网络作为技术手段仍将作为主要的催化剂和主导力量继续存在，它正在并将继续成为我们生活中越来越重要的一部分。问题的关键在于，是继续让技术削弱人类的卓越地位，还是重申人类作为技术的创造者的地位。

网络作为新一轮科技革命的引擎，不仅实现了人的自由性的延伸，而且实现了人的创造性的延伸，不仅延展了人们的社会关系，而且延展了人们的文化场域。互联网是开放的，文化是多样的，既有大量进步、健康、有益的信息，也有不少反动、迷信、黄色的内容。在互联网刚兴起之初，江泽民就在思想政治工作的有关讲话中指出："互联网已经成为思想政治工作一个新的重要阵地。国内外敌对势力正竭力利用它同我们党和政府争夺群众、争夺青年。"[1] 这里，"争夺"一词不仅表达出文化边界的存在，更强调出文化边界的角逐。有场域，就会有边界，但网络作为科技进步的当代体现，在人类日益走向全球化和现代化的进程中又常追求的是"无界"。网络科技作为客观存在是"无界的"，而其伴生物——网络文化却是"有界的"。这种"边界的张力"在推动人们创造美好生活的同时，也使人们产生了新的困惑。网络的快速发展深刻影响着社会生活的各个方面，成为当今社会"无处不在、无人不用、无微不至、无所不及、无所不能"的客观存在。它在深刻介入人们生活空间的同时，也隐性地形塑着人们的精神文化生活。人们在拥抱网络带来的自由表达、多元快捷等正面文化乐果的同时，"三俗"、"恶搞"、"黄赌毒"等负面文化恶果也如影随形。网络空间中正负文化共时并存，要求必须正视网络文化发展中的边界症候。习近平强调："我们要本着对社会负责、对人民负责的态度，依法加强网络空间治理，加强网络内容建设，做强网上正面宣传，培育积极健康、向上向善的网络文化"。[2] 因此，如

1　《江泽民文选》第 3 卷，人民出版社 2006 年版，第 94 页。

2　《习近平谈治国理政》第 2 卷，外文出版社 2017 年版，第 337 页。

何正确看待和科学对待网络虚拟空间中文化的边界存在，检验着亿万网民的文化素质，更考验着党和政府的网络治理能力，这是社会主义文化边界在当代的第四表现形态。

近年来，学者们围绕网络文化边界的表现类型、存在功能、影响因素、变异原因、建构方式等进行了研究。有学者提出："网络文化自有其自由的边界：是否代表了先进文化的前进方向，是否切实维护了法律的权威，是否有助于社会公序良俗的形成，是否维护了国家、社会的公共利益及第三人的合法权益。"[1] 有学者提出网上思想文化阵地存在着价值边界、利益边界、表达边界，这些边界分别发挥着对外来价值的拒斥功能、对网民思想的整合功能、对网民行为的约束功能。[2] 由上可见，网络文化有边界是可以肯定的，但边界的特征形貌、内在机理、变异问题、建设理路等都是需要进一步研究的。

网络文化边界之所以能够在当前成为人们关注的焦点问题，正在于它自身在现时代表征出了诸多显性或隐性的问题。针对网络空间中存在的虚假、谩骂、色情等负面文化，习近平用两个"决不能任其大行其道"来强调要依法加强网络空间治理，培育积极健康、向上向善的网络文化。网络文化发展的边界问题也引起了学者们的强烈关注。有学者提出网络文化一方面在生存、思维、交往三个方面促进了人的主体性发展，另一方面却带来了人主体的自身异化、个性丧失、自律性下降、目的性缺失。[3] 实际上，更深层次的问题在于，网络文化边界问题的存在不仅影响网络空间，更会波及现实社会的文化生态，使得"道德"与"不道德"的界限被淡化，使得"守法"和"不守法"的界限被模糊，最终造成人们的思想涣散、价值疏离、精神漂移。因此，打造天朗气清、生态良好、符合人民利益的网络文化空间，实现中国特色社会主义

1　任祥：《网络文化的自由边界与匡正路径》，《思想理论教育》2012 年第 23 期。
2　参见孟宪平：《马克思主义文化动力思想及其实践研究》，北京师范大学出版社 2018 年版，第 317—318 页。
3　参见赵亮：《网络文化与人的主体性发展》，《中国特色社会主义研究》2019 年第 2 期。

文化的高质量发展已成为一个日渐凸显且需要高度重视的议题。事实上，作为拥有思想和灵魂的文化之人应当记住，目前存在的以及将来会存在的所有技术，都是人类自身完善的技术体系的产物。人类只有在这个浩瀚宇宙中拥抱自身最主要的价值，然后收获人类的巨大资源，才能确保在未来的日子里实现大多数人所最深切希望的。如果人类忽视了这一点，那么失去的将不仅仅是生命，而是生存的理由。

信息技术革命日新月异，文化形态创新异彩纷呈。从国际看，西方发达国家把持着互联网的主导权，以网络强权为依托，干涉他国网络主权，加之中国又是一个正在日益崛起的具有深厚文化底蕴的社会主义大国，更易遭致他国"另眼相看"。从国内看，中国正处于改革的深度转型攻坚时期，内在与外在、本然与应然、现有与应有等一系列文化的矛盾"聚众呈现"，进而导致社会心态活跃，文化情绪不稳，各种社会思潮、各种利益诉求汇聚碰撞，网上正负能量相互拉锯交锋，网络舆论生态治理刚刚起步，虽有一定成绩，但网络文化发展险滩多、礁石多、风浪多的现状并未得以根本改变。在网络文化空间中，刻意宣传虚假信息迷惑人心的有之，利用网络隐匿特征诈骗钱财的有之，抱着侥幸心理传播色情恐怖的有之。网络文化空间并不缺乏主流文化的生存之地和应有空间，但是因网络的虚拟性和隐匿性使得文化上"三个臭皮匠顶过诸葛亮"的事情不断发生和蔓延，以至于主流文化的阵地被不断侵蚀，进而使得健康的精神、理性的决策、高雅的艺术时刻存在着潜在的危险和无形的挑战。对此，习近平强调："谁都不愿生活在一个充斥着虚假、诈骗、攻击、谩骂、恐怖、色情、暴力的空间。互联网不是法外之地。……形成良好网上舆论氛围，不是说只能有一个声音、宪法法律界限，而是说不能搬弄是非、颠倒黑白、造谣生事、违法犯罪，不能超越了宪法法律界限。"[1] 净化网络文化空间，优化网络文化生活，必须要有明确清晰的文化诉求和鲜明的文化价值取向。在多种文化力量博弈的新

---

[1]　《习近平谈治国理政》第 2 卷，外文出版社 2017 年版，第 336—337 页。

文化空间，一些打着"当代艺术"的反文化和低俗、恶俗、庸俗、媚俗的"恶搞"文化相继涌现。这些现象不同程度上反映出某些文化领域和文化活动出现了"病态"。为此，必须引导、规范多元文化的发展，而不是纵容其无节制狂欢和泛滥，要能辨别和看清文化奇观背后虚空膜拜的本质，以及只见"资本"不见"文化"的假象。

"法外之地"、"法律界限"是社会主义文化边界在网络虚拟空间中的话语表达。网络平台虽然是虚拟空间，网络文化虽然是虚拟存在，但是它反映着现实生活，折射着现实文化。网络文化发展中存在的种种问题要求建立一个具有普遍应用意义的"网络文化底线"，而能实现认同度、执行力、普遍性有机统一的底线就是法律法规。中国互联网大会早在 2013 年就发出倡议，提出每一个普通的网民都应坚守"七条底线"，即法律法规底线、社会主义制度底线、国家利益底线、公民合法权益底线、社会公共秩序底线、道德风尚底线和信息真实性底线。习近平强调："网络空间是虚拟的，但运用网络空间的主体是现实的，大家都应该遵守法律，明确各方权利义务。要坚持依法治网、依法办网、依法上网，让互联网在法治轨道上健康运行。同时，要加强网络伦理、网络文明建设，发挥道德教化引导作用，用人类文明优秀成果滋养网络空间、修复网络生态。"[1] 2019 年 10 月印发的《新时代公民道德建设实施纲要》对抓好网络空间道德建设展开了进一步的细化阐释。可见，网络文化秩序的维护，一方面需要刚性的法律规则，保证法治轨道的健康运行，另一方面需要柔性的思想道德，维护伦理底线的固若金汤。唯有此，风清气正的网络文化空间才能形成，网上网下的文化同心圆才能筑就。

（五）价值观念叙事中的善恶意识

价值观念是人类独有的思维呈现方式，是基于人的思维而作出的认

---

1 《习近平谈治国理政》第 2 卷，外文出版社 2017 年版，第 534 页。

知、理解、判断，表现为人判定事物真假、辨定是非曲直的一种价值取向。从价值观念的形成因素看，既有经济因素，也有政治因素，既有时代因素，也有文化因素，既有成长的环境因素，也有个人的家庭因素，因而呈现出多元异样的特点。从价值观念的历时性和共时性看，在不同时代、不同社会生活环境中形成的价值观是不同的，但是价值观在特定的时间、特定的界域、特定的条件下，又是相对稳定持久的。从价值观念的表现形态看，一方面表现为价值取向和价值追求，凝结为一定的价值目标，另一方面表现为价值尺度和价值准则，定型为一定的价值标准。从价值观念的依附对象看，既有社会的价值观念系统，呈现出多元化、多样性、多层次的景象，也有个人的价值观念系统，呈现出个体化、稳定性、单一性的样态。但无论是社会还是个人的价值观念系统，赞成什么反对什么、肯定什么否定什么、认同什么抵制什么，在稳定的文化系统中应该是明确的。如党的十九大报告中明确提出："不断推出讴歌党、讴歌祖国、讴歌人民、讴歌英雄的精品力作。……倡导讲品位、讲格调、讲责任，抵制低俗、庸俗、媚俗。"[1] 当今社会，思想观念千帆竞发，观点表达百舸争流，呈现"分众化"的特点，不同社会群体乃至个体都拥有不同的利益诉求和价值取向，加之理论与实践的距离、理想与现实的差距，使得人们在文化生活中不同程度地出现了价值迷失和道德失范，使得"守住底线"的呐喊不断在人们的脑海中回响，这是社会主义文化边界在当代的第五表现形态。

　　思想道德是人生观、道德观、价值观、习俗观的总和，是一定时期人们思想意识所达到的水准和所呈现的状态。但就社会而言，思想道德水准和状态的呈现具有整体性，即不能因个体的思想道德素质低就否定整个社会的思想道德状况，而要看主流、观整体、识大局。同时，思想道德水准在不同的社会历史时期有着不同的要求，其实践指向也不尽相

---

[1] 习近平：《决胜全面建成小康社会　夺取新时代中国特色社会主义伟大胜利——在中国共产党第十九次全国代表大会上的报告》，人民出版社 2017 年版，第 43 页。

同。当今时代，时常有人谈论思想道德有无功用的问题。有人持"无用论"，认为思想道德回答不了任何现实问题，也解决不了人的衣食住行，贬低道德、轻视思想的态度在日常生活中甚嚣尘上。但也有人持"万能论"，认为思想道德不仅有用，而且有大用，是社会调控体系中起决定作用的因素。实际上，这种纷争只是偏执一端的单向思维，因为任何思想道德只有在与各种具体实践的结合中才能发挥其作用，当其脱离实践走向纯碎思辨空间时，什么问题也解决不了。但是，作为社会整体的思想道德状况在现实生活中是通过个体的人的价值观念而表达出来的。在从整体向个体的转变中，不同的个体就会因各种原因呈现出异样的姿态，这才有了社会文化生活中对错、真假、善恶、美丑之分。为此，执政党特别强调要"加强对道德领域热点问题的引导，以事说理、以案明德，着力增强人们的法治意识、公共意识、规则意识、责任意识。"[1] 这一叙事构成了社会主义文化边界在道德层面善恶意识的表达。

严格意义上说，任何一个社会形态，任何一个历史时期，道德层面的善恶之争都普遍存在。善恶观念在不同时代、不同地域、不同民族有着不同的内涵，但每一个社会中占主导地位的善恶观念都是与这个社会的生产力与生产关系的矛盾运动相一致，也与统治阶级所主导的意识形态相关联。关于善恶观念的争论古今中外皆有之，持性善论的有之，持性恶论的有之，持性有善有恶论的有之，持性无善无恶论的有之。依马克思主义的理路，善恶观念作为意识形态归根要从物质生产实践出发来解释，即是说观念的善与恶既不是授于神的旨意，也不是基于抽象的人性，而是与人们的物质生产和交往紧密联系在一起。事实上，道德领域的善与恶并没有恒定的范围边界，其与人类的文明提升、所处的时空环境、不同的民族风情等密切相关。改革开放以来，中国共产党的十二大至二十大报告中对正面思想道德内容的提倡和对负面文化现象的批判均有提及，虽然不同时期话语表达的内容有别，但本质内涵却是一样的，

---

1 《新时代公民道德建设实施纲要》，人民出版社 2019 年版，第 12 页。

即激浊扬清，弘扬正气。如党的十二大提出，要与"各种损人利己、损公肥私、好逸恶劳、'一切向钱看'、不择手段地追求享受、孤立和打击先进分子的歪风邪气"进行坚决斗争。[1] 党的十九大提出，要引导人们树立正确的"四观"（历史观、民族观、国家观、文化观）和"四德"（社会公德、职业道德、家庭美德、个人品德）。如果社会中违背社会公德的事情比比皆是，触及道德底线的事情不断发生，那么文化的繁荣兴盛便无从谈起。社会的思想道德建设关键在于端正人们的观念善恶，激发人们形成善良的道德意愿和道德情感，这是向善的思想前提；培育正确的道德判断和道德责任，这是行善的实践自觉。

真善美与假恶丑的边界在何处？现实生活中的价值判断，既体现着一个人的基本素养，更考验着一个国家的精神气质。中国共产党在百年的奋斗征程中，不乏对国人的价值观念进行积极且有效的引导，从红船精神到井冈山精神，从延安精神到西柏坡精神，这些成为革命时期中华民族精神的突出表现。从红旗渠精神到大庆精神，从两弹一星精神到载人航天精神，这些成为建设时期中华民族精神的生动体现。进入改革开放新时期，从社会主义精神文明建设到社会主义荣辱观，从社会主义核心价值体系到社会主义核心价值观，这些成为改革开放新时期中华民族精神的当代追求。如此强调价值观念的引领和教育，其原因在于："树立正确的世界观、人生观、价值观，掌握了这把总钥匙，再来看看社会万象、人生历程，一切是非、正误、主次，一切真假、善恶、美丑，自然就洞若观火、清澈明了，自然就能作出正确判断、作出正确选择"[2]。处在经济转轨、社会转型的加速期，人们的思想困惑、精神焦虑有所增多，人文关怀、心理疏导、精神抚慰的任务更加繁重。文化的最大特质就是具有极强的渗透性，一旦侵入又具有极强的持久性，像空气一样无孔不入、无处不在，能够以无形的方式、无形的观念，深刻影响着有形

1　《改革开放三十年重要文献选编》（上），人民出版社 2008 年版，第 277 页。

2　《习近平谈治国理政》，外文出版社 2014 年版，第 173 页。

的存在、有形的现实，深刻作用于人与社会发展的诸多层面。社会主义核心价值观是主流文化的灵魂和民族精神的当代表现，是全面认同和践行的主流尺度。但是面对世界形势的深刻复杂变化，面对信息时代的文化相互激荡，面对鱼龙混杂的纷繁社会现象，现实生活中出现了"宁可坐在宝马车里哭，也不坐在自行车上笑"的物质主义，出现了"人生在世，吃喝二字"的享乐主义，出现了"为钱生、为钱死、为钱奋斗一辈子"的拜金主义。这些现象的出现充分说明，越是多样开放、众声喧哗、纷繁复杂，越要厘清主次、分清是非、明辨善恶。

"观念善恶"、"行为底线"是社会主义文化边界在价值观念叙事中的话语表达。从大的方面说，国家的文化软实力在核心上取决于核心价值观的生命力、凝聚力、感召力。从小的方面说，个体的价值认知和价值判断决定了个人的行为特质、道德品质、思想素质。但是，无论是社会还是个人的核心价值都并非是封闭抽象的概念，而是体现在社会生活的细节里，体现在公民日常的行为中。核心价值旨在形塑人们的精神世界，为迷失"家园"和忘却"故土"的人们建构栖居的灵魂安放处。习近平强调："一种价值观要真正发挥作用，必须融入社会生活，让人们在实践中感知它、领悟它。要注意把我们所提倡的与人们日常生活紧密联系起来，在落细、落小、落实上下功夫。"[1] 可见，一种价值观只有具备人格化、形象化、具体化的形式，才能让人们在日用而不觉的生活实践中感知它、领悟它、践行它。但良好价值观念的培养和践行绝非一日之功，更非一蹴而就，因为改变一个人、塑造一个人并非易事，因此"要通过教育引导、舆论宣传、文化熏陶、实践养成、制度保障等，使社会主义核心价值观内化为人们的精神追求，外化为人们的自觉行动"。[2] "教育引导"就是要发挥家庭教育、学校教育、社会教育的作用，防止坐而论道，要从小抓起，人人皆为。"舆论宣传"就是要发挥媒体

1　《习近平谈治国理政》，外文出版社 2014 年版，第 165 页。

2　《习近平谈治国理政》，外文出版社 2014 年版，第 164 页。

平台、社会舆论、大众传播的作用，从细处着眼，润物无声，防止凌空蹈虚。"文化熏陶"就是要发挥风俗习惯、文学艺术、德义感召的作用，要校准航向，引领风尚，防止虚而不实。"实践养成"就是要通过孜孜体认、修身律己、不懈躬行的努力，要实处着力，知行合一，防止作秀表演。"制度保障"就是要通过严明法律、明确规则、强化执行的施行，要牢记责任，激浊扬清，防止流于形式。因此，社会主义核心价值观的培育和践行，必须回到文化意识的自觉，回到文化和人的根本处，文化的教化不是整体的、外在的、机械的、僵化的说教和灌输，而是内在的、逐步的、细微的、温润的感知和养成。唯有此，社会主义核心价值观才能担负起历史赋予的责任和重任，才能在现实生活中落地生根和开花结果。

人类面对制度的缺陷总是寄希望于道德精神来弥补，因为法治与德治共同构成了社会治理的两个重要维度。德治的根基在于人，人的根基在于家，由小及大形成国家。崇尚何种"国家观念、集体观念、家庭观念"，成为实施德治首先要回答的问题。"国家观念"指生活在同一国家的居民在长期共同的生产生活中形成的对整个国家认知认同的情感总和。它是一种政治文化意识，能在很大程度上激发公民的责任心和义务感。"集体观念"指特定的社会成员在一定界域内通过长久的协作与沟通而形成的意识集合。"家庭观念"指个体成员由出生到成人所时刻依存和寄托情感的心理认知，包括家教、家风、家训、家族等。由"家"延伸至"国"的文化观念传统是中国文化所独有的，也是中华文化延续至今的重要因素。随着全球化的发展，国家间的政治边界依然存在，但经济与文化的边界却出现了空前的交融与交汇，全球一家的"地球村"不是过往。随着市场化的发展，集体观念虽然仍萦绕在人们的心间，但集体的界域却随着人们自由度的增加而大大扩延，多种多样的"个体户"琳琅满目。随着个体化的发展，传统的家族逐渐为小家庭所取代，进而传统的家族观念也被个体自我观念所替代，"丁克户"日益增多不再罕见。无论时代如何变迁，无论社会如何转型，无论文明如何进步，马克思所揭示的，"人的本质不是单个人所固有的抽象物，在其现实性上，它是一切社会关系的总和"是不变的，[1] 因为它科学揭示了人的本质。因此，作为现实的人，出生有家庭，生活有集体，存亡有国家。

随着国家、集体、家庭的边界内涵变化，加之经济结构、政治环境、思想文化的转变，现实生活中出现了这样的文化现象，认为观念没有善恶，只要不违法就行；行为没有底线，认为只要不损人就可；思想没有约束，认为只要不害人就好。如在国家观念上，有人自觉或不自觉以西方文化为标尺来衡量中国文化，而且这种衡量往往是建立在"不平衡"的对比上，拿他人的优势和自我的不足来比较。在集体观念上，有人打着个性、自由的旗号公开反对集体主义，让集体观念为个性、自由"让路"，这种观念是建立在"自我"与"集体"定位不清的基础之上。在家庭观念上，崇拜金钱抛弃家庭的有之，一言不合闪婚闪离的有之，寻花问柳出轨成性的有之。事实上，对于国家观念、集体观念，都是在中国近代最黑暗之时，民众才认识到民族共同体的存在，而新的家庭观念也是在改革开放后才逐渐形成的，这与传统的家族观念有别。虽然国家观念、集体观念、家庭观念在不同时代有着不同的特定内涵和边界外延，但有一些基本共识是贯通的、一致的。尽管不同维度的观念认知有所差异，但问题出现的根源在于善恶观念的界限没有厘清或者恒定，进而造成现实文化生活中善恶观念偏移或游离成为一种经常性的事情。

（六）文化制度实践中的底线意识

古往今来，任何一个社会都要依靠规则制度来运转。从早期的契约到如今的法规，从不成文的习俗到明文规定的条文，反映了不同时代人们对规则制度的遵循。一般意义而言，规章制度包括法规、章程、制度、公约四大类。不同的类别，反映了不同的需要，适用于不同的范围，发挥着不同的作用。现今的社会主义文化在发展中，上自党和国家

1　《马克思恩格斯选集》第 1 卷，人民出版社 2012 年版，第 135 页。

的大政方针，下至基层和行业的规范条例，都在为社会主义文化的健康发展修渠筑道，其目的是相同的，方向是一致的，即实现社会主义文化的大发展大繁荣，不断满足人民群众日益增长的精神文化需求。古人语："经国序民，正其制度"（出自《资治通鉴》），强调的就是欲使人民安然有序，就要健全各种制度。2019 年 10 月 31 日，中国共产党第十九届中央委员会第四次全体会议通过的《中共中央关于坚持和完善中国特色社会主义制度　推进国家治理体系和治理能力现代化若干重大问题的决定》中明确了坚持和完善社会主义先进文化制度的五个方面内容：一是坚持马克思主义在意识形态领域指导地位的根本制度，二是坚持以社会主义核心价值观引领文化建设制度，三是健全人民文化权益保障制度，四是完善坚持正确导向的舆论引导工作机制，五是建立健全把社会效益放在首位、社会效益和经济效益相统一的文化创作生产体制机制。[1]这五个方面的制度规定为新时代社会主义文化的发展提供了制度遵循，明确了规则导向。这一叙事构成了社会主义文化边界在制度实践层面规则界限的表达。

当然，规则制度本身并不是目的，而只是手段，作为手段的规则制度只是为推动社会主义文化繁荣兴盛这一目的而服务。但是规则制度的重要性不能小觑，其作用在于为对与错、真与假、善与恶、美与丑、红色地带、灰色地带与黑色地带划定界限。对此，习近平指出："随着新媒体快速发展，国际国内、线上线下、虚拟现实、体制外体制内等界限愈益模糊，构成了越来越复杂的大舆论场，更具有自发性、突发性、公开性、多元性、冲突性、匿名性、无界性、难控性等特点。"[2]界限愈益模糊并不意味着没有界限，恰恰相反，更加凸显了界限的重要性。因此，作为刚性和显性的法规界限就显得尤为重要。如《新时代公民道德

1　《中共中央关于坚持和完善中国特色社会主义制度　推进国家治理体系和治理能力现代化若干重大问题的决定》，《人民日报》2019 年 11 月 6 日。

2　中共中央文献研究室编：《习近平关于社会主义文化建设论述摘编》，中央文献出版社 2017年版，第 45 页。

建设实施纲要》中专门提出要强化法律法规的保障作用，"推进全民守法普法，加强社会主义法治文化建设，营造全社会讲法治、重道德的良好环境，引导人们增强法治意识、坚守道德底线"。[1] 法律法规作为一种制度存在是文化的沉淀，文化才是现存制度的凝结和精华，制度更新引起文化的移变，文化的移变又导致制度的更新。在文化与制度之间，文化是本，制度是位，文化是根，制度是叶。从制度层面讲，法律法规为社会主义文化的发展划定了硬性的界限，规定了哪些是合法的，哪些是违法的，规定了哪些法律引线需要遵循，哪些法律红线不可逾越。随着普法通识教育的铺展和民众法治素养的提高，制度层面的规则界限意识将愈加凸显。

在现今文化场域中，不同程度存在"搬弄是非、颠倒黑白、造谣生事"的文化现象。所谓"搬弄是非"，是指文化发展中"以假乱真"、"以错试对"的现象，使得人们原有文化结构出现价值弥散和意义流失。所谓"颠倒黑白"，是指文化发展中"张冠李戴"、"识龟成鳖"的言行，常用"解密"、"真相"为标题来吸引众人眼球，进而造成人们原有的文化认知被颠覆和打破。所谓"造谣生事"，是指文化发展中将"道听途说"、"捕风捉影"的消息进行夸张化处理，进而引起人们文化心理的虚无恐慌和精神忧虑。这种现象之所以发生，既有社会整体处在深度转型变革时期的因素，也有法规制度不够健全执行不力的因素，既有为了获取大众关注吸引眼球和流量的因素，也有资本逻辑操纵下获取经济利益的因素。加之文化在网络空间的速成与喷发，导致文化生态的泥沙俱下。网络信息技术的发展在为文化创新与表达带来前所未有便利的同时，也为歪曲历史、恶搞先贤、抹黑英雄等言论提供了舞台，一些人滥用言论权利，连狼牙山五壮士、刘胡兰、方志敏、邱少云等英雄人物也横遭玷辱。这些文化劣象的出现，并非是没有客观的法律边界，而是主观架空了法规边界。事实上，每个国家都有自己珍视的传统、价值与道

1　《新时代公民道德建设实施纲要》，人民出版社 2019 年版，第 23 页。

德，它们是一个社会最基本的底线共识，而非任何人都可以随便讽刺、唾弃、贬损、侮辱甚至诽谤的。因此，根据自身的价值诉求和文化传统，各个国家都要以法律的形式维护自身文化的尊严。但作为制度表现形式的政策法规本身相对于实践生活本身而言具有滞后性和抽象性，随着新媒体的快速发展，疆域领土的国际国内界限愈益模糊，线上线下的虚拟现实界限愈益模糊，政治身份的体制内体制外界限也愈益模糊，构成了复杂多元的大文化舆论场。在这一场域中，特别是网络文化空间，利用网络平台的隐匿性、虚拟性、低成本等特性，宣传虚假诈骗的有之，展开攻击谩骂的有之，发布色情暴力的有之。因此，针对利用网络鼓吹推翻国家政权，煽动宗教极端主义，宣扬民族分裂思想，教唆暴力恐怖活动，习近平提出："这样的行为要坚决制止和打击，决不能任其大行其道。"[1] 针对利用网络进行欺诈活动，散布色情材料，进行人身攻击，兜售非法物品，习近平提出："这样的言行也要坚决管控，决不能任其大行其道。"[2] 因此，克服制度缺陷，明晰规则界限，走向法治社会，成为人们的不二选择。

制度层面的法律界限和道德层面的善恶意识在一定意义上说，仍处于"形而上"层面。发展中国特色社会主义文化则更需要从"形而上"的理论层面落实到"形而下"的实践层面，尽可能实现理论与实践的统一。在具体的文化实践中，文化制度、文化思想与文化实践的不统一是常态，因而文化生活中踏破底线、逾越红线的行为时有发生。鉴于此，不同学科的学者们从自身的领域发出了异语同质的"呐喊"，呼吁人们要关注文化秩序，秉持底线伦理，呵护文化边界。有学者从伦理学角度提出："伦理秩序底线面临挑战，社会秩序乃至整个社会文明就面临挑战。不能有效地应对这种挑战，不能固守伦理秩序的底线，社会就会陷入混乱，文明社会之大厦就有坍塌的危险。"[3] 有学者从现代性角度提

---

1   《习近平谈治国理政》第 2 卷，外文出版社 2017 年版，第 336 页。

2   《习近平谈治国理政》第 2 卷，外文出版社 2017 年版，第 336 页。

3   江畅：《我国底线伦理秩序面临的挑战及对策》，《湖北社会科学》2014 年第 8 期。

出，世俗趣味的高涨、工具理性的蔓延、个性表现的放纵是在现代性生成过程中文化领域的典型取向，一个组织良好的社会，需要在这三者之间寻求一种平衡，失去平衡就会导致文化生态的严重破坏，为此，"应该设法厘定每种取向的适度范围和合理边界"。[1] 当然，不同视角对文化边界的呼吁，只是为了通过足够的能动主体发挥应有的能力去设法降低现代转型中所带来的社会阵痛的强度。

文化制度实践层面的边界叙事一直处于不断变更之中，集发展动态性与相对稳定性于一体。它的变更既与特定的政治环境有关，也与一定的经济基础有关；既与民族的历史传统有关，也与科学技术的发展有关。纵观世界近代以来的四次科技革命，每次科技革命都必定会带来文化实践的拓延，也会引发新的问题与困境。以互联网信息技术为标识的第四次科技革命目前仍在进行，技术的创新与进步带来了文化边界的扩延和文化内容的繁盛。但与此同时，在我们每时每刻享受技术便捷的同时，其内在所滋生的问题也不容回避。在世界变迁洪流之下，经济与技术的发展使得根植于传统社会的文化道德消失殆尽，而与现代社会相契合的文化精神却还未形成，进而造成了普遍意义上的一种社会道德困境。这种困境的现实表现从国家层面上看，就是国家所倡导的社会主义核心价值观在实践中遇到重重阻力，难以真正落地生根，反映到社会层面上，则表现为层出不穷的践踏道德底线、蔑视文化边界的种种行为。因此，社会的统治阶级不仅要通过各种规则制度来约束文化行为，还要通过各种思想道德教化来引导文化行为，目标在于文化实践层面良序有道的达成。

二、社会主义文化边界的现实境遇

边界是事物得以确定自身内在规定性的范畴，可分为有形边界和无

1　张凤阳：《现代性的谱系》，江苏人民出版社 2012 年版，第 10 页。

形边界。文化作为人之为人的显著标识和国家与民族的精神命脉，因地域环境、生活习惯、历史传统等不同，存在着一定的边界。改革开放以来，国人感受至深的不仅有物质生活的巨大改观，更有思想文化的多元提升，这并非是文化发展的坏事，从某种意义上说，是文化的应然追求。当前的问题是，文化作为支配人类发展和个人成长的隐性力量，在国家实现站起来强起来到富起来的伟大转变后，并无如影随形地实现文化的自觉、自信、自强。更揪心的是，在中西文化交汇、古今文化同在的时空环境中，文化伴随着全球化、市场化、网络化的发展呈现出边界的"沙化"，进而使得人们在社会转型中找不到精神的栖息地，表现出文化心态上的迷茫、选择上的焦虑、品位上的降格。这是作为有意识、有思想、有文化的人所不能容忍的。社会主义文化是一个系统，具有复合性和整体性，若想成为一个不断发展进步的、不断适应环境变化的活力组织系统，一个必要的前提就是明确其所处的边界境遇，指出其面临的困境。

（一）　全球交往与文化边界的模糊

人们关于全球化的开端并没有定论，但对当今是全球化时代的定位并无疑义。全球化带来的一个直接现实问题就是边界的去与留，包括经济发展的边界、国家主权的边界、文化交往的边界、社会流动的边界、生态治理的边界等。无论是持哪种观点或立场，在现实生活中都可以找到立足依据。对于这个问题，需要分层次来区别看待，如国家间的地理边界不会因为全球化而消失，政治间的认同边界也不会因为全球化而流失。领土、主权是国家确立不可或缺的要素，但是经济间的贸易边界却会因为全球化而兴起，社会间的人员流动也会因为全球化而频繁。现在的问题是，文化，特别是中国共产党在百年奋斗历程中形成的社会主义文化，作为特殊的领域存在，在"冷战"退却的"后冷战"时期，该何去何从、何作何为？为此，学术界存在着观点分歧。有学者直言，"文化全球化"是个伪命题。该学者认为，简单地提出"文化全球化"一方面是为经济扩张在意识形态方面打下基础，另一方面是为政治渗透在意识形态方面进行辩护。因此，"文化的全球化只能是文化资源的全球化，而不是文化价值和文化内容的完全趋同化。文化全球化应表现为全球化时代文明与文化的多样性。"[1] 与此相反，有学者提出，"文化交融是历史必然"。该学者认为，"文化交融不是谁叫喊出来的。先有事实，后有概念。文化交融是时代使然，是科学，是社会生产力发展到今天的必然产物，必然出现的璀璨产物。"[2] 学术界围绕全球化时代的社会主义文化发展形成了截然不同的两种观点。乐观者认为，要利用全球化之便推动不同文化的融合发展。悲观者认为，要警惕全球化之势消蚀本土文化的价值认同。事实上，两者都认识到了全球化已成为世界发展之潮流且不可阻挡。矛盾的聚焦点在于现时代的中国特色社会主义文化如何在这一潮流中形塑好自身的边界，既不在全球化浪潮中迷失自我，又不在故步自封中妄自菲薄，进而走出"独断论"与"怀疑论"的形而上学思维和"封闭化"与"外放化"的偏极端化实践。这要求，一方面要承认、珍惜和爱护本国本民族的文化精华，但不能搞自我封闭和唯我独尊，另一方面要尊重、学习和借鉴其他国家、其他民族文化的长处，但不能搞拿来主义和崇洋媚外。全球化的时代不能回避，社会主义文化的发展必须要勇敢面对，既要坚守文化发展的社会主义本质规定，又要尊重文化发展的多元开放规律。

文化是民族存续发展的内蕴力量。中华民族有着 5000 多年的博大文化，在千年历史流变中遭遇过无数的劫难和罕见的困苦，但从未中断，一次次凤凰涅槃。中华文化伴随着近代中国国运的急剧下转，遭到了前所未有的历史劫难。中华民族为此进行了世所罕见的奋力抗争，并在这一进程中创造了可歌可泣的革命文化和社会主义先进文化，与中华优秀传统文化一起三者共同构成了现时代中华文化的主体，积淀着中华

1　乔兆红：《"文化全球化"是个伪命题》，《解放日报》2017 年 8 月 1 日。
2　邓伟志：《文化交融是历史必然》，《北京日报》2021 年 5 月 17 日。

民族最深层的精神追求，代表着中华民族独特的精神标识。同时，伴随着改革开放大幕的拉开，中国不断走向世界，世界也不断走近中国，中国与世界愈发紧密联系在一起，成为"命运共同体"。全球化使得社会联系的整个体系都发生了前所未有的变化。全球化也解放了个人，使其从固定环境的硬性束缚中解脱出来，为选择多样化的生活提供了新的机会。全球化的深入推进和科学技术的飞速进步，使得文化呈现出多元、多样、多层、多变的发展态势。消费文化的迅速崛起、大众文化的日渐兴盛、流行文化的持续发热、网络文化的异军突起，无不与现时代的开放环境紧密相关。在此环境中，各种文化形态和思潮形成了喧嚣多变的文化市场，不同文化观点都可在同一空间、同一时间进行展示，给人们的思想和行为注入了诸多不确定性因素。丹尼尔·贝尔针对这种打着现代主义旗号的超越冲动指出，这是由"激进自我那无限扩张的精神所驱动，去探索无限和无界。"[1] 在他看来，能否为这种"狂妄自大"设定界限，关系到资本主义的文化矛盾乃至现代主义文化的未来。人们在面对繁多的文化形态时，时常会在文化生活、精神走向、价值观念上出现困扰与失范、歧义与冲突、忧虑与紧张等等，其深处在于没有厘清不同文化之边界。

与此同时，开放环境给中国特色社会主义文化发展带来的挑战还在于西方强势文化泥沙俱下地传播对现有文化的渗透与侵蚀。全球化的迅猛发展不断改变着国家间综合国力的竞争方式，硬实力的牵制力日渐式微，软实力的竞争力愈加凸显，成为新时代大国竞争方式转换的重要内容。西方的发达国家既是全球化的主要推动者，又是全球化的最大受益者。中国在与西方大国频繁的文化接触交流和碰撞交融中，文化间的交锋也更加凸显。西方发达国家乘机打着"普世价值"的旗号实施文化和价值输出，利用文化竞争优势维护其文化霸权和意识形态话语霸权。西

---

1 ［美］丹尼尔·贝尔：《资本主义文化矛盾》，严蓓雯译，江苏人民出版社 2012 年版，第21 页。

方大国的文化输出和渗透战略在全球开放的环境中具有极大的迷惑性，因其隐藏在科技、经济身后极不容易察觉，本质上，其主要文化旗帜是新自由主义和普世价值，宣扬文化是人类共同所有，自由民主是人类共同目标，文化理应无边无界。开放环境中，西方文化的强势来袭需要国人保持警惕、理性研判和积极回应。值得注意的是，全球化的文化发展后果决不是只能选择两种极端的"方案"：要么是全盘西化（或美国化），要么是以传统主义和原教旨主义为基础的民族文化的孤立。因此，文化全球化并不意味着世界在文化方面变得越来越单一，事实上这也是不可能的。因此，所谓的"普世文化"思想所表达的东西是一种乌托邦方案，而并非某种现实。

　　自 20 世纪 80 年代以来，随着全球化的不断发展，世界文化多元化已成历史发展趋势。就中国社会而言，伴随着改革开放的不断深入和以互联网为标识的信息技术革命，多元文化存在已成当今社会不争的事实，表现为一种融合与冲突共生的文化场景。在这一文化场景中，传统与现代、物质与精神、中国与外来、精英与大众、现实与网络、中心与边缘的多重矛盾特征以时空压缩方式呈现出来，不同的文化类型具有不同的价值取向。人们社会联系的全球化正在使人们超出特定文化区域的界限，使人们了解其他文化的标准。各种所谓的大众文化在全世界越来越具有同质性，其在不同文明社会的"充斥程度"也相差不大。多种文化并存使得人们内心的文化定力、文化选择、文化情怀出现了矛盾和摇摆，文化价值迷思油然而生，行为标准、道德标准、价值标准随之出现模糊化倾向，实质上是内心文化边界的"模糊"。"一个失去自己文化根源的人容易产生心理迷失，容易失去校正和调整其追求和目标的内心准则。"[1] 因此，明确文化边界"模糊"的主要表现尤为重要，因为它在提醒人们要校正内心的文化方向与准则。一是核心文化与外来文化迷乱。

1　［俄］戈尔巴乔夫基金会编：《全球化的边界——当代发展的难题》，赵国顺等译，中央编译出版社 2008 年版，第 256 页。

不同文化的核心是不同民族精神象征的标识，内含着该民族特有的价值观念和行为方式，体现为这个民族文化的精神灵韵。但随着西方文化洪流龙蛇混杂地流入中国，大有动摇和冲垮中国文化核心之势。少数人的文化情愫开始出现"以洋为美"、"唯洋是从"、"尊洋为师"的倾向，心随在西方文化后面去追赶，进而丧失了对自身主体文化的认同和信心，最后必将沦为他文化的摆弄者。二是主流文化与大众文化含混。历史悠久又饱经忧患、积淀深厚又体积庞大的中华文化，在新时代的新征程中必须做到主流文化鲜明，倡导什么，抵制什么，讴歌什么，反对什么都要旗帜鲜明。大众文化的发展有利于社会的进步，是一个社会充满活力和生机的表现。但大众文化中有与主流文化方向一致的内容，也有与主流文化相悖的方面，这就使得人们在面临多元文化选择时出现含混窘境，在不分主次的文化摇摆中也有可能诱发反文化恶性膨胀。三是高雅文化与低俗文化混淆。雅文化与俗文化原本是一对"孪生姊妹"，雅文化源于俗文化，精于俗文化，高于俗文化。俗文化是雅文化的基础，脱离俗文化的雅文化是不存在的。在现实生活中，为了追逐利益、为了寻求刺激、为了获得点击，拒绝高雅的有之，拥抱低俗的亦有之，精神超越让位于肉体快乐，理想追求让位于欲望狂欢，混淆了两者的边界，削平了两者的棱角。

（二）市场竞争与文化边界的失守

中国今日的文化发展已走出古代的文化自负和近代的文化自卑，正走向现代的文化自强，这一转变是伴随着社会主义市场经济的逐步确立和巩固实现的，且至今仍在续延。市场经济法则的普适化已深入人心，其背后的隐性利剑是资本，因其品格之高效而促进了社会物质财富的快速增长。资本是促进社会发展的有力工具，甚至可以说，没有资本也就没有人类社会的现在。它唤醒了人们内心深处的功利之欲，激发了社会发展的主体活力，推动了人类文明的进步。但是资本在促进人类进步中裹挟着难题需要人们去破解，即人们因主客观因素的困扰和羁绊，并未实现物质富裕与精神富足的同向同步提升，而是出现了裂痕。人类至今仍未走出马克思所描述的"资产阶级时代"，即"在我们这个时代，每一种事物好像都包含有自己的反面。我们看到……财富的新源泉，由于某种奇怪的、不可思议的魔力而变成贫困的源泉。技术的胜利，似乎是以道德的败坏为代价换来的。……我们的一切发明和进步，似乎结果是使物质力量成为有智慧的生命，而人的生命则化为愚钝的物质力量。"[1] 人类社会在拥有巨大的物质财富和物质能量的同时，却忽视了具有先导作用的文化力量和精神智慧。世界闪烁着科技文明的光辉，而道德信仰的灯塔却显得黯淡。在文化领域里，旧事物并没有伴随着新事物的登场而退出历史舞台，在发展过程中"此后"产生的事物未必就比"此前"出现的事物更高级。经济发展与文化进步之间的多种牺牲在今天仍未得到消解，而是更加突出地摆在世人面前。因此，文化本身往往具有某种文明的生气和创造激情，同时也表现出这种对自身存在和保持的内在忧虑。这种失衡现象，似乎令人有一种物质的巨人裹挟着精神的侏儒茫然前行之感。

根据唯物史观的理路，对于文化痼疾病根的寻找应到相应的经济社会生活中去探寻。恩格斯也曾指出："我们断定，一切以往的道德论归根到底都是当时的社会经济状况的产物。"[2] 现如今，竞争作为市场经济的基本法则已弥散到社会的各个角落，文化也不例外。市场经济已成为引发各种社会转型，引发伴随着整个社会历史的社会复杂化即社会分化的又一强大因素和"发酵剂"。它不仅促进新的经济活动、科学技术、生活方式的推广，同时也促进越来越千差万别的文化模式、文化意义以及个人的价值取向的传播。当前我国文化市场中，少数人为了实现经济利益屈就或迎合市场，打破规则与秩序的恶意竞争也时常存在。文化被当做产品或符号受到工业化处理和商业化炒作，为赚取"点击率"的有

1　《马克思恩格斯选集》第 1 卷，人民出版社 2012 年版，第 776 页。

2　《马克思恩格斯选集》第 3 卷，人民出版社 2012 年版，第 471 页。

之，为赢得"收视率"的有之，为获得"高利润"的有之，为抢占"高票房"的有之，其内蕴的精神与价值、真实与美感却烟消云散了。凡此种种都不同程度体现着资本扩张的逻辑。习近平在新时期文艺工作座谈会上也指出："一些人觉得，为一部作品反复打磨，不能及时兑换成实用价值，或者说不能及时兑换成人民币，不值得，也不划算。"[1] 凡此创作在本质上体现为无视文化存在边界，混淆了经济与文化的边界，模糊了高雅与通俗的边界，使得文化蜕变为经济的附庸和奴仆。

社会主义市场经济体制的确立为中国的现代化道路增添了动能。以至于在快速发展的进程中，人们似乎只记住了市场而忘记了社会主义。实际上，全球化与市场化如孪生兄弟伴随着人类现代化的探索，两者也并非洪水猛兽，可怕的是背后资本的力量。资本的力量驱使着经济、政治、文化等一切都丢进市场的大熔炉中去检验。最早对资本这种力量进行系统彻底批判的是马克思和恩格斯。他们在《共产党宣言》中写道："不断扩大产品销路的需要，驱使资产阶级奔走于全球各地。……资产阶级，由于开拓了世界市场，使一切国家的生产和消费都成为世界性了。……物质的生产是如此，精神的生产也是如此。"[2] 这里，精神生产将在资本逻辑的驱动下由往日的"地域性"变为来日的"世界性"，这种变迁包含着文化边界的破与立，表明文化的地缘边界将突破民族性扩展成为世界性。

文化发展过程本身就体现为自身边界破与立的相依相伴，旧的文化会随着历史与时代的变迁成为传统，新的文化会随着实践与思想的创新变为现实。社会主义文化伴随着马克思主义的诞生而出场，伴随着社会主义实践事业的开创而兴起，在经历了严重挫折后，又在中国改革开放的场域中凤凰涅槃。但这里有一个重要的因素，即社会主义市场经济在中国的逐步确立并成为人们的共识。它不仅促进了社会主义文化在中国

1　习近平：《在文艺工作座谈会上的讲话》，人民出版社 2015 年版，第 9 页。

2　《马克思恩格斯选集》第 1 卷，人民出版社 2012 年版，第 404 页。

的发展繁荣，而且扩伸了社会主义文化内涵与外延的边界。在当今中国文化的竞技场上，传统文化在努力适应着现代社会，现代文化在不断改变着历史传统，主流文化在努力扩大着自身阵地，大众文化在不断迎合着人民需要。市场化的浪潮驱使着不同的文化都在扩充和巩固自身的边界，但是文化的发展一定不能沦为市场的奴隶。面对市场化的浪潮，邓小平强调两个文明都搞好才是中国特色社会主义。习近平强调："要坚守文艺的审美理想、保持文艺的独立价值，合理设置反映市场接受程度的发行量、收视率、点击率、票房收入等量化指标，既不能忽视和否定这些指标，又不能把这些指标绝对化，被市场牵着鼻子走。"[1] 可见，市场化的浪潮不可逆，但文化的边界更不能流放。社会主义市场经济条件下建设社会主义文化强国必须要直面市场化带来的种种问题，在发展中形塑好自身的边界，要兼顾社会效益和经济效益，当两者发生矛盾时，经济效益要服从社会效益，市场价值要服从社会价值。

在一个良序社会中，"凯撒的归凯撒，上帝的归上帝"，人们价值观念与实践行为中的对错是非、美丑香臭应该是明晰的。当今我们的国家既没有战争，也没有外患，既没有内乱，也没有灾荒，人们的物质生活水平和精神文化素养普遍提高，但人们内心的"不安"与"焦躁"似乎并未递减反而陡增。关于"风险社会"、"流浪社会"、"消费社会"的描述也此起彼伏。其根源在于，在资本逻辑、眼球经济、粉丝文化的冲击下，被物欲主宰的人们、被金钱迷惑的人们，在欲望中吞噬了理想，在多变中动摇了信念，心灵、精神、良知这些人性之根被物化、被抛弃。不少人似乎得了一种迷心逐物、心为物役的"现代病"，也有不少人似乎得了一种只讲娱乐、不问方向的"精神病"。身处良莠不齐、鱼龙混杂的文化环境中，不免有些人彷徨迷茫、不知所措、难得安宁，也有些人灵魂空荡、精神飘荡、思想游荡。风不清则气不正，气不正则行不齐。在当今的文化生活中，有些文化节目为了获取收视率出现了庸俗化

1　《习近平谈治国理政》第 2 卷，外文出版社 2017 年版，第 320 页。

倾向，有些短视频为了获得点击率出现了媚俗化倾向，有些网络直播为了获得点赞数出现了低俗化倾向。他们打着"百姓爱看就是好节目，百姓点赞就是好文化"的旗帜，在着意消解时代精神、鄙薄崇高作为、回避主流文化的扭曲心态下，把毫无审美价值，毫无思想品质的低劣次品推给受众，满足部分受众搜奇猎艳的低级趣味。与此同时，身处与全球化后现代语境相关联的信息时代，文化生态与审美风尚的边界已悄然发生着质的变化，艺术与生活、文化与政治、神圣与世俗的界限逐渐消解，以日常、感性、快餐、娱乐等为标签的消费效益原则冲击着以优雅、崇高、规范、秩序等为核心的经典美感风尚。精神文化价值的流失，必然导致行为底线的失防，而良好价值观念的养成不仅要培育，更要践行。

市场的竞争特质与文化的高雅追求是当前中国文化发展中的一对基本价值矛盾。天有阴晴风雨，人有七情六欲，谁都不能在诱惑面前无动于衷，关键看你能否明道德、守法度，不越底线、不踩红线、不碰"高压线"。在市场竞争环境中，商业逻辑与技术理性相贯通，渗入并占据了人类特有的文化阵地。文化边界大有被市场洪流所漫过的"失守"危险，主要表现在以下方面：一是消费文化日趋兴盛。在消费欲求的刺激下，文化被消费或商品理念所主宰，商品生产与消费的种种理念都会演化成文化生产的动力，而文化一旦丧失自身独立性沦为消费的附庸，反过来会对消费主义的泛滥推波助澜。二是重欲文化沉渣泛起。欲望是人体本性产生的想达到某种愿景的要求，概念本身并无善恶好坏之分。从人的类存在本质角度讲，它是心理到身体的一种渴望与满足，是一切动物生命存在必不可少的需求，关键在于如何控制。在市场竞争环境中，资本跃升为万物的主宰和幕后推手，低级趣味文化、色情暴力文化、丑风陋习文化在利益的驱使下走上舞台。金钱崇拜与娱乐至上相伴相随，打着"怎么都行"的旗号，迎合人性中的低级欲望。三是"三俗"文化方兴未艾。俗文化相对于雅文化而言，因其兼具雅文化的独创性和民间文化的通俗性，成为人类文化生活不可或缺的一部分。但在市场竞争环境中，通俗文化逐渐滑向了低俗、庸俗、媚俗、粗俗、恶俗。

　　文化阵地在市场竞争的环境中面临着严重"失守"困境，昔日严肃的文化日渐失去了往昔的高雅，昔日经典的文化日渐失去了往昔的风采。若是把精神、信仰一概物化，把诚信、道德统统抛弃，无疑会给人们带来思想上的伤害、精神上的伤痛、文化上的伤亡。西方哲学家马克斯·韦伯较早地意识到科学理性的局限性，表达出对工具理性的忧虑。在他看来，理性可分为工具理性和价值理性，市场经济的确立使得工具理性长足发展，而价值理性逐渐隐退和被抛弃。财之日进而德之日损，物之日厚而德之日薄，成为现如今人们关注的焦点话题。市场经济发展的潮流不可阻挡，文化的栖息地要在这一巨浪中守住阵地。文化是人们的意识和创造的领域，它能给精神以活力。没有文化，人的精神则无可依托。在历史上未见过哪个人类共同体、民族共同体没有自己的精神禀赋，没有自己的性格和天性，没有所确定的生活原则和社会成规，因为这些有助于他们存在下去，并保持自己的独特性和文化。

（三）信息社会与文化边界的凌虚

　　互联网、数字化、手机等新媒介的不断更新迭代使得信息在任何地方都能够跨越时空的边界限制，进行及时且广泛的交流。信息的无处不在、无所不及、无人不用、无时不有建构了社会的全新形态，同时也导致文化生态、文化价值、文化秩序的深刻变革。文化与互联网的"联姻"，迸发出强劲的活力，透露出无限的潜能。信息技术正在以新的理念、新的业态、新的模式全面融入人类活动的各领域和全过程。随着移动互联网信息技术的迅猛发展和媒介革新，文化的生产、传播、评价的整体格局和业态都发生了翻天覆地的变化。网络文化的兴起与蓬勃发展显然已经成为当今文化场域中的一大亮点。在信息化社会中，不同文化可以跨越地域、民族、国家的边界，成为公共性的文化。但公共性的文化不是单一的、平面的，而是多元的、立体的，本质上并没有脱离经济基础、政治因素与意识形态的制约。不同文化间的边界在信息化社会中并没有离去，反而文化领域的主导权、话语权、管理权之争却更加突显。为此，不同国家都提出并实施了各自的文化发展战略，试图形塑自身的文化边界，以防御他文化的入侵。如针对美国的文化输出战略，法国形成了从"文化例外"到"文化多样性"的文化自主战略，德国形成了以"文化对话"为标识的文化发展战略，日本、韩国提出并确立了"文化立国"的发展战略。可见，信息化时代并没有导致文化发展的趋同化，反而各国在进行文化交往的过程中更加注重本国文化的边界性。

随着网络的普及与优化，现实与虚拟之间的界限日渐抹平，网络视频逐渐代替了电视荧屏，网络购物逐渐代替了商场超市，网上办公逐渐代替了网下办公，网上聊天逐渐代替了网下对话。但是，"在破碎的符号与影像的轰炸下，个人的认同感垮掉了，因为这些符号将过去、现实与将来之间所有的连续感统统抹掉，并打倒了所有相信生活是一项有意义事业的目的论信仰。"[1] 人们在信息化所营造的时空中，往往并没有保持应有的边界意识，反而在信息洪流中迷失了自我。为此，社会主义文化的发展必须要直面充斥着对与错、美与丑、真与假、善与恶、正与邪、雅与俗之间边界张弛的信息化场景。因为，"准确、权威的信息不及时传播，虚假、歪曲的信息就会搞乱人心；积极、正确的思想舆论不发展壮大，消极、错误的言论观点就会肆虐泛滥。"[2] 在信息爆炸的社会里，真真假假、虚虚实实的信息推送不断影响着民众的文化价值观。这背后的原因是多元的，既有拜金主义的影响，也有享乐主义的诱导，既有文化霸权的操持，也有文化帝国的渗透，各种杂乱纷呈的文化思潮在信息流中不断翻滚，对社会主义文化的良序发展造成巨大冲击。信息无边，文化有界，信息化潮流中的文化边界形塑绝不是可有可无，亦非虚拟虚设，而是一种必须和必然。

当下，互联网已成为每个人生活乃至生命中不可或缺的一部分。信

1　［英］迈克·费瑟斯通：《消解文化——全球化、后现代主义与认同》，杨渝东译，北京大学出版社 2009 年版，第 62 页。

2　《习近平谈治国理政》第 2 卷，外文出版社 2017 年版，第 319 页。

息的容量、传播的速度、应用的程度、影响的深度、作用的力度等都呈几何级数增长。网络突破了时间和空间的边界限制，使得各种信息能够以文字、图片、音像等方式，全天候地在全球空间迅速、海量、互动式的交流与共享。信息技术的发展正在改变乃至重塑着人们的文化习惯和文化生活，同时也创造了一个与现实社会相依并存的虚拟社会。在虚拟社会中，网络时刻记录着亿万人民的生活轨迹、心灵轨迹、消费轨迹，使得人们的空间观与时间观、距离感与审美感、视觉感与图像感都发生了彻底的变化。虚拟社会虽不能对现实生产产生直接的作用，但在思潮引领、文化选择等方面却展现出自己独特的价值魅力。以互联网、移动通信等为代表的新媒体的勃兴，使得网络虚拟生态环境不仅改变、刷新甚至颠覆了人们的生活方式、思维方式、道德观念、价值取向和行为模式，也延伸和扩展了人们的视觉、听觉、触觉和记忆，并逐渐渗透到人类社会的角角落落，对人们的生产生活发生着不可小觑的影响。互联网为文化发展注入新的动力、开辟新的空间，提供新的土壤，为不同个体和群体之间的文化交流提供了新的契机。但当下一些网络文化创作与传播过度沉迷于技术手段的迭代更新，盲目追求更加绚丽、更加便捷、更加动感的视听效果，从而罔顾价值的紊乱、思想的浅薄、内容的乏味，对培育健康良序的网络文化生态构成干扰。

关于信息革命所带来的后果总体评价上，各种分歧之间差距非常大，甚至截然不同。然而，对其冷静的、清醒的理解和评价应该是，信息革命是客观的和存在深刻矛盾的过程，它既包含着新的机会，也包含着新的危险，既能带来收获，也能带来损失，既有符合进步的总体范式的积极进取因素，也有意想不到的、过去从未遇见过的风险和挑战。其实，信息化实际进程的构架也存在于新的危险和新的机会的这种平衡之中。问题在于，如何一方面消除或减少信息化的风险和威胁，另一方面更加充分地挖掘信息化的建设性的世界体制潜力。具体到新时代的文化发展而言，新的文化形态和文艺类型随着互联网技术和新媒体的变革而不断催生。正如习近平所言："由于文字数码化、书籍图像化、阅读网络化等发展，文艺乃至社会文化面临着重大变革。"[1] 虚拟社会中网络文化呈现出娱乐化、技术化、模式化、惊奇化、祛魅化等特征，如追求感官刺激而不是精神快乐，追求速度效率而不是传承积淀，追求复制模仿而不是个性创造，追求搜奇猎艳而不是打动心灵，追求粗制滥造而不是思想升华。互联网虽然具有吐纳天地、熔铸古今的博大胸怀，具有超乎想象的包容性，但其不能"大而无外"。这种"大而无外"的包容性极易带来"不知轻重"的文化边界"凌虚"，主要表现在以下方面：一是虚无历史文化。文化的涵养需要根基，更需要耐心。在现实生活中，人们由于文化惯性和文化习性的作用，大都能尊重历史，敬畏传统。但在网络空间中，一些人利用网络技术的隐匿性，为了夺取眼球、为了获得关注、为了赢得点击，打着"还原历史真相"、"探寻历史奥秘"的标题进行污蔑经典，拆分传统，旨在达到虚无历史，忘却传统的目的。人们在这种文化浸润中，必将沦为精神空虚者和文化落魄者。二是虚掩文化之用。网络文化打破了有形的时间和空间限制，缩短了人与人、人与社会之间的距离，凭借着信息技术将身处天涯海角的人们链接起来。但网络文化具有强烈的"去中心性"和"平面性"特征，因此人们在网络空间中常常表现出无价值中心的思维取向，造成人对核心文化及其作用的贬低化和庸俗化，失去了应有的独立思考，淡化了应有的价值主导，沦落为单向度的"机器人"和"手机控"。三是虚浮网上网下。人原本是现实生活中的人，但互联网的迅猛发展造就了与现实生活形影相随的虚拟社会，以致人们成为"网上网下"的综合人。但在虚拟网络中，由于网络隐匿性特征使得原本在现实生活中难登大雅之堂的"三俗"文化却在网络空间悄然盛行，如宣扬暴力、传播隐私、恶搞他人、哗众取宠等。虚拟社会中的网络文化没有时间和空间的界限，因此很容易融入人们的文化生活。如果人们不能对虚拟社会和现实社会中的文化划定合理的边界，网络文化伴随着高科技的大规模应用极易发生变异，成为"奴

---

1   习近平：《在文艺工作座谈会上的讲话》，人民出版社 2015 年版，第 12 页。

役"人们文化心理的匕首。

信息网络营造的虚拟环境并不可怕，它不仅是人类创造力的一种体现，而且为人类走向更加美好的未来提供便利。如果因为其有弊端和瑕疵而将其拒之门外无疑是错误的。但另一个微妙的现象是，当政府、市场、民众都在为网络时代的到来欢呼雀跃时，诸多人文精英知识分子开始了批判的反思，试图给网络时代的发展划定边界。信息原意是指人通过获得、识别自然界和社会的不同信息来区别不同事物，得以认识和改造世界。在信息社会中，"用户生产内容"、"人人都是文化生产者"成为常态化的存在，为文化创作主体的多元化与全民化提供了可能。不同年龄、不分职业、不限地域的个体都可以成为文化创作和传播的主体，文化创作主体的参与者成功实现了圈层边界的突围。与此同时，文化的受众对象也在发生变化，受众也在参与文化的生产、传播、消费和评价，包括弹幕互动、直播连麦、转发点赞等，成为一种"复合型"受众。这些原本都是文化发展中值得肯定的进步，因为它以多样化的形态、丰富化的内容传递着符合广大人民群众需求的文化作品，彰显着文化的影响力和整合力。当"靠颜值引大众"、"凭恶搞取欢笑"、"依尺度赢看点"利用着网络野蛮生长时，当"色情文化"、"暴力文化"、"三俗文化"充斥着网络文化空间时，当"华而不实"、"凭空臆造"、"支离破碎"占据着网络平台阵地时，人们如果意识不到其局限性或边界性，或因其有价值合理性的一面就漠视其负面影响，那便是人类的短视。因此，在拥有海量信息的同时，不能造成审美体验的衰退；在技术进步的同时，不能放弃对内容为王的坚守；在追求经济效益的同时，不能放弃对价值和意义的探寻；在追求创造创新的同时，不能搁置法律法规的约束；在探奇求新的同时，不能抛弃社会规则的律令。在推动网信事业发展，让互联网更好造福人民的同时，更应该聚焦网络文化创作、传播和评价过程中出现的不良现象，梳理出存在的突出问题，以社会主义核心价值观和理性审美为引领，彰显网络文化应有的思想深度、艺术品位、价值追求和审美风范，不要忘记打造天朗气清、生态良好，关乎亿万民众共同精神家园的网络文化空间。

第五章　社会主义文化边界的功能分析与时代症候

　　人们总是生活在特定的文化之中，通过各种物质生产和精神生产来维系自身的生存与延续。文化作为社会的黏合剂、润滑剂，其正向功能的有效发挥，对社会的进步和人类的发展具有促进或积极作用。反之，则会起到阻碍或消极作用。"当人们不满意现有文化的世界观和价值准则时，当人们感到不得不采用新的方式来引导文化发展时，就产生了摧毁旧的文化结构和确立新的文化结构的愿望。"[1] 社会主义文化的出场顺合了这样的文化发展规律，从而使得文化功能的发挥在一般性意义上又具有了更多的特殊性，这些特殊性又通过自身边界的划定呈现出来。就此而言，社会主义文化边界是社会主义文化发展精微的内在动力。社会主义文化边界功能的特殊性体现在以下方面：功能的方向上要坚持社会主义的远景，不能漫无目的；功能的主体上要坚持以人民为中心，不能虚无缥缈；功能的领导上要坚持无产阶级政党的领导，不能没有主心；功能的结构上要坚持整体性的原则，不能各行其是；功能的限度上要防止资本的肆虐，不能随波逐流；功能的品格上要追求真善美，不能格调低劣，等等。社会主义文化在确立自己边界的同时，或明或暗、或隐或显地彰显出自身的功能。

1　孟宪平：《马克思主义文化动力思想及其实践研究》，北京师范大学出版社 2018 年版，第 155 页。

一、 社会主义文化边界的功能分析

欲知社会主义文化边界的功能，首先要弄清楚什么是"功能"，它有哪些表现；其次要弄清楚什么是"文化的功能"，它有哪些构成；最后要弄清楚"社会主义文化边界的功能"，它又有何特指。梳理有关词典的解释，"功能"一词在中国古代的含义主要有三层意思：一是功效和作用。如在《汉书·宣帝纪》中记载："五日一听事，自丞相以下各奉职奏事，以傅奏其言，考试功能。"这里"考试功能"的意思是，考察检验其功效。二是事功和能力。如在《汉书·杜钦传》中记载："观本行于乡党，考功能于官职。"意思是说，在乡党之间观察其德行，在官职之上考察其能力。三是技能和才干。如在《管子·乘马》中记载："工，治容貌功能，日至于市。"上述关于功能的释义多为褒义或中性。在西方学界，"功能"一词最初出现在生物学科中，后来被引入到社会科学中。英国著名社会学家赫伯特·斯宾塞（Herbert Spencer）较早将生物学中的功能概念引介到社会学中，强调不同的社会组织满足不同社会需求的现象正如不同的人体器官满足不同的生理机能一般。法国社会学家埃米尔·涂尔干（Émile Durkheim）也深受这个 19 世纪以来颇具影响力的演化论启发。他所著的《社会分工论》一书中也指出，传统社会靠"机械的团结"来维系，而现代社会则是靠不同分工之间的差异化功能来维系。他分析了人类社会组织分化与功能特殊化之间的关系，认为组织之间的功能互补是社会稳定生存而没有分崩离析的重要条件。近代美国社会学家塔尔科特·帕森斯（Talcott Parsons）整合了这些功能主义的观点，奠定了曾经盛极一时的结构功能论典范。

文化的作用是多方位的，它对于人类有主体作用，对于经济有先导作用，对于社会有促进作用，对于精神有培植作用。"世界的文化面貌正在发生深刻的变化。由于数不尽的交往，由于政治、经济、环境、教育、技术、社会和艺术的变化，不仅世界正经受改变，而且文化和各种文化形态也迅速成为个人、机构、社团、国家和国际事务中的强有力的力量。"[1] 世界和时代发展至今，文化一改往日的被动局面开始以积极的姿态成为人类进步和社会发展的显性重要力量。世界上不同的国家都通过许许多多的措施，包括政策、立法、财政、人才、产品等来促进文化发展，均开始有意识地、自觉地、系统地对待本国的文化。直白地说，是因为文化的力量在今日已经充分凸显出来，但究其根底在于文化功能的存在。

那么，文化具体有哪些功能？对此，学术界有不同的观点和看法。有学者提出文化的功能可分为社会性和结构性两大类。从社会性角度看，又可分为生理性功能、社会性功能、心理性功能，从结构性角度看，又可分为正功能与反功能、显功能与潜功能。[2] 有学者提出文化具有认知、教化、沟通、凝聚、传承、娱乐等方面的功能，这些功能决定了它在推动国家发展和民族进步中的重大战略意义。[3] 美国哈佛大学教授约瑟夫·奈在 2004 年出版的《软实力——国家政治的制胜之道》一书中首先提出软实力的概念，并对此作了较为完整的阐述。根据他的观点，文化软实力是指一个国家维护和实现国家利益的决策和行动能力，其力量源泉是基于该国在国际社会中的文化认同感而产生的亲和力、吸引力、影响力和凝聚力。虽然这一概念的提出具有强烈的国际竞争背景和美国化立场，但其着眼于文化力量的观点仍然是富有前瞻性和时代性的。他已经看到人类世界所面临的时代症候，呼吁人们把物质生活与精神生活失衡的重心，从物质实力转移到精神实力上来。文化之中蕴藏着巨大的力，这种"力"不同于物理学上的"力"。根本的不同之处在于，物理学上的"力"是人类用来"化"自然界的，而文化上的"力"是人

1　[加] D. 保罗·谢弗：《文化引导未来》，许春山、朱邦俊译，社会科学文献出版社 2008 年版，第 1 页。

2　参见何星亮：《文化功能及其变迁》，《中南民族大学学报》（人文社会科学版）2013 年第 5 期。

3　参见齐卫平：《文化功能及其在国家发展和民族进步中的意义》，《思想理论教育》2009 年第 13 期。

类用来"化"自身的。文化的这种软实力日用而不觉、日察而不显,却越来越为世界各国所认识和重视。事实上,文化功能的发挥既有正面的,也有反面的;既有正向的,也有反向的;既有积极的,也有消极的;既有主动的,也有被动的;既有显性的,也有隐性的。与此同时,文化在不同的环境中,其作用发挥的方式与效果往往也不尽相同。如在国家和平兴旺之时,文化主要发挥引导作用,国家战争危难之时,文化主要发挥激励作用,国家民族融合之时,文化主要发挥黏合作用。社会主义文化的出场有其自身的特殊性,这种特殊性意味着它有自身的边界性,而边界性体现在下述的功能之中。

(一)区分功能

边界存在的首要功能就是区分,领土边界的区分功能体现在国家的空间界线不能随意践踏,道德边界的区分功能体现在人之为人的底线不能随意突破,制度边界的区分功能体现在制度的刚性如被戏谑必将受到惩治,文化边界的区分功能体现在一种文化的根基不能被另一种文化所侵蚀。苏联文艺理论家米哈伊尔·巴赫金认为,人是通过划界行为来确立自身的生存位置,并在不停扩大自身边界的过程中形成、实现和更新自我。在他看来,"我"存在的合理性、必要性在于"我"是唯一的、不可重复的、不可替代的。"我"成为自己所建构的生活世界的意义中心和价值中心。"我"之外的"他"也按照他自身的生存理想去建构属于他的生活。"我"与"他"之间的不可代替性,构成了人与人之间生存的边界。这种"边界"既是"我"和"他"相互区别和映衬的边界,又是"我"与"他"相互呼应和补充的边界。"有了分界,就能突出'我'和'他人'生存位置的唯一性,生存世界的独立性;有了交界,'我'和'他人'就可以通过对话交流,弥补自身的缺陷并扩展自身的生存疆界。"[1] 巴赫金关于"我"与"他"之间的边界区分对于理解社会

主义文化边界的区分功能具有重要的启发意义。我们强调社会主义文化的边界，一方面是为了表明社会主义文化存在的合理性、必要性、独特性，由此建构社会主义文化发展的目标、方式、价值。另一方面，强调社会主义文化的边界并不等同于封闭保守，也不意味着顽固不化，而是力求在主体与客体、自我与他者之间达成一种和谐。社会主义文化边界的区分功能是运用正面宣传与引导和反面批判与斗争的方式来实现的。当然，区分的环境、区分的内容、区分的对象、区分的要求在不同的时代和不同的国度都不一样，因而区分的功能也会随之有不同的展现。

从哲学角度讲，边界首先是一种生存立场。有了边界，才会有相对稳定、面目清晰的区分尺度，才有可能形成自我意识、他者意识、对话意识、超越意识，才有可能产生形塑的渴求、越界的冲动、对话的欲望、超越的可能。在社会主义文化发展史上，马克思对资本主义早期现代化进程中出现的种种"异化"现象所作的批判尤为深刻，其所形成的文化批判理论不仅为审视西方马克思主义提供了独特的视角，而且为理解社会主义文化边界的区分功能提供了较好的范例。因为，人总是生活在一定的文化之中，文化现象在人的世界中无处不在、无时不有。社会结构的深层机理往往通过各种各样的文化现象表征出来，在此意义上，文化是一个社会的外在表征。当一个社会发生深刻转型或变革时，文化往往是其精神旗帜和风向坐标。按照这种逻辑，人类社会迄今为止所经历的最深刻的转型，即工业革命所开启的现代化进程，这一进程中的种种问题也通过文化现象而表征出来。对文化所作的批判往往是诱饵，成为对整个社会批判的先兆。马克思早期遇到的文化或思想上的问题主要有两方面：一是哲学上的唯心主义达到顶峰带来的思想或理性"神化"问题；二是资本主义现代化发展内生的"现代性"问题。黑格尔哲学是德国古典唯心主义哲学的顶峰，也是西方传统哲学中理性主义精神的集大成者。历史在黑格尔那里是绝对精神的发展史，虽然他的思想有巨大的历史感作为基础，但是他并没有深刻揭示出真正现实历史的发展逻辑。作为青年黑格尔派一员的费尔巴哈虽然对黑格尔的"理性神学"进行了批判，提出宗教的本质是人的本质的抽象形式，是人的本质的异化，但他在人本唯物主义的道路上止步了。正是因为费尔巴哈对黑格尔唯心主义哲学的批判，这才有了马克思在《〈黑格尔法哲学批判〉导言》开篇所讲的："就德国来说，对宗教的批判基本上已经结束"。[1] 但是马克思紧接着写道："而对宗教的批判是其他一切批判的前提。"[2] 因此，马克思早期的文化批判理论正是从对宗教的批判切入的。以英国资产阶级革命为起点标识的现代化进程，总是在以一种"病症"的姿态砥砺前进，而对于现代社会中出现的现代性问题，哲学家们纷纷给出了各种不同的克服路径。

马克思早期文化批判的意义在于明确了社会主义文化与旧文化之间的边界。众所周知，马克思生活在资本主义迅速发展上升的阶段，各种现代性的矛盾呈现"聚众爆发"的态势。作为形成于资本主义上升阶段的批判理论，马克思对宗教文化所做的批判无疑具有强烈的"现代性"色彩。换言之，如何摆脱资本主义的固有矛盾，反思和批判资本主义的现代性，引导人类走向更加美好的未来，成为马克思早期文化批判理论的重要主题。宗教是人类历史发展到一定阶段出现的特殊的文化现象，其产生于人对世间万物变幻莫测的惊奇和人对现实生活苦难的形而上憧憬，本质上体现为人的自我异化。从远古走来，宗教作为特殊的文化现象一直或大或小、或多或少、或深或浅地影响着人们的社会文化生活。对于宗教的内涵及其定位和作用，马克思之前的哲学家们进行了诸多探索。如黑格尔将人的精神世界分为"主观精神"、"客观精神"、"绝对精神"，三者之间是相互关联、层层递进的关系，精神哲学的最后阶段就是"绝对精神"，而宗教则是以表象的方式把握人类"绝对精神"的一种形式。马克思在借鉴前人对宗教批判理论的基础上，对宗教进行了彻底的批判，同时实现了自身哲学由唯心主义向唯物主义的重大转变。他

1　《马克思恩格斯选集》第 1 卷，人民出版社 2012 年版，第 1 页。
2　《马克思恩格斯选集》第 1 卷，人民出版社 2012 年版，第 1 页。

在《〈黑格尔法哲学批判〉导言》中对宗教文化进行全面、彻底的批判，阐明了宗教的本质是什么、为什么要反宗教、反宗教的意义是什么等问题。

其一，宗教的本质是："人的本质在幻想中的实现"。[1] 在人类历史发展进程中产生了宗教，但宗教本质上是一种"颠倒的世界意识"。它虽然是"世界的总理论"、"包罗万象的纲要"、"具有通俗形式的逻辑"，等等，但在本质上仍是虚幻的，是人类想象的产物而不是人类实践的产物。其二，反宗教的根据是："人创造了宗教，而不是宗教创造了人"。[2]马克思指出，现实的人为了某种精神的抚慰和灵魂的安顿创造了虚幻的、超验的宗教，但是在阶级社会中，宗教并没有发挥其应有的作用，而是成为一种异化的、神化的力量存在，进而压迫着人。人在宗教文化中并没有得到"自我实现"，而得到的却是"自我异化"。为此，他提出，人要围绕着自身和自己现实的太阳来转动，而不是让人围绕着宗教这个"虚幻的太阳"来转动。其三，反宗教的意义是："要求人民的现实幸福"。[3] 马克思从唯物主义的立场和人类解放的高度出发，强调要"废除作为人民的虚幻幸福的宗教"、"要求抛弃关于人民处境的幻觉"、"要求抛弃那需要幻觉的处境"。[4] 因为在阶级社会中，宗教虽然是人们获得精神慰藉和灵魂寄托的"栖息地"，但是人们在无形之中却逐渐把人的类本质忘却了。

文化是一条连接古今的长河，不可能通过"抽刀断水"就能实现"一刀两断"的效果。就此而言，文化变革在政治革命之后必然会以一种"藕断丝连"的方式存在。列宁在社会主义发展中首先遇到此问题，要求必须从社会制度层面对不同的文化作出区分，并给出发展思路。作为世界上第一个社会主义国家，苏俄一方面要回答，社会主义文化是什

1　《马克思恩格斯选集》第 1 卷，人民出版社 2012 年版，第 2 页。
2　《马克思恩格斯选集》第 1 卷，人民出版社 2012 年版，第 1 页。
3　《马克思恩格斯选集》第 1 卷，人民出版社 2012 年版，第 2 页。
4　《马克思恩格斯选集》第 1 卷，人民出版社 2012 年版，第 2 页。

么？实践中又该如何建设？另一方面要回答，如何对待资本主义文化和封建主义文化。在领导苏俄探索社会主义的实践中，作为一个务实的政治家，列宁深知文化上的落后将对苏俄的社会主义发展造成极为不利的影响和严重的制约。为此，他一方面强调要善于区分社会主义文化与资本主义、封建主义的文化，另一方面提醒要善于利用旧社会留给后人的好东西。1920年，列宁在俄国共产主义青年团第三次代表大会上明确了共产主义青年团的任务是学习共产主义。但是，洞悉俄国文化实际的列宁也明确警示，不能笼统地提出学习共产主义，也不能直接或全面地否定旧学校或旧文化。他说："要善于把旧学校中的坏东西同对我们有益的东西区别开来"。[1] 这里的，"区别开来"就是社会主义文化边界区分功能的充分体现。在列宁思想上，划清社会主义文化与其他文化的边界并不影响社会主义文化吸收其他文化的优秀成分来为自己服务。

毛泽东在谈及新民主主义文化问题时，更是充分彰显了新民主主义文化与其他形态文化的边界区分意义。他运用马克思主义唯物史观的方法，从阶级性的角度去看待新民主主义革命时期中国所存在的不同类型的文化形态。他指出，在中国，有帝国主义文化，这是反映帝国主义政治经济统治的东西，有半封建文化，这是反映半封建政治和经济的东西。在他看来，"不把这种东西打倒，什么新文化都是建立不起来的。不破不立，不塞不流，不止不行，它们之间的斗争是生死斗争。"[2] 可以看出，这些话语虽然充满了斗争韵味和阶级气息，但是它表明了不同文化之间的边界区分所在，即不同类型的文化依托或立足的根基是不一样的。因此，中国近代的革命若在政治上有新旧之分，那么在文化上也有新旧之别。即"在'五四'以前，中国的新文化，是旧民主主义性质的文化，属于世界资产阶级的资本主义的文化革命的一部分。在'五四'以后，中国的新文化，却是新民主主义性质的文化，属于世界无产阶级

---

1 《列宁全集》第39卷，人民出版社2017年版，第333页。
2 《毛泽东选集》第2卷，人民出版社1991年版，第695页。

的社会主义的文化革命的一部分。"[1] 这里，也是社会主义文化边界区分功能的彰显。两种不同的文化区分以"五四"为时间节点，核心在于领导力量的不同，因而文化的性质就会发生偏向。新中国成立后，中国共产党依然坚持阶级分析的方法，强调要划清工人阶级和资产阶级的思想界限。如1954年4月，党中央在有关文件中明确提出："进一步划清社会主义与资本主义的界限，划清资产阶级思想、小资产阶级思想与先进的工人阶级思想界限"。[2] 这里，党中央强调要划清社会主义与资产阶级、小资产阶级的思想界限。1957年2月，毛泽东在谈及促进社会主义文化繁荣的方针"百花齐放、百家争鸣"时指出："不加批评，看着错误思想到处泛滥，任凭它们去占领市场，当然不行。有错误就得批判，有毒草就得进行斗争。……我们是反对一切毒草的，但是我们必须谨慎地辨别什么是真的毒草，什么是真的香花。"[3] 这里，毛泽东强调要用辩证的方法而不是教条的方法，要用科学的方法而不是形上的方法来区分不同类型的文化。以上论述，都是社会主义文化边界区分功能的充分彰显。

伴随着从站起来、富起来到强起来的伟大转变，中华民族也已彻底摆脱了百年前的消极防御，正在以积极、主动的姿态走向世界与融入世界，因此在防御上也已转为积极作为，增强主动性、掌握主动权、打好主动仗，讲导向不能含糊，抓导向不能放松。2009年9月18日，党的十七届四中全会明确提出要自觉划清"社会主义思想文化同封建主义、资本主义腐朽思想文化的界限，坚决抵制各种错误思想影响，始终保持立场坚定、头脑清醒"。[4] 这里之所以强调要同封建主义思想文化划清界限，是因为中国经历了漫长的封建社会，封建思想文化残余根深蒂固，

1　《毛泽东选集》第2卷，人民出版社1991年版，第698页。
2　《中共中央文件选集（一九四九年十月——九六六年五月）》第16册，人民出版社2013年版，第100页。
3　《毛泽东文集》第7卷，人民出版社1999年版，第232—233页。
4　中共中央文献研究室编：《十七大以来重要文献选编》（中），中央文献出版社2011年版，第147页。

千年发展过程中累积的文化印迹不会在百年变革过程中一下子抹去。近代以来，国人对封建主义思想文化还缺乏全面的科学清理和理性批判，取其精华、弃其糟粕的任务还远未完成。之所以强调要同资本主义思想文化划清界限，是因为我国长期处于闭关锁国的状态，国人对西方文化了解得不多、认知得不够，缺乏科学鉴别力，以致在接触引进的过程中出现了鱼龙混杂、泥沙俱进的状况。只有在文化比较中认清不同民族的文化特质与不同文化表现形式带来的差异，珍视和善存中国文化独有的边界标识，才能避免走进自我怀疑、自我否定的认识误区，进而挺起文化自信的脊梁。因此，加强党对文化工作的领导，就是要发挥社会主义文化边界的区分功能，自觉划清不同形态文化之间的界限。

在世界异域文化交融激荡的态势下，社会主义文化建设必须要有世界眼光和开放心态。寰宇全球，一方面国际竞争中不仅有经济、军事等"硬实力"的较量，更有文化、制度等"软实力"的比拼，另一方面文化领域中"唱衰中国"的有之，"误解中国"的有之，"西化中国"的亦有之。从一定意义上说，文化场域也是一个力场，各种政治的、意识形态的力量都在这个舞台上较量。文化不但不是一个文雅平静的领地，它甚至可以成为一个战场，各种力量在上面亮相，互相角逐。在这个舞台上，强势文化有一种征服的欲望，它们希望改变现有的文化边界；弱势文化也有自我保护的愿望，它们希望能够捍卫自己的文化边界。因此，文化边界的前沿阵地是一个没有硝烟的战场。对此，习近平提出思想文化工作要有阵地意识，即边界意识。他说："在事关大是大非和政治原则问题上，必须增强主动性、掌握主动权、打好主动仗，帮助干部群众划清是非界限、澄清模糊认识。"[1] 社会主义文化发展要维护自身文化安全，必须强化边界防御功能，守住社会主义文化的根基和灵魂、核心和边界，一方面努力提高国家文化的软实力，夯实其根基，增强其力量，另一方面积极传播当代中国价值观念，展示中华文化独特魅力，提高中

---

1 《习近平谈治国理政》，外文出版社 2014 年版，第 155 页。

国国际话语权。唯有此，才能让世人全面认识中国，深切理解中国，真心拥抱中国。

社会主义思想文化是在同封建主义、资本主义思想文化的斗争中不断前进发展的。放弃斗争，封建主义、资本主义的思想文化就会挤占社会主义思想文化的空间，甚至动摇社会主义思想文化在意识形态领域的主导地位。但是斗争需要讲究技巧、讲究方法，要以科学的、理性的态度，通过以正驱邪的分析、比较、鉴别的方式方法，引导人们既要认清不同形态文化各自的内涵、形态、本质、核心，又要认清不同形态文化各自的阶级基础、社会基础、心理基础；既要认清不同形态文化之间斗争的重要性、紧迫性，又要认清这一斗争的长期性、复杂性；既要认清不同形态文化发展中出现的新形态、新特征、新走向，又要认清文化演进中出现的新情况、新问题、新挑战；既要不断研究用社会主义先进文化引领社会文化的有效途径，又要不断探索削弱腐朽文化的有效方法。"划清封建主义、资本主义腐朽思想同社会主义思想文化界限的根本目的，在于大力提升社会主义思想文化软实力，并在社会主义思想文化主导意识形态的实践中划清同封建主义、资本主义腐朽思想文化的界限，以形成相得益彰的良性循环。"[1] 因此，可以认为，划清和区分本身都不是目的，社会主义文化实现更好的发展才是目的，本末倒置就会出现南辕北辙的消极后果。

（二）规约功能

文化原初意义上的教化功能延绵至今，即通过文化的方式、形式、手段去滋润人、教育人、影响人、形塑人。它通过影响人们的观念来调试人们的行为，进而通过调整与人相关的各种关系来为人的美好生存和良序发展服务，这是文化最古老、最持久的功能。中国早在《易经·贲

---

[1]　范印华：《提升社会主义思想文化软实力——划清社会主义思想文化同封建主义、资本主义腐朽思想文化的界限》，《求是》2010 年第 13 期。

卦》中就有记载："观乎人文，以化成天下"。汉代刘向在《说苑·指武》中记载："圣人之治天下也，先文德而后武力。凡武之兴，为不服也，文化不改，然后加诛。"这些说明，在中国传统观念里，"文化"是与"武力"相对的概念，包含有文治、教化以及礼乐典章制度等意思。从文化概念历史演变的角度讲，文化在人类思想史之初就被赋予了社会规约的功能，肩负着规范社会与人的行为的使命。人类各文明形态也都有关于边界规约的明确规定。基督教的"摩西十诫"中的多数规定，如"不可杀人，不可奸淫，不可偷盗"；印度佛教"五戒"中的多数戒规，如"一不杀生，二不偷盗，三不邪淫，四不妄语"；中国道教的"老君五戒"中的四戒："第一戒杀，第二戒盗，第三戒淫，第四妄语"，等等。宗教在现实生活中最大的价值就在于它对其信仰者而言，具有一种规范与约束作用，这种作用往往是法律、制度、规则都难以企及的。事实上，人类文化中深藏着一个系统性的边界意识，并由此建构了一个系统化的关于边界的规范体系和制度安排。如果失去，则如挽逆水之舟，歇力便下流，如缘无枝之树，住脚便下坠。边界意味着一种思想约束和行为要求，意味着社会的每一个成员都必须遵守而不可违背的界限。边界的规约功能是一个社会安全、有序、延续和发展的前提，如果突破边界的现象泛滥起来，社会就会陷入混乱无序、人人自危的状态。文化与边界作为对人自身发展进行约束与引导的社会规范具有同质性，既是文化诞生的必然要求，也是边界存在的客观要求。

依据唯物史观的理路，人是现实的人，是处于一定社会关系中的人，因此人的活动界域必然受到空间与时间的限制。对此，马克思说："希腊哲学家中间有一个是西徐亚人，但西徐亚人并没有因此而向希腊文化迈进一步。"[1] 即是说，单个人的思想先进不等于整个民族的思想先进，单个人无不处在民族文化的界限内。因此，单个人的文化思想和文化行为必然受到民族文化的规约。这种文化的规约功能体现在，它能通

1　《马克思恩格斯选集》第 1 卷，人民出版社 2012 年版，第 7 页。

过习俗、宗教、道德、法规等确立起人们的行为标准，规范人的成长，保护社会秩序，控制越轨行为。它将告诉人们应该如何，不应如何，可以如何。它将告诉人们面临如何作为的多种可能性时，指导人们选择行为模式，选择规范所期待的，拒绝规范所反对的。它可以通过文化的力量来调节和指导人的全面发展，是社会和谐进步、民主自由平等的强有力保障。在人类历史长河中，不同的历史时代，文化边界对人的社会生产与生活的规范要求与手段是不一样的。如原始社会，神话、宗教的规约功能会强一些；现代社会，法律、道德的规约功能会强一些。文化边界的规约功能的显效或失效表现在边界规约的指导作用与自由意志的互动之中，突出表现在规范与需要、欲望与冲突之中。"当规范与人们的需要和欲望一致的时候，照着规范的指示去做，是人们所乐意的。当规范与人们的需要和欲望冲突时，违背规范，自行其是也是常有的事。"[1] 就此而言，规约并不是为了指导行为而指导行为，而是为了协调人与自然、人与人、人与社会、人与自身、人与神之间的关系而存在，通过改变人的行为达到社会的和谐。当然，不是所有的规约都是科学的、合理的，历史和现实中，恶法之类的规约给人类造成的祸害也有存在。

社会主义文化边界的规约功能首先体现在维护和巩固政权上。"任何一种具有浓烈的社会意识形态特征的文化，其在现实生活中必然对社会中的每一个个体的人格塑造与行为习惯的培育产生重大的影响。"[2] 一个社会共同体的存在与发展，是以这个共同体有一个稳定的规范系统和它的成员普遍都能够遵守规范为前提的。因此，任何国家、任何民族在改造自然与社会的过程中，都有一个用何种思想理论、何种道德观念、何种价值标准指导的问题。中国社会是一个传统的家国共同体，作为一个以等级差序为主导的社会共同体，在历史发展中大体上形成与设立了由个人到家庭、由家庭到家族、由家族到乡里、由乡里到郡县、由郡县

1　　徐梦秋等：《规范通论》，商务印书馆 2011 年版，第 56 页。

2　　戴圣鹏：《论文化的社会规范功能》，《华中师范大学学报》（人文社会科学版）2016 年第4 期。

到国家、由国家到天下，累进构成的总的等级差序格局。每个层级的共同体中，又有各自的等级差序格局，都有各自明确的角色定位，这就使"大中华"这一共同体得以稳定构成并持续延续。这背后是文化边界的力量和作用，因为身处在这个共同体中，每个人从小就会培养起自己的边界意识（包括身份边界意识、行为边界意识、族群边界意识、思想边界意识等），如在父子关系中，作为儿子要做什么、不做什么，作为父亲要做什么、不做什么都是非常清晰的。中华文明在发展过程中，为满足人的精神需求，树立人的道德和理想，确定人的基本行为方式，"确立一个以德治为体，以礼治为用，以法治为辅，以刑治为末的独特的国家治理、社会治理体系"。[1] 这其中，几千年历史发展中形成的"礼治"在规范人们的边界行为和社会生活秩序维护中发挥着长期的和实际的重要作用。它明确规定了每个人在不同场合、不同关系中的不同身份、地位、角色。人们必须依据这些不同的身份、地位、角色，确定应当如何行动，这对于人们来说，实际上是一种边界规约。但是，"礼治"的终极目标在于维护国家和社会的稳定，维护和巩固封建政权的长久。

社会主义文化的出场是通过对旧社会文化的批判来揭开序幕的。按照这种逻辑进路，出场后的社会主义文化维护和巩固政权功能的发挥也是通过对旧社会政权及其意识形态的批判来展开的。文化是意识形态的表达方式，意识形态是文化的重要组成部分。在阶级社会中，占主导地位的意识形态是占统治地位的主流文化。一般说来，社会的文化生活与文化生产都是按照这个社会占统治地位的统治阶级的文化发展要求来进行的，这也是符合统治阶级文化本质属性的。相对于非社会意识形态化的文化，主流文化的意识形态属性决定了文化的政治功能，它必定会对人们的思想文化与社会行为起着约束和规范作用。一种主导性的意识形态一旦产生，便力图为一定社会制度和统治阶级的合法性进行辩护，通过法律、制度、政策、教育、文艺、宣传等各种手段来反对各种不一

1　姜义华：《中华文明的根柢》，上海人民出版社 2021 年版，第 159 页。

致、不和谐的声音，规约各种社会力量，为维护社会稳定服务。现时代，中国特色社会主义文化就是主流文化，它对当今中国的所有文化形态都具有引导与约束功能。

社会主义文化边界的规约功能其次体现在明晰和确立规则上。文化是社会肌体健康的基因。中国在改革开放后，文化发展中的"阶级性"话语、"革命性"词汇逐渐被"发展性"话语、"建设性"词汇所代替。但是，社会主义文化边界的规约功能并未改变，它时刻在提醒人们，何种文化是虚伪的，是应该弃绝的，何种文化是美善的，是值得拥有的，何种文化是真雅的，是值得追求的。它启迪人们用正确的价值观、审美观、历史观来客观欣赏、吸纳和批判现实的各种文化现象。针对改革开放后，社会思潮的多元发展，加之市场经济的快速跃飞，中国特色社会主义文化发展出现了边界模糊的新情况。1997 年 1 月 29 日，江泽民在有关讲话中指出："不加强学习，不注意修养，思想境界低下，就会浑浑噩噩，分不清哪些东西是好的，哪些东西是不好的，哪些是应该倡导的，哪些是应该抵制的，在自己的脑子里就没有正确的是非界限、政治界限。在这种状况下，还能不犯错误？在改革开放的新形势下，有些党员、干部放松了自己的学习、修养和改造，头脑里中华民族的优良传统和党的优良传统少了，而个人主义的东西多了，受腐朽思想的影响多了，对什么是真善美、什么是假恶丑已分辨不清了。在这种情况下，还有不迷失方向、走到邪路上去的？现实生活中，这样的沉痛教训已不少了。"[1]　社会是由各种各样的人所构成的，每个人都有自己的特点、想法、观念和欲望，相互之间有区别、有冲突、有摩擦、有融通。但是，一个社会要保持完整性和持续性就必须要有一定的秩序，这正是文化规约功能的显现之处。社会主义文化发展中的指导思想、主导价值、制度规约、风俗风尚分别从不同侧面为人们的文化思想和文化行为提供层次化、差异化的准则，告知人们什么样的思想是正确的、积极的，什么样的思想是错

---

[1]　《江泽民文选》第 1 卷，人民出版社 2006 年版，第 623 页。

误的、消极的，什么样的行为是正当的、可行的，什么样的行为是失当的、禁止的，什么地方是可通行的，什么地方是禁涉足的。在历史发展的不同文化时代，文化对其所存在与发展的历史时期的一切活动都具有强大的规约功能。这种规约功能使得人们在不同的历史发展阶段的景象呈现中印下相应时代的文化痕迹。当然，现时代社会主义文化规约功能的发挥，其目的并不是为了禁锢与限制人们的思想，而是要为人们的自由全面发展提供有利的价值规范与精神规范。先进的、优秀的文化对人们的边界规约，可以避免人们过于追求物质利益，过于沉迷物质享受，从而避免新的异化的发生，使社会沦落到一个物质利益至上的状态中去。

对于社会主义文化发展来说，确立社会主义文化边界，就是要牢牢掌握意识形态工作的领导权，坚定文化前进方向和发展道路。这要求宣传思想工作要有正确的舆论导向，不能失去应有的责任和担当；要求网络建设工作要有鲜明的阵地意识，不能失去应有的规则和边界。不可忽视的是，在思想文化领域中，有些人党性淡漠、不讲纪律，有些人口无遮拦、毫无顾忌；在网络文化空间中，有些人贬低中华文化，否定革命文化，藐视社会主义先进文化。因此，在"乱花渐欲迷人眼"的文化场域中，必须要保持"乱云飞渡仍从容"的文化定力，在实际文化工作中，"注意区分政治原则问题、思想认识问题、学术观点问题，旗帜鲜明反对和抵制各种错误观点"，[1] 既要提倡文化自由，激发文化创新活力，又要保持秩序，恪守社会主义文化边界。规约因价值需要而产生，因文化秩序而产生，旨在能使文化边界的意识内化为个体的行为准则，从而将社会成员的行为纳入良序有质的健康发展轨道。社会文明程度和全民道德水平的提升，关键在于建立一个正确的、被全体社会成员认可的价值观。树立正确的价值观，要靠政治、法律等硬手段，但文化的作用不可替代。社会主义文化边界的提出，并不妨碍文化发展创新的自由，相反要保障这种自由。在文化思想上，它要求社会成员必须牢牢树

1　《习近平谈治国理政》第 3 卷，外文出版社 2020 年版，第 33 页。

立法律意识、道德意识，不能触碰法律的红线，不能践踏道德的底线。在文化实践上，它要求社会成员拥有积极向上、向美向善的健康文化行为，不能想干什么就干什么，不能想怎么干就怎么干。一个具有文化素养、道德涵养的人，才能在义与利、人与己、是与非、善与恶、美与丑、公与私等关系上明白义理、辨清荣辱、保持节操、取舍有度，有所为有所不为。总而言之，规约功能是社会主义文化的一项重要功能。倡导一种文化、发展一种文化、形塑一种文化，只有抓住了这种文化的规约功能，才能建设好这种文化，才能让这种文化具有现实的生命力。

（三）凝聚功能

所谓凝聚，亦可称之为整合、统合。社会主义文化边界的凝聚功能，是指社会主义文化在现代化征程中"加强思想政治引领，广泛凝聚共识，广聚天下英才，努力寻求最大公约数、画出最大同心圆，形成海内外全体中华儿女心往一处想、劲往一处使的生动局面，汇聚起实现民族复兴的磅礴力量！"[1] 人生活在一定的社会当中，人的欲望、动机、要求以及对事物的评价及价值观念，都与一定的社会生活相联系，与一定社会的文化及价值体系相联系。社会不是抽象的、纯粹的、机械的关系或形式，而是人借助于有意义的文化在物质生产和各种互动中所联结的社会关系及大大小小社会群体中构成的有机整体。那么，这个社会如何凝聚起来？文化是一个重要方面。有学者提出"同类价值意识"，即"是社会群体成员共有的价值心理和价值观念，它包括知认、情感、意志、观念等各个方面的总和。一个人能够认识自己的社会群体，能够在群体中获得认同感和归属感，主要就靠这种同类价值意识。它是社会群体结合、存在的思想基础，也是协调群体成员价值取向的共同哲学"。[2] 这种"同类价值意识"，不仅类聚着一定的群体，也在一定程度上决定

---

[1]　习近平：《在庆祝中国共产党成立 100 周年大会上的讲话》，人民出版社 2021 年版，第 18—19 页。

[2]　司马云杰：《文化价值论》，山东人民出版社 1990 年版，第 96 页。

着社会群体结合的强度和形式。同类价值意识淡薄的群体，一般结合形式就较为松散，反之就愈强。

当今社会是一个多元、多层、多极的复合复杂结构系统，由众多互相分离而又相互关联的部分所组成。每一个部分都具有自己的利益，因此社会结构又呈现出巨大的分裂化和明显的差异化。社会的异质性愈强，分化的程度就愈高；多元结构愈复杂，凝聚整合的作用就愈重要。就文化而言，文化自带凝聚功能，但是凝聚功能发挥力量的大小、半径的长短与文化认同的强弱程度密切相关，高度的文化认同就会出现得道者甚众的热场，低度的文化认同就会出现失道者离寡的冷场。如果不解决文化认同问题，文化之路就不可能走得太远，因为认同对人的生存是必不可少的。无论是个人、社会、民族、国家都是如此，认同深深扎根在人的文化状态之中。与此同时，有效的文化认同和文化凝聚与文化批判力密切相关。

马克思早期在意识形态方面所做的批判是很好的例证。他在对宗教信仰、政治制度进行文化批判之后，为了清算之前的哲学信仰，对当时以青年黑格尔派为主要代表的德国哲学颠倒意识与存在、思想与现实的关系、以纯思想批判代替反对现存制度实际斗争的思想和做法进行了批判。在他看来，宗教、哲学、道德等都是意识的各种不同的理论产物和表现形式，因此，要对之前的宗教批判和政治批判进行系统、全面、彻底的批判，必须要上升到意识形态的高度来阐发。当然，马克思对"虚假意识形态"的批判有着鲜明的文化指向，即只有现实的个人把抽象的公民复归于人自身，而且作为个人成为类存在物的时候，只有现实的个人认识到自身固有的社会力量，并把这种力量与政治力量相统一而不是相分离的时候，人的解放才能完成。

其一，对"虚假意识形态"的批判。马克思揭露了青年黑格尔派和老年黑格尔派批判理论在出发点和落脚点上的局限性。这种局限性体现在：一是"他们的出发点是现实的宗教和真正的神学"。[1] 二是"这些哲

1　《马克思恩格斯选集》第 1 卷，人民出版社 2012 年版，第 144 页。

学家没有一个想到要提出关于德国哲学和德国现实之间的联系问题"。[1]因此，他们所作的努力和批判是不彻底的、是虚假的。这种意识形态的"虚假性"在马克思早期批判中并没有明确指出，而是由恩格斯在 1893 年 7 月 14 日给弗兰茨·梅林的信中进行了明确表达。他写道："意识形态是由所谓的思想家通过意识、但是通过虚假的意识完成的过程。推动他的真正动力始终是他所不知道的，否则这就不是意识形态的过程了。因此，他想象出虚假的或表面的动力。"[2] 即表明，关于意识形态的产生之源和发展动力，先哲们或是从纯粹的思维中演绎出来、或是从先辈的思想中引导出来，而不是探究其真正的根源。因此，这种意识形态无疑是"虚假的"，如同"海市蜃楼"，如同"空中楼阁"，都只能沦为一种文化上的"乌托邦"。

其二，"虚假意识形态"的错误根源在于强调"意识决定生活"。在对先哲们意识形态的虚假性批判之后，马克思从唯物主义的立场出发阐释了意识形态的产生之源和现实生活的本质。他指出，历史的出发点是现实的个人和他们的物质生活条件，而不是宗教和神学，没有这一前提，任何谈论关于人的述说都是意识上的"自说自话"。在他看来，意识的生产与人们物质活动相联系，并随其发展而发展。说意识形态的"虚假"并不是说它是随意的叙事和空洞的抽象，而是因为意识形态是人们物质活动和物质交往的影射，源之现实、根在现实。马克思在著作中借用照相机倒立成像的比喻来说明意识形态是现实生活的反映。但是这种作为"反映"的意识形态随着物质生产和交往的发展便不再保留自己的独立性外观，因为"发展着自己的物质生产和物质交往的人们，在改变自己的这个现实的同时也改变着自己的思维和思维的产物。不是意识决定生活，而是生活决定意识。"[3] 即表明，意识在任何时候只能是被意识到的存在，而人们的存在才是他们的现实生活过程，并且意识会随

1　《马克思恩格斯选集》第 1 卷，人民出版社 2012 年版，第 145 页。

2　《马克思恩格斯选集》第 4 卷，人民出版社 2012 年版，第 642 页。

3　《马克思恩格斯选集》第 1 卷，人民出版社 2012 年版，第 152 页。

着社会存在的变化而变化。

其三，"虚假意识形态"的扬弃只有通过实践才能完成。马克思通过对意识形态产生根源、发展动力和未来走向的阐释，提出必须要消灭这种"虚假性"。这里，不仅是因为意识形态自身的"虚假性"，更是因为作为统治阶级的资产阶级通过意识形态维护着自身的阶级统治。这就造成了在资本主义制度下，国家层面的"普遍利益"与个人层面的"特殊利益"相对立，而此种对立的化解，在马克思看来不能通过精神的批判来完成，而只能通过革命的实践来完成。为此，他提出："意识的一切形式和产物不是可以通过精神的批判来消灭的，不是可以通过把它们消融在'自我意识'中或化为'怪影'、'幽灵'、'怪想'等等来消灭的，而只有通过实际地推翻这一切唯心主义谬论所由产生的现实的社会关系，才能把它们消灭；历史的动力以及宗教、哲学和任何其他理论的动力是革命，而不是批判。"[1] 即表明，资本主义制度下，资产阶级为了维护自身阶级统治所宣扬的意识形态具有"虚假性"，这种"虚假性"的消灭不能通过精神的批判来消灭，也不能通过自我的消融来完成。在马克思看来，只有坚持唯物主义的立场，到意识形态产生的现实社会关系中去探寻，只有通过改变这种不合理的社会关系，才能完成对"虚假意识形态"的消灭。

综上，在马克思对意识形态的阐释中，不仅有否定性的批判话语，更有肯定性的描述话语，它是建立在辩证的扬弃之上的。"扬弃"一词最早见于德国哲学家康德的哲学论述中。黑格尔则明确了"扬弃"同时具有否定和肯定的双重意义，即新事物对旧事物的否定，但这种否定不是简单地抛弃，而是克服旧事物中的消极因素，保留和继承在发展中对新事物有积极意义的东西，并促使其发展到新的阶段。但是，这种否定的结果，既使新事物和旧事物之间有着本质的区别，又使新旧事物联系起来成为有机的整体向前发展。事实上，社会主义文化是一个开放性的

1　《马克思恩格斯选集》第 1 卷，人民出版社 2012 年版，第 172 页。

体系，其内容和功能随着时代演化，依托国家的变化而不断发展。

　　文化对于一个民族的产生、生活和社会活动，恰如地球的磁场之于地球上的物质，人们在共同的文化活动中既创造着文化又被文化影响着，体现出边界的张力，或者说生存于边界之上。文化是凝聚民族精神的一条特殊的纽带，是民族间的"心灵之桥"和"精神家园"。文化的力量深深熔铸在民族的生命力、创造力和凝聚力之中。尽管中华民族在辉煌中曾有过风雨坎坷，但总有一种信念和力量激励着无数仁人志士前赴后继、拼搏进取。中华文明之所以能够不断传承，正是基于这种文化的凝聚力和支撑力。

　　中国共产党领导下新型的文化——延安文化的形成是文化凝聚力体现的一个案例。延安文化，是中国共产党在延安时期创造的文化成果和文化形态。在抗战全面爆发后的一两年时间里，大批先进的知识分子和文化人奔赴延安。他们迅速在延安及陕甘宁边区汇集成颇具规模的抗日文化大军。作为抗日统一战线的抗日文化，从空间上形成了与国统区文化相平行的两个实践区域。这一时期，除了陕甘宁边区文化协会这一规模最大的群众性文化团体外，还成立了大量全国性文化协会的延安分会，尤其以文艺方面的协会和创作演出团体最多。如1936年11月22日，由丁玲、成仿吾、李伯钊等三十四人倡议的中国文艺协会在陕西保安县（今志丹县）正式成立。协会的名称是根据毛泽东提议定下来的，组织这个协会是为了在抗日民族统一战线目标下，共同推动新的文艺工作，结成统一战线中新的战斗力量。再如1938年4月，鲁迅艺术学院在延安成立。1938年5月，抗日文艺工作团在陕甘宁边区文艺界救亡协会和八路军总政治部领导下成立。其任务是搜集战地材料，反映前线生活，推动文艺运动，建立文艺组织。该团先后共派出六组到各地开展工作。延安文化的形成、影响和传播，不仅限于各抗日根据地，还通过图书出版、媒体宣传、人员交流等各种渠道，形成了强大的文化向心力和凝聚力。如茅盾、老舍等国统区文化人和一些著名记者访问延安，以及延安派出何其芳等人到重庆直接传达延安文化界整风情况，直接影响了国统区进步文化界的选择。可见，优秀的、先进的文化对人们的影响力和吸引力是无边界的，它能不依靠任何强迫性手段，只是凭借自身的魅力，把别人的眼球吸引到自己关注的地方上来，它能以不胫而走和触类旁通的方式显示出先进文化的伟力，推动其向前迈进，它能以潜移默化的方式发挥为人们的物质生产与实践活动提供价值引导与社会规范的功能与作用。

　　社会主义文化边界的提出，就是要发挥其凝聚功能。人类社会发展至今日，随着全球化进程的加快和现代化事业的深入，虽然生产力得到了前所未有的解放，但资本统治、理想至上、精神陨落、人文失势等现代性问题却愈加凸显，人类表现出诸多的现代性"隐忧"。就国际文化环境看，意识形态领域的斗争没有削弱反而不断加强，西方有些国家利用传统优势和新兴优势，抢占文化价值制高点，抛出"文明冲突论"、"意识形态终结论"、"普世价值论"、"网络自由论"、"科技无界论"等代表和维护本国统治阶级利益的错误思想论调，努力扩大话语的影响边界。就国内文化形势看，多元文化的发展已成为不争的事实，消费文化的迅速崛起、大众文化的日渐兴盛、流行文化的持续发热、网络文化的异军突起，各种文化形态都欲想在开放多元的文化市场抢占一席之地，努力扩大自身的受众边界。人们在国内外各种文化的蜂拥而至与互相激荡中必然受到不同文化价值观的影响，进而出现思想上的混乱、理论上的困惑、理想上的迷失，产生一种"魂不守舍"的文化失落感。从社会有机整体的构成要素看，文化是"黏合剂"，可以成为凝聚民众的重要力量，是体现一个国家亲和力的重要因素，对社会整体的有机融合发挥着凝魂聚力的功能。从人类历史发展的经验教训看，核心价值观是"圆心点"，对整个民族和国家的生存繁衍发挥着最持久、最深层的力量。当代中国，"社会主义核心价值观是当代中国精神的集中体现，凝结着全体人民共同的价值追求"。[1] 它对社会的大部分群体都有一种亲和力和

---

[1]　《习近平谈治国理政》第 3 卷，外文出版社 2020 年版，第 33 页。

吸引力，当人们把从属一定阶级、一定社会形态的核心价值观视为理所当然时，统治阶级的思想就获得了广泛的社会认同，进而形成人们的文化生活准则，成为人们判断是非标准的内在尺度。国家层面上，它要求维护社会主义核心价值观的核心地位，一切社会主义文化都不能绕开这个核心，必须抵制任何有悖于社会主义核心价值观的思想和行为。社会层面上，它要求强化文化的教育引导、实践养成、制度保障，强化社会责任意识、规则意识、奉献意识，将社会主义核心价值观内化为人们的情感认同和行为习惯。个人层面上，它要求思想认同和自觉践行社会主义核心价值观，努力提高自身的思想觉悟、道德水平、文明素养，树立正确的历史观、民族观、国家观、文化观。

（四）引领功能

每个社会都有自己的导向系统，如领导决策系统、组织结构系统、思想宣传系统、科学教育系统、医疗卫生系统等，所有的导向系统围绕着这个社会统治阶级的奋斗目标来展开。一个时代和社会所呈现出的整体文化形态是不同子集文化思想与行为交互融合基础上形成的合集，以个体文化为基础，但又与其有着本质上的区别。社会生活中的文化是一个无形的能量磁场，影响着个人和社会的文化行为。文化作为全社会参与的整体性活动，追求社会整体的完善，追求所有人的和谐完美，这就需要有一个最高的价值观念来规范和引领其发展。因此，文化对社会发展具有动力源的引领功能。"人的文化活动总是需要有一个目标和方向的，没有文化引导的文化活动，只能使社会秩序混乱，甚至使社会走向倒退。"[1] 没有文化，人就只能体现为一种"动物性"生存，是文化将人与动物区别开来。同时，文化具有强烈的实践特性，而统治阶级要把文化付诸实践，实现既定的奋斗目标，需要整个社会成员的广泛积极参与，发挥人民群众的主体力量。否则，任何政治目标和政治理想都难以

1　高占祥：《文化力》，北京大学出版社 2007 年版，第 7 页。

实现。有了它，经济发展就有了助力，有了它，政治建设就有了进力，有了它，社会发展就有了推力，有了它，人的发展就有了引力。实现中华民族的伟大复兴，需要发挥社会主义文化的引领功能。

马克思早期进行的文化批判旨在把人从虚幻的"天国"降到现实"人间"，意在把人从"彼岸世界"拉回"此岸世界"，根在让人摆脱"彻底的锁链"，达到"彻底的解放"，即唤醒人民群众的批判意识和革命意识，将"批判的武器"转为"武器的批判"，最终实现"自由人的联合体"。马克思在《黑格尔法哲学批判》导言中的一段话就是发挥文化引领功能的最好例证。他说："批判的武器当然不能代替武器的批判，物质力量只能用物质力量来摧毁；但是理论一经掌握群众，也会变成物质力量。"[1] 即表明，作为文化形态的理论完全可以转化成物质的力量。物质的力量是有限的，而文化的力量则是无穷的，特别是支配人行为的信仰和意志，有着神奇和伟大的力量。事实上，文化作为社会发展凝合剂，本身就蕴含着系统的理论体系和突出的价值体系，能够成为一种巨大的物质力量，能够激发和动员整个社会成员战胜各种困难和风险。在"枪与炮"的热战时代，文化的力量并不能像政治力量和经济力量那样显现，但在和平与发展成为时代主题的背景下，文化的力量必然在历史发展中凸显出来，它能引领人昂扬向上、感召人奋发图强、激励人勇敢前进，成为引领时代和社会进步的重要标识。

意大利共产党创始人之一，国际共产主义运动活动家葛兰西以其深邃的西方文化修养和对西欧社会主义运动客观情况的深入了解，力图在反对机会主义的斗争中寻找与西欧发达国家历史现实情况相符合的无产阶级革命道路。他的思想和战略策略与列宁有差异，指出无产阶级要重新取得对资产阶级的胜利，就不仅要在经济上、政治上通过革命改变旧制度，而且要在文化上进行革命，从而实现对旧文化旧制度的"总体革命"。他说："文化是达到一种更高的自觉境界，人们借助于它懂得自己

1　《马克思恩格斯选集》第 1 卷，人民出版社 2012 年版，第 9 页。

的历史价值，懂得自己在生活中的作用，以及自己的权利和义务。"[1] 在他看来，文化应该是有生命的而不是苍白的，是有力量的而不是虚弱的，要通过发挥有生命的文化的力量来实现社会主义。如果把文化看成是百科全书式的知识，不经编排就塞给人这一容器，这种形式的文化是危险的，特别是对无产阶级来说。但是，文化的这种"更高的自觉境界"不是源于自发的演变，而是通过不依赖于人们自身意志的一系列作用和反作用来产生的。因此，"人类是逐渐地、在一定的阶段上才意识到它自身的价值，并且赢得这样一种权利去抛弃掉由少数人在前一个历史时期强加于它的那些组织形式。"[2] 意思是说，人类的文化意识是在历史发展中形成的，这有一个过程，进言之，人类只有认识到自身的价值，才会进一步去争取权利，去反抗强加在自身的组织形式。那么，人类的文化意识既然在历史中形成，就会有时间上的先后顺序，先开始是少数人意识到，后来是整个阶级都意识到。这样一个先后顺序的中间环节在葛兰西看来就是要充分有效发挥社会主义文化的引领作用，即他强调的，"这意味着每一次革命都是以激烈的批判工作，以及在群众中传播文化和思想为先导的。"[3] 他还说："就社会主义来说，今天也在重复着同样的现象。通过对资本主义文明的批判，无产阶级已经或正在形成统一的意识；这种批判含有文化的性质，而不仅仅是一种自发的和自然主义的进化。……一种与其他人相对抗的自我意识，一种已经分化出来的自我意识，一旦它给自己树立了一个目标，它就能够评价种种事实和事件，不仅就事论事地进行评价，而且看它们是驱使历史前进还是后退。了解自己意味着要成为自我，成为自己的主人，要识别自己，把自己从混乱状态中解脱出来，要作为秩序的一个因素而存在——但这是力求达到某种理想而奋斗时自身的秩序和自身的纪律。"[4] 即表明，社会主

1　［意］安东尼奥·葛兰西：《葛兰西文选》，李鹏程编，人民出版社 2008 年版，第 5 页。
2　［意］安东尼奥·葛兰西：《葛兰西文选》，李鹏程编，人民出版社 2008 年版，第 5 页。
3　［意］安东尼奥·葛兰西：《葛兰西文选》，李鹏程编，人民出版社 2008 年版，第 6 页。
4　［意］安东尼奥·葛兰西：《葛兰西文选》，李鹏程编，人民出版社 2008 年版，第 7 页。

义在革命进程中要通过对资本主义文明的批判来形成一种统一的自觉的文化意识，这种自觉的文化意识一旦形成，它将发挥出巨大的引领功能，把自己从混乱状态中解脱出来，去重建自身的秩序。葛兰西的这一思想对于理解社会主义文化边界的引领功能具有重要启发意义。

　　如何发挥社会主义文化的引领功能也是执政后列宁所面临的一道难题。因为十月革命的胜利使得俄国跨入了建设社会主义的大门，但落后的文化却给执政的俄共（布）及其领导的社会主义建设事业造成了羁绊。俄国文化落后的国情与先进的政治制度之间构成了巨大的鸿沟，即人们的文化水平还没有达到足以建立起有效的社会凝聚机制的程度，胜利后的苏维埃社会主义仍然保留着很多不良的传统文化因素。对此，列宁说："我们有足够的、绰绰有余的政治权力，我们还拥有足够的经济手段，但是，被推举出来的工人阶级先锋队却没有足够的本领去直接进行管理，确定范围，划定界限，使别人受自己控制，而不是让自己受别人控制。这里所需要的只是本领，但我们缺乏这种本领。"[1] 这里，列宁明确表达了对苏俄文化落后的担忧，不仅因为与政治权力和经济手段相比，文化的力量与作用的发挥有限，而且因为文化落后已经开始制约先锋队进行管理，不能发挥其有效的引领功能。因为先进文化的推动力和落后文化的阻滞力呈现出明显的张力拉锯，使得新政治制度下的文化力量在艰难中前行。但值得一提的是，列宁认识到俄共（布）执政所面临的文化制约并非意味着他陷入了"文化宿命论"的旋涡。在他看来，正确认识到文化制约给执政党带来危险就是执政党继续前进的力量所在。同时，他虽提出了"文化革命"、"文化主义"等独特概念，但他并没有走入"文化万能论"的象牙塔，而是强调通过执政党的文化建设来反哺经济建设、政治变革，通过系统协调发展走向社会主义。

　　中国共产党成立后，中国社会的文化发展呈现出一种全新的样态，新民主主义文化在中国的革命实践中逐步成型。这是一种先进的文化形

1　《列宁选集》第 4 卷，人民出版社 2012 年版，第 671 页。

态，当然这种先进的文化形态不会从天而降，也不能凭空产生，而是一种理性的选择。它实现了中华民族优秀传统文化与世界先进文化的交融，把马克思主义同中国国情结合起来，为中国人民谋幸福、为中华民族谋复兴，因此它有了最为坚实的寄托和最为根本的归宿，也因此它能够代表时代前进的方向。新民主主义革命时期，毛泽东认为，掌握思想上的领导权是掌握一切领导的第一位的因素，因此特别注重发挥新型文化在抗战中的引领作用。如在中国文艺协会成立大会上，他不仅把文化摆到了特殊的位置，而且强调我们要实现"文武双全"，给"文化"方面指出了新的目标和任务——"团结抗日"。在鲁迅艺术学院成立大会上，他指出，鲁迅艺术学院要造就理想远大、经验丰富、艺术良好的艺术工作者，"不但要抗日，还要在抗战过程中为建立新的民主共和国而努力，不但要为民主共和国，还要有实现社会主义以至共产主义的理想"。[1] 这些话语突出强调的都是中国共产党领导下的新型文化要在革命的征程中注重发挥革命性和战斗性，为实现抗战的胜利发挥精神能动作用。

为了最大限度发挥文化的引领功能，以提升群众的精神境界，毛泽东特别强调文化的大众化。在他看来，文化建设不应该是知识分子的事情，而应该是人民群众自己的事情。因此，文化的创造和建设，都以提升人民群众文化素质和精神境界，适应和满足人民群众的文化需求为指向。因为只有通过先进文化把蕴藏在人民群众中的力量汇聚起来，才能形成强大的革命力量。有了扎根于心灵深处、融化于血液中的文化，就有了永不枯竭的力量之源，就能够谱写出惊天地、泣鬼神的历史篇章。在文化建设上，毛泽东常常从文化的风云变幻中嗅取敏感信息，用以推动中国革命和建设的实践进程，同时又在改造社会的实践中不断地释放出通过文化创新创造出先进文化的精神能量。因此，社会主义文化不是空洞的口号和悦人的说教，必须具备鲜明的实践指导和传递功能，最大

---

[1] 中共中央文献研究室编：《毛泽东文艺论集》，中央文献出版社2002年版，第17页。

限度地发挥文化的宣传、教育和引领功能，以提升人民群众的精神境界和文化素养，这也是毛泽东最期望出现的文化现象。

在党的十二大上，中国共产党明确提出要建设有中国特色的社会主义事业。伟大的事业需要崇高的精神，崇高的精神推动伟大的事业。但是，改革开放后，国际的国内的、历史的现实的、物质的精神的、技术的思想的等各方面原因使得思想文化领域出现了许多新的问题和新的矛盾。其中之一就是，马克思主义、社会主义、共产主义的教育和宣传在社会主义发展中受到冷落、受到排挤、受到挑战。因为随着文化发展时空场景的转化，不同文化的价值力量之间的矛盾与冲突、撞击与运动、守常与突进，造成一种客观的情势，一种难以预料的复杂社会局面。特别是当各种文化价值力量相互缠绕的时候，如果没有极高的理性自觉，如果不能外天地，遗万物，体乎无穷，达于真知至知的境地，是很难不为其所困而进行文化选择和价值判断的。对此，邓小平说："一定要彻底扭转这种不正常的局面，使马克思主义的和社会主义、共产主义的宣传，特别是在一切重大理论性、原则性问题上的正确观点，在思想界真正发挥主导作用。"[1] 江泽民对此也有一段令人深思的讲话。他说："我们党成立即将八十年了，新中国成立五十多年了，我们在党内和全社会为宣传马克思主义、树立社会主义理想信念做了大量工作，取得的成绩很大。但是，为什么马克思主义理论和社会主义理想、信念、道德对一些人却往往难以发生作用呢？……为什么西方资本主义的一些理论和腐朽思想文化、生活方式对一些人会产生那么大的吸引力呢？"[2] 可以说，这种反思至今仍具有现实警示意义。因此，在强调发挥物质生产对社会发展决定性作用的同时，也要充分肯定精神活动在改造世界中的能动作用。但是，中国是社会主义国家，精神能动作用的发挥要注意思想的边界性，不能用封建主义思想，也不能用宗教神学思想，更不能用资产阶

1　《邓小平文选》第 3 卷，人民出版社 1993 年版，第 46 页。
2　《江泽民文选》第 3 卷，人民出版社 2006 年版，第 200 页。

级思想等作为社会与国家的精神支柱。

在当代，发展中国特色社会主义文化，建设社会主义文化强国，就是要以马克思主义为指导，"推进马克思主义中国化时代化大众化，建设具有强大凝聚力和引领力的社会主义意识形态，使全体人民在理想信念、价值理念、道德观念上紧紧团结在一起"。[1] 不可回避的是，当前社会主义文化的多元生态已经替代了往日社会主义的单一生态，全球化、市场化、信息化背景下的社会文化与历史任何时期的社会文化都有所不同。传统文化与现代文化、西方文化与东方文化、现实文化与虚拟文化等都在同一时空中"聚众爆发"呈现，其突出特征是多样和多变，处于此种文化场景中的人们更容易在不同文化思潮的影响下，表现出一定认知偏差、态度偏颇、行为异常。各种不同的文化都在试图突破自身的文化小圈，努力扩大文化的边界，其所蕴含的文化价值、构成的文化关联、所产生的文化效应，都需要统治阶级用一元思想来指导、主流文化来疏导、核心价值来引导。在奋力实现现代化、努力追逐中国梦的征程中，全国人民必须要同心同德、同向发力，其中关键点便是文化价值共识的达成。否则，文化发展就会迷失前进的方向，就会失去奋斗的动力。这种文化价值共识也要求必须发挥社会主义文化边界的引领功能，使之不为资本逻辑所操纵、不为西化思潮所迷惑、不为多元价值所淹没。因为，先进文化正向的引领功能若不能好好发挥，消极文化反向的萎靡功能就会乘势而上。提出社会主义文化边界并不是要堵塞或限制多样文化的发展，相反要通过积极有效的引导来保障其健康发展，充分发挥社会主义先进文化在多元文化场域中的引领作用，在文化理念上引领其价值导向、在文化审美上塑造其形态品相、在文化展现上规范其仪容表象。

智者识潜知移，愚者视潜无移。社会主义文化边界的功能渗透在社会发展的各个方面，其作用和功效是无边的、无形的、无限的、无极

1　《习近平谈治国理政》第 3 卷，外文出版社 2020 年版，第 32—33 页。

的。在社会主义的发展过程中，文化每时每刻都在潜移着、流动着、形塑着，虽说这种变迁常常是细小的、微量的、缓慢的，使人很难察觉，但是它的力量确实存在着，有时比震耳欲聋的呼叫与呐喊来得更为自然、更为深刻。它对社会主义市场经济的发展起着先导作用，它对社会主义精神文明的建设起着主导作用，它对社会主义和谐社会的营造起到辐射作用，它对社会主义新人的成长成才起着催化作用。社会主义文化边界的形塑是社会主义中国在意识形态层面的"顶层设计"，是社会主义中国在现代化建设上的"国家远景"，力图重铸中华民族的精神家园，形成中华民族一种崭新的融入了社会主义血脉的精神气质，引导中华民族形成一种刚健有为、奋发向上的精神面貌。国家和民族共同体层面，它将为其生存与发展提供价值合理性的论证；文化和精神共同体层面，它将为其延续和未来提供富有时代性的洞见；个体和自我行为体层面，它将为其人格和品质提供边界规导性的依据。

二、 社会主义文化边界的症候表现

转型是世界上所有国家和民族前进道路上都必然面对的一道难题。不同国家和民族转型的程度与方式也不尽相同，有的快速，有的缓慢，有的激进，有的渐进。近代中国经历了千年之未有的大转型，涉及经济、政治、社会、文化等各个方面。文化的转型给国人带来的震撼最大、争论最多、选择最难、任务最重，是否转、如何转、转向何、为何转成为百年来国人似乎无法摆脱的纠缠性难题。改革开放以来，文化转型的频率之快、波及之广、挑战之大、影响之深，使得文化成为无人不能谈及但又无人能说清道明的"玄妙之门"。实际上，这是因为人们在文化转型中未能厘清文化之边界，未能找到"本我"的文化"栖息地"。

（一）"快节奏"与文化的"慢"

文化作为人之为人的验证码，民族精神的标识码，国家区分的识别码，伴随人类历史的发展。文化的转型也并非今日之新事，而是随着历史发展主题的转换而不断变迁，古已有之。从世界文明发展的大叙事看，人类早期出现的几个农耕文明，如爱琴文明、古埃及文明、两河流域文明、古中国文明、古印度文明等，在大航海活动开启的全球化之前，几乎处于互相隔绝、各为一方的分离状态，呈现为分散的原子化分布。不同文明间的冲突与交融在漫长的 3000 多年中，鲜有发生，而不常有，不同文明借助游牧民族与自身民族的冲突与融合在时空坐标上进行着各自的刻写。空间上，不同文明的存在边界在张力中不断变更，时间上，不同文明进行着自身的转型延续，但这些都只是整个世界历史和全球化进程中一部冗长的文化序幕。自 1492 年和 1498 年"这两个魔幻年"以来，哥伦布和达·伽马的大海航行揭开了不同文明之间更为广阔、更有深远影响的交融。从此，原本彼此分散且相对隔绝的文明都被渐渐纳入到世界文明中来。历经 15 世纪和 16 世纪的文艺复兴和宗教改革，17 世纪的科学理性生长和 18 世纪的启蒙运动发展，一个率先实现了现代化转型的西方文明在欧洲诞生。从此，在资本逻辑的强力推动下，世界不同地区的不同文明或主动、或被动地都被卷入到现代文明的转型之中，而且转型之快是前世前人所不能比拟的。变化之快正如马克思、恩格斯在《共产党宣言》中所言："一切新形成的关系等不到固定下来就陈旧了。一切等级的和固定的东西都烟消云散了，一切神圣的东西都被亵渎了。"[1] 而这正是"资本"所带来的时代改变，这也是现时代与过去一切时代的最大不同之处。

第三次科技革命以后，中国这个古老文明大国以积极的姿态走向世界，使得全球文化的百花园更加绚丽多彩。但是不同文化间的交汇、交融、交锋，文化转型的快速奔驰，使得不同文化间的边界出现了"凌空化"的趋势。这种"凌空化"的趋势主要有两种表现：一是从国际大范围看，认为不同国家和民族文化间不存在所谓的边界，"自由、民主、

---

[1]　《马克思恩格斯选集》第 1 卷，人民出版社 2012 年版，第 403 页。

平等"是所有人都应该向往和追求的目标。"人人生而自由平等"成为人们反抗一切枷锁的挡箭牌。实际上，这种论调多是站在西方普世价值的立场，坚持自由主义的价值观，秉持着资产阶级创造了现代文明的优越感，以一种高高在上的姿态和理念来"凌空"实实在在的文化边界，背后的深层意蕴是，其他文明都应积极主动投入到西方现代文明的怀抱。二是从国内小范围看，认为不同民族、不同区域、不同城市在现代化进程中不应该过多强调文化的边界，而应该实现经济、政治、文化的高度一体化。近年来，保护地方"乡音"、"村落"、"民俗"等文化呐喊的声音不绝于耳，正是对这种"凌空化"文化边界的"抵抗"。实际上，用二元对立的思维分析，这是文化上的自由主义与保守主义的较量，自由主义者的轴心原则是崇尚个人自由的文化权利，并且在现代生活中已经融入普通民众的精神血脉，保守主义者的现代追问强调的是应该为这种文化自由主义设置合理的限度和必要的约束。本质上，它体现的是在"凌空"文化边界下不同文化间扩张与守护的"张力关系"。

　　"时间就是金钱"是近代资本逻辑下市场经济的座右铭，对速度和效率的片面追求，让"快文化"占据了人们的潜在意识和价值观念。文化在近代转型中表现为前所未有的"求快"，而其背后是资本逻辑的强力推动。资本自诞生以来便以不同的方式在其逐利性的秉性下表现出扩张性，或通过武力征服，或通过政治变革，或通过文化渗透，其终极目的是对利润永不知足的贪婪、对欲望永不知足的追求。因而，资本在扩张、逐利的逻辑展开中表现出激进性，虽然这种"激进性"有时表现得较为赤裸，有时表现得较为隐晦。但资本从其本性上来说，追求的无疑是越快越好，只有这样，资本的积累才能不断升级。也正是在资本逻辑的助推下，"资产阶级在它的不到一百年的阶级统治中所创造的生产力，比过去一切世代创造的全部生产力还要多，还要大。"[1] 这里有一个时间概念的对比，即"不到一百年"与"过去一切世代"。可见在资本逻辑

1　《马克思恩格斯选集》第 1 卷，人民出版社 2012 年版，第 405 页。

下，追求的是"快"，唯有此才能彰显出资本自身的存在价值。在现代社会呈现出一种"快文化"的景象，即人们似乎都在追求速成、速度、速效，忘却了深厚积累和内在价值的文化底蕴，呈现出"快而不精"、"快而不厚"、"快而不高"、"快而无质"的文化乱象。在市场经济条件下，利益格局的调整、贫富差距的拉大、价值观念的错位，导致一些人心理扭曲，不择手段追求物欲，将利益关系作为衡量一切的尺度，将利益攫取作为唯一的目的，这就必然会给人们思想上、心灵上带来某些负面影响。

对于国家和个人发挥"润物细无声"之用的文化本意是"以文教化"。因此，文化有其自身特殊的发展演进规律，其发展速度上强调的是渐进性。古人将煮药譬喻读书，先用猛火煮开，再以慢火养之，味道就会慢慢出来。无论是民族文化精神的培育，还是个人文化素养的提高，切忌犯急躁冒进的毛病。对此，列宁在领导苏俄进行社会主义建设的实践中，针对革命后广大人民群众表现出文化建设上的"盲目革命热情"指出："在文化问题上，急躁冒进是最有害的。"[1] 为此，他多次警告提醒文化建设"最好慢一些"。习近平在新时代的征程中也多次强调"改革不可能一蹴而就"。文化建设又何尝不是如此，"心急吃不了热豆腐"，要让文化发挥其社会效益，带动经济发展还需"久久为功"。但在社会文化实践中，我们随处可见对"快"的崇拜，虚报浮夸、追名逐利、投机专营、哗众取宠、学术泡沫、沽名钓誉等均是盲目求"快"之重症。事实上，"快"本身并不可耻，但当被政绩、被利益所捆绑，被民众、被政府所曲解，当多快好省建设、急功近利上马等现象成为占绝对优势的、无处不在的生活法则时，便是人类的浅薄。这背后是被"资本"所绑架，"揠苗助长"的文化实践不仅无益反而有害于文化健康持续稳定发展。文化是一种不断变迁的历程，然而物质文化的变迁，往往比非物质文化的变迁来得厉害。一部分变迁得很快，一部分变迁得很慢，结果形成了社会不同程度的失调。

---

[1] 《列宁选集》第 4 卷，人民出版社 2012 年版，第 784 页。

（二）"浮氛围"与文化的"重"

近代中国的社会转型，人们无论是对近代中国面临苦难矛盾的整体性认识，还是对中国走向未来道路的渐进性探索，由于人们思想认知的固有局限，实际上都有一个"由浅到深"的认识转变和实践探索过程。认识转变体现为，由物质层面的技术不行转变到政治层面的制度不行，再进而转变到思想层面的文化不行。探索转变体现为，由学习欧美到学习苏俄，再到走中国自己的特色之路。改革开放以来，中国的文化转型也追寻着这样一个变化的轨迹，先由城市再到农村，先由沿海再到内陆，先由精英分子再到普通民众。今日中国，文化的转型已触及祖国的各个角落，无论城市还是乡村，无论沿海还是内陆，都能在"同时异地"享受相同的文化盛宴。这绝非文化发展的坏事，但也带来了棘手的问题，主要有两个方面：一是不同年代、不同地域人们的心理隔阂与思想代沟开始凸显；二是西方文化"鱼龙混杂"地流入尚无文化准备的农村和偏远地区。两方面叠加造成了现代生活转型和多元文化冲突下文化上的"边际人"，其文化特质在于跨民族、跨时代的生活要素融于一身，使其人格具有易变性和过渡性，进而导致人们出现文化选择上的迷茫、文化认同上的惆怅、文化心理上的焦躁。

身处这样的文化生态中，部分人特别是身处农村和偏远地区的人，在精神上会有一种"魂不守舍"的痛苦，他们在咀嚼中国文化大转型的过程中体味着文化生态的深刻变迁。在这种转型中，人们的文化情感又需要格外的宣泄和补偿，但在多元化、多层化、多样化、多变化的文化环境中，加之资本逻辑的助推，宣泄和补偿的具体方式往往表现为不分雅俗、不分你我、不分主次、不分美丑，追求及时行乐、偏爱感官愉悦、忽视精神内涵、模糊美雅丑俗。此时，少数人的文化情愫因受西方文化的浸渍和涂抹而逐渐发生变异，认为西方的一切都比中国的好，自由观念、生活方式、民主模式、文化产品等都比中国的好，甚至"月亮都比中国圆"。在这些潜在的文化意识左右下，表现出"模糊"文化边界的认知倾向，认为文化无国界，更无边界，只要能够"为我所用、服务于我"就是好。实际上，这是一种文化边界"模糊化"的表现，由于认识不清或理解错位，有时候认为是坦途，却陷入了泥潭，有时候认为是高峰，却陷入了深谷，出现了"两涘渚崖之间，不辨牛马"的现象，但内心深处仍常感到"心头疑云起，无处可拂拭"。人自身的文化存在被零散化、平面化、空心化，成为忘却记忆、拒绝思考、没有深度的平面人。文化标准的逐渐模糊化，使得人们无法作出正确的文化判断和行为选择。

改革开放以来，国人无论是经济生活，还是文化面貌都发生了质的变化。但物质生活的提高改善并未如影随形地带来精神生活的欢欣愉悦。当今，激烈的竞争、快节奏的生活、繁杂的社会现象、强烈的物质欲望给人们增加了无形的压力，使部分人的心态浮躁得宛若煮汤，身上或多或少散发着俗气和躁气，心烦意乱者有之，神不守舍者有之，着急上火者有之。今天的文化场域，正迎来一个百花齐放、争奇斗艳的春天，同时也弥漫着"浮躁不安"之气。迎合市场盈利的低俗创作、揣摩评委口味的奖项创作、缺乏独特创意的跟风创作、粗糙快速的网络创作、标题惊艳引人的点击创作、追求形式美观的空心创作，上述都是沉浸于描写一己悲欢、杯水风波，或以剪贴拼凑模仿为写作生存方式。许多人都愿意用一个词来形容当今的文化生态："浮躁"，这个词无比精准地刻画了人们的文化生活现状。"浮躁"是一种不沉稳、不冷静、不踏实、不健康的心理、情绪和精神面貌。现实生活中，不少人存在着浮躁的弊病：表现在心态上，急功近利、缺乏定力；患得患失、妒忌心强；在各种诱惑面前容易冲动、心理失衡；逆境时往往随波躺平、心灰意冷，顺境时往往得意忘形、心高气傲。表现在工作上，急于求成、缺乏毅力；好高骛远、眼高手低；大事做不来，小事不肯做；坐而论道、华而不实。表现在学习上，心猿意马、缺乏耐力；静不下心、安不下神；坐不下来，学不进去；热衷于快餐文化、浅尝辄止，不愿意下苦功夫学以致用。"浮躁"背后是文化内涵的空洞化，文化价值的低廉化，文化审美的平庸化，它在一定程度上使社会失去了发展的方向，使道德失去了存活的基础，使人们失去了生活的目标，使文化失去了应有的灵气。"浮躁"是欲望的肿瘤、心灵的溃疡，是社会的顽疾、人生的枷锁。任其发展，不仅会葬送自己的人生，而且会影响周围人群、毒化社会风气。如果一部分人的浮躁病态与社会浮躁现象相互重合、滋长蔓延，则会荒芜我们的精神家园、磨灭我们砥砺前行的动力。因此，习近平在《之江新语》一书中告诫："浮躁祸国殃民，贻害无穷，必须戒此顽疾。"[1]

　　文化作为链接古今的精神命脉，是人之为人的生命基因，具有一种内在的特质，即追求沉与稳。实际上，在传统的道德和宗教领域中，总是对"浮"进行猛烈的鞭笞。随着诱惑资本主义的兴起，经济、政治、文化的规约在当今社会都日渐宽松，唯独人们的心灵好像却变得愈加沉重。一方面是人们在物质充裕条件下持续获得短暂的感官刺激和满足，另一方面是人们在文化繁荣表象下出现了心灵麻木、精神迷茫、道德失范等文化病症。"诱惑代替强制，享乐主义代替严苛的义务，幽默代替庄严，消费世界趋向表现为一种卸除所有思想重量、所有意义厚度的世界。"[2] 要化解这种文化上的"浮躁"，就要在不确定中寻找确定，或者说在多元文化中找回国人的文化之根、文化之魂，在文化边界的变与不变中培育和践行社会主义核心价值观，找回人们心底那份文化之重，唤起国人内心对文化的敬畏之感。文化作为不同民族与国家的标识，有其自身的存在场域，追求的是独特性，表征着文化的内敛性。但任何文化都绝非一潭死水，必须要有活水汇入才能延绵。实际上，不同形态文化间边界存在的意义在于确立一种"和而不同"的文化景观，既要承认不同文化的个性，又要承认各自文化的价值，达到一种"道并行而不相悖"的和谐局面，而不是用一种文化来掩盖或替代另一种文化。这样就面临着一个难题，资本的扩张性与文化的内敛性狭路相逢。亨廷顿面对冷战后的世界走向，直接抛出"文明冲突论"，扬言不同文化圈在资本

1　习近平：《干在实处走在前列——推进浙江新发展的思考与实践》，中共中央党校出版社 2016 年版，第 555 页。

2　［法］吉勒·利波维茨基：《轻文明》，郁梦非译，中信出版集团 2017 年版，第 3 页。

扩张的时代，不可避免地会走向冲突。而这一论断的背后隐藏着"西方文化优先论"的假定，即西方文化是先进的，其他国家和民族应该积极主动接之受之。当今社会国际舞台上由于不同国家力量的不同，其话语机会和权力也不相同。西方大国占据着国际话语的主导权，设法通过各种形式将自己的文化边界向外扩展。因此，形塑不同民族文化的根与魂，守护人类异彩纷呈的优秀文化成果，捍卫自身的文化边界成为发展中国家和弱势国家的重要选择。当然，捍卫自身的文化边界不是消极避世，而是一种境界，这种境界要求我们正确看待荣辱与得失、正确对待名利与地位，志存高远、脚踏实地，坚定信心，朝着既定目标和方向前进。

（三）"满追求"与文化的"魂"

人之所以区别于其他动物而作为一种高级动物存在，其根本在于人是一种文化的存在，是各种文化交织且集于一身的"复合体"。文化多样是人类社会的基本特征，也是人类文明进步的基本动力。文化作为个人生命的存在要素，面对全球化、网络化、信息化的时代转变，文化形态的多样、文化价值的多元、文化审美的多变、文化享有的多层，使得人们思想中出现了文化边界的"眩晕化"。"眩晕"原本是生物学上的概念，是指因机体对空间定位障碍而产生的一种动性或位置性错觉，用这一概念来描述今日国人的文化存在可谓是再恰当不过。文化边界的"眩晕化"，即是指人作为机体对文化转型之快、文化形态之多、文化选择之困而产生的一种迷茫、缭乱的错觉。当人们内心的文化边界出现"眩晕化"之后，在文化的选择与实践中就会出现散光、游移、虚幻现象，造成思想游移不定，态度不够坚决，时而认同，时而怀疑，出现文化选择"困难症"、"迷茫症"等弊病。物化的精神生活使得人们往往只找到"感觉的幸福"，却难以获得"幸福的感觉"，因为"一切肉体的和精神的感觉都被这一切感觉的单纯异化即拥有的感觉所代替"。[1] 马克斯·韦

---

1 《马克思恩格斯文集》第 1 卷，人民出版社 2009 年版，第 190 页。

伯通过对现代社会的理性化进程的研究，向人们展示了现代人的特殊的文化处境，即人们生活在一个"祛魅"的世界里。在他看来，世界的"祛魅"所带来的最直接和最重大的后果便是它导致了价值的"分化"以及由于价值分化所导致的终极价值的"多神化"。"多神化"用当代中国的话语表达就是，"人的魂丢了"。"魂丢了"的后果就是，一方面作为统一性价值的"终极价值"原则隐匿了，不再具有最高的约束了，以至于有人敢"捅破天"，另一方面作为多样性价值的"互相争斗"，有人敢经常性地喊出"我的事，与你无关"。因此，在多元中把握主流，在多样中重塑主态，在多变中探求稳定，在多层中达到统一，通过"多"达到更高层次的"一"成为文化发展的潜在诉求。

　　文化转型中的"满"追求主要是指人们在文化延续和文化创造中表现出的"文化滥造"。我们正处于一个文化产品流通与消费急剧快速发展、多种文化景观遍地开花、处处上演的"非常"时期，处于一个人类历史上从未有过的文化资源富裕乃至"过剩"时期。人们无论是在现实日常生活中，还是在网络虚拟社会中，终日受到各种文化产品、文化景观、文化消费的诱惑和刺激。人类的视觉、嗅觉、听觉、味觉从未像今天这样忙碌，各种欲望也从未像今天这样强烈。特别是以网络化、数字化、电子化为主要特征的新媒体的出现，造就了一种人类从未经历过的"文化井喷"现象，即作为文化依附存在"器具"的新媒体已在社会上无处不在，达到了前所未有的泛滥程度，成为人们向社会和全部人类生活世界展示自己的橱窗。新媒体在我们这个时代是一种近乎"无所不知"、"无所不能"的"存在者"！它们似乎既是给人们以各种指导和"忠告"的神仙和大师，又似乎是人们信手可得的、对人百依百顺的工具和"奴仆"。[1] 这势必会导致文化丧失原本的意义和功能，成为没有灵魂的商品符号和文化躯壳。文化产品的精神属性越来越被搁置，打着"怎么都行"的旗号，颠覆一切权威和经典，各种文化垃圾由此催生，

1　参见李鹏程：《文化危机三题》，《江海学刊》2014 年第 3 期。

"三俗"充斥着人们的文化生活，空耗了文化精神，削减了文化审美，最终必将使人丧失文化的自信。

文化不仅是一个国家的精神底蕴，而且是一个民族的灵魂气魄，是人类审美地把握世界的独特方式，体现了一个民族的国民品格、价值理念、道德规范等深层次的东西，是一个民族赖以生存的精髓和根基。文化生活不仅表现为对生命存在的觉知，而且表现为对生命价值的文化认同、心灵归属、情感寄托。文化之魂决定了文化的立场、文化的取向和文化的选择，其本质上体现为"形神统一"。"神"就是文化的精神实质，是文化之魂；"形"就是文化的现实样态，是文化载体。而当前文化领域出现了失魂、失序、失守、失谐、失控的现象，并以"大众文化"之名，掌握着浓烈的话语霸权，以致任何对它们的挑战都有可能被指认或判定为落后和保守。实际上，大众文化原本无可厚非，但在资本逻辑的强力推动下，如果没有精神内核的支撑，只是附上"娱乐"的标签，欲望的无阻碍永续流动和随意摆弄，必然会导致文化边界的失控，繁荣的表象背后潜藏着内心的空虚，价值的多元背后流露出失意的惘然，最终走上"娱乐至死"与"失魂落魄"的邪道。因此，能否守住文化之"魂"是文化自觉的一种考验。对于人的存在而言，文化家园具有本体论的意义。失去了文化家园，人的存在便丧失了意义的归属，就会陷入"无家可归"的"生命中不堪承受之轻"的忧烦与焦虑。相反，如果人生活在一个有着历史积淀和相对稳定的意义世界或文化世界之中，就可以使人的存在得以踏实地安顿并得到必要的呵护与引导。让宁静、内敛、豁达充盈人们的心灵，使得精神家园和谐滋润、生机勃发，这样，就可以在滚滚红尘、物欲横流、名缰利锁面前，始终保持一份清醒、一份沉静、一份泰然。人们在"修心"的过程中，就会心如明镜、取舍有度，淡化了功名利禄、强化了克己为人，从而以实化"浮"、以静化"燥"，以理性驾驭情感，以意志控制欲望。由此，人的存在摆脱了精神上的虚无、存在上的无根，就会获得"家园"之感。

社会生活的变迁会引起人们与旧文化观念的决裂，文化的边界因新思想的注入和旧思想的退场而发生变更。马克思主义文化理论在创立之初就为自己设定了边界，即要打破旧社会文化属于少数人的利益边界，将文化的边界扩展至最广大的人民群众。可以说，"文化属于人民"是科学社会主义自创立伊始就旗帜鲜明写在自己旗帜之上的，是马克思主义文化理论区别于其他文化理论的显著标识。马克思、恩格斯强调文学文艺创作要从现实生活出发，从有生命、有个性的人物出发，旗帜鲜明地表明自己的立场。列宁在领导俄国无产阶级进行革命和建设的进程中，明确回答了文化"为什么人"服务的问题。历代中国共产党人在中国社会主义的文化实践中提出"大众的文化"、"文化为人民服务"、"文艺属于人民、人民需要文艺"等论断。虽然在不同时期，文化为人民服务的边界有所不同、有所变化，但是马克思主义关于无产阶级文化边界的划定无疑是要将资本在文化领域表现出的"逐利性"挡在广大人民群众文化利益的界限之外。

上述在文化转型中出现的"快"节奏、"浮"氛围、"满"追求等现象，实际上与近代中国的国情和民族的追求是密不可分的。由于国人对近代中国落后挨打原因的认识发端于器物落后，深化到制度落后，再到最后认识到文化的落后，这样一种思想认识历程使得国人在图强复兴的探索中出现了一定程度的"急功近利的短视"。而真正的文化启蒙或文化建设是一个长期的"慢"过程，需要"沉"下来，找到"魂"。人们越来越体悟到，一个社会的良性发展，需要坚持最低的文化标准，捍卫基本的文化原则，用文化之道构筑最后的也是最坚固的屏障。

三、　社会主义文化边界的症候原因

（一）工具理性支配下的实用主义

19世纪末德国哲学家尼采在《快乐的智慧》中喊出了一声让人心碎的"上帝死了"。虽然人们对这句呐喊的理解与评价不一，但它却直达心底地道出了西方社会在向近代资本主义进军中所存在的"顽疾"。上帝不仅是众多西方人的信仰所在，也是他们整个道德体系及精神生活之所在。按照启蒙运动的理解，人没有了非理性的宗教信仰，没有了形而上的宗教观念，岂不是更能得到精神解放？岂不是更能获得理性精神？但恰恰相反，上帝死了，人们反而变得更加肆无忌惮了，变得更加疯狂疯癫了。没有了上帝，人们愿意做什么就做什么，没有了道德的律令，没有了边界的约束。也有人会问，近代科学的发展和理性的高涨，不是促进经济理性、政治理性、文化理性的增长吗？但人却是综合的、复杂的，充满着悖论的矛盾体。自然，西方近现代科学的发展对于人们洞察宇宙万物的真实存在，对于人们建立合理的理性思维起到巨大的作用。从这个意义上说，没有科学的发展，人类还不知道要在"黑暗中爬行多久"。但是，目的工具合理性不能代替价值存在合理性，科学技术的理性不能代替信仰信念的理性。更何况，目的工具合理性、科学技术的理性事实上也包含着非理性的因素，存在着价值悖论，而随着历史的发展，这种价值悖论就会突显出来。因此，科学不是万能的，科学发展及其理论发展并不能完全解决人生的价值和意义问题，更不能解决道德生活和宗教信仰问题。一般意义上看，科学研究的对象是自然界，精神生活的主体是人自身，一个面对的是冰冷的物理世界、机械世界、无感世界，一个面对的是炙热的人文世界、意义世界、情感世界，在人与自然界之间恰恰是通过文化中介来实现联结的。那么，关于文化中介处于何种目的，扮演何种角色，不同的时代，不同的人们理解是不一样的。

学术界关于中国文化中是否存在实用主义有歧见，但实用主义在当代中国的普遍存在却是无可争论的客观事实。近代以来的历次科技革命不断强化着市场经济的正当性，使得人们对"实用"一词获得了更为宽泛的理解。人们不再去追问形而上的价值意义，更多地开始拜求形而下的使用价值。在市场经济和科学技术无国界地走向全球的同时，其内蕴的科技主义和工具理性也随之扩散，从而为实用主义在全球的蔓延提供了新的动力。信息化革命催生了网络文化，它以工具而非实物形态给人们以文化享受和精神满足，因工具性而具有魅力和活力，但也因工具性而表征出对价值和意义形而上追求的严重缺憾，进而使得实用主义在网络文化空间野蛮生长。整个工业文明体系都体现着工具理性的价值主导，充斥和支配着社会生活的一切领域。工具理性越是胜利、越是膨胀，人也就越没有自由，越是丧失自身的存在和价值，越是被分裂、被肢解、被窒息。按照实用主义的一般逻辑，标准化、定量化、数字化意味着确实可靠、规范合理，但是它的无度蔓延不仅导致了超验价值体系的解体，而且也掏空了人们文化情感的具体内容。感受取代了思考、躯体取代了灵魂、短暂取代了永恒，"在实用理性蔓延之处，到处可见的是无灵魂的躯体、无精神的肉欲和无思想的文本。"[1]

实用主义在社会主义文化发展中有两种表现：一是经济实用主义。文化的生产者、传播者、消费者都以经济利润作为唯一的追求目标，打着"多元文化"的旗帜，实质上却忽略了伦理道德规范和法律规则边界。另一是价值实用主义。在文化发展中，有人通过拿来、混合、掺杂等手段，放弃高雅积极向上的文化追求，满足人低级趣味和动物性欲望的好奇。有人通过在网络空间寻求刺激、色情、暴力等低俗文化来缓解生活和工作的压力与挫折，满足自身内心的情感价值需要。在实用主义文化观念的笼罩下，文化发展中的价值变异、思想曲解、理解错位、消解神圣、格调低俗等时常发生，文化追求的过度虚妄、文化形式的过度包装、文化产品的过度消费，最后演绎成无度的文化狂欢，使得社会主义文化生活中踏越边界的文化现象时有发生。在社会主义文化发展过程中表现出数量大质量低、形式多思想弱、内容富意境浑的样态，如果我们没有对文化的敬畏之心，没有对边界的守护之意，最终必将导致终极关怀的失落、理想信念的缺失、精神道德的虚空、意义世界的坍塌。由此就会看到，科学技术的发展与人文精神的式微如影随形，当人在超越自我的庞大的现代工业社会文化价值体系面前不能掌握自己的命运的时

1　俞吾金：《新十批判书》，商务印书馆 2018 年版，第 174 页。

候，当人在面对毁灭人类的残酷的战争面前无法保存自己的时候，苦情于世界的荒谬，悲情于人间的无常，走向非理性、极端化也就不足为奇了。

唯物史观认为，社会发展的动力与社会结构的变迁归根到底要到生产力和生产关系中去探寻。"资本不是物，而是一定的、社会的、属于一定历史社会形态的生产关系，后者体现在一个物上，并赋予这个物以独特的社会性质。"[1] 可见，资本的扩张绝非单一的物质扩张，它从属并代表了一定社会历史形态的生产关系。它在将物质创造力推向前进的同时，也将思想文化的边界不断伸向远方。正因如此，资本不断开拓新空间来实现其存在价值，成为近代以来推动社会经济发展的"主攻手"。从这一意义上讲，资本逻辑就是扩张的逻辑，即吸收一切可利用的资源以求自身的不断增值。现如今资本的存在场域已大大拓展，已不限于单一的经济领域，而在政治、文化、社会、生态、网络等领域均已存在。美国文化学者丹尼尔·贝尔揭露了现代人在千禧盛世背后追求无限扩张的狂妄自大，"其结果是，现代人的傲慢就表现在他拒绝接受有限，坚持要不断扩张；而现代世界则经历着永远超越的命定过程——超越道德，超越悲剧，超越文化。"[2] 资本正像一匹脱缰的野马在社会的时空环境中追求"无边无界"，试图"超越一切"。

（二）资本逻辑操纵下的拜金主义

在人类走向现代化的进程中，肇始于英国的工业革命不仅把现代科技纳入市场体系，而且把追求增值的资本逻辑也植入人心。资本主义与拜金主义如一对孪生兄弟，资本的逐利本性和扩张逻辑驱使着自身不断聚敛财富，实现资本的增值。拜金主义正是滋生于以私有制为基础的阶级社会，虽自古有之，但只有在近代资本主义产生以来才显现在人们的

1　《马克思恩格斯选集》第2卷，人民出版社2012年版，第644页。
2　［美］丹尼尔·贝尔：《资本主义文化矛盾》，严蓓雯译，江苏人民出版社2012年版，第51页。

视野。它的价值导向表现在三个方面：一是心理上盲目崇拜金钱；二是行为上金钱衡量一切；三是价值上金钱超越所有。对此，马克思批评道，过去人们一向认为不能出让的东西，这时都可以拿来交换，"甚至象德行、爱情、信仰、知识和良心等最后也成了买卖的对象。……一切精神的或物质的东西都变成交换价值并到市场上去寻找最符合它的真正价值的"。[1] 在《共产党宣言》中，马克思、恩格斯虽从经济意义上对资本主义所带来的巨变进行了肯定，但更从文化意义上对资本主义给人类文明造成的破坏进行了鞭笞。如何在理性化与世俗化交织的潮流冲击中呵护文化的精神，成为近代以来人们不断思考的话题。追逐超额利润是资本存在价值与扩张品性的幕后"操盘手"，马克思、恩格斯的思想叙事中可谓处处时时表达着对资本逐利性的揭露与批判。《资本论》脚注中引用的一段话可谓之经典，即"资本害怕没有利润或利润太少，就像自然界害怕真空一样。一旦有适当的利润，资本就胆大起来。如果有10％的利润，它就保证到处被使用；有20％的利润，它就活跃起来；有50％的利润，它就铤而走险；为了100％的利润，它就敢残酷践踏一切人间法律；有300％的利润，它就敢犯任何罪行，甚至冒绞首的危险。"[2] 恩格斯在《国民经济学批判大纲》中也曾指出，商人间彼此妒忌和贪婪催生了"发财致富的科学"，这种科学在额角上都带着最令人厌恶的、自私自利的烙印。马克思、恩格斯在当时已看到了资本对文化领域、道德领域的侵蚀，即"竞争也扩展到了道德领域，并表明私有制使人堕落到多么严重的地步。"[3] 在他们看来，资本的逐利性及其带来的道德堕落、文化资本化等弊端是与文化的本质属性和最广大人民群众的文化需求相背离的。资本逻辑所造成的文化边界效应在资本的中心区和外围区均会引起文化的碰撞与摩擦。在中心区，文化的边界效应常常体现为传统与现代之间的张弛，在外围区，文化的边界效应常常体现为本土

1　《马克思恩格斯全集》第4卷，人民出版社1958年版，第79—80页。

2　《马克思恩格斯选集》第2卷，人民出版社2012年版，第297页。

3　《马克思恩格斯选集》第1卷，人民出版社2012年版，第46页。

与外来之间的拉锯。

网络的兴起给拜金主义的蔓延提供了新的寄生地，进一步加剧了文化发展中的拜金主义倾向。为了获得大众的接受和认可，博得大众的眼球，低层次、低水平的东西纷至沓来，大众文化也从传统的书籍、报纸等形式逐渐拓展到影视、游戏、网络等多个领域，一步步脱离理性化走向感官化、娱乐化。为了市场占有率，一味迎合低级、庸俗的趣味；为了获得关注度，一味践踏道德、法律的底线；为了赚取高流量，一味传播淫秽、色情的信息。因此，缺乏新意、平淡无奇的文化为了能在文化之洋中脱颖而出，不断开辟另类路线，触碰社会伦理底线的有之、恶意造谣传播特点的有之、挑战公众传统审美观念的有之。资本的逐利本性在不断地绑架甚至驱使着一些网络文化的生产者走向野蛮生长之路，奉行利益至上、流量至上的价值观。在资本逻辑的操纵下，过度追求经济利益的最大化成为文化生产者的唯一目的，直接导致网络文化发展价值导向和功能定位的偏离。部分网络文化的生产者和营销者为了片面追求经济利益，刻意生产和传播低俗化、庸俗化、媚俗化的文化内容，打着人类低级趣味和好奇心理的擦边球，让暴力、色情、淫秽、迷信等内容充斥在网络空间，肆意挤压着主流文化的生存空间。有些人钻营于各种"潜规则"，通过绕开公共理性的方式而实现自我利益的最大化，最终导致公共理性的全面沦落和社会规则的内在空洞。有些人一味"任性"，结果践踏了公共领域的必要规则，甚至严重危及社会公共安全。有些人在网络等公共空间领域缺乏必要的边界意识，不断使用"人肉搜索"和"话语暴力"攻击他人，对他人的名誉和生活构成了严重的威胁。在资本逻辑支配下，文化的生产逐渐偏离原有的轨道，从提升民众的精神文化素养为目标转向以谋取经济利益为目的。人们长期沉浸在这种无聊空虚、过度娱乐的网络文化垃圾中，必然产生精神空虚和文化危机，最终丧失对高尚精神的追求和道德责任的担当。诸如此类的文化问题还有很多，都呼唤着社会主义文化边界形塑的出场。通过文化边界的形塑，进而推动社会主义文化的健康良序发展和社会主义先进文化的合理建构。

当然，这里并不是说资本生来就一无是处。马克斯·韦伯在《新教伦理与资本主义精神》一书中有段关于财富价值的论述值得借鉴思考。他说："从道德上讲，财富只有在诱人无所事事，甚至沉溺于罪恶的享乐之时，才是邪恶的。如果一个人追求财富的目的是过一种高枕无忧甚至穷奢极欲的生活，那么他的行为就是不正当的。可是，如果财富能够使人履行其社会职责，那么它就是正当而且必需的。"[1] 中国有学者也提出："在'资本'业已成为一种创新动力及文明机制的事实语境下，'要资本，不要资本主义'则成为中国特色社会主义理论体系中一个鲜明的马克思主义中国化、时代化和世界化的理论与实践内容。"[2] 这些也在提醒人们，在发展社会主义文化的进程中，不能"谈资色变"。在坚持方向、坚持原则、坚持立场的边界前提下，要容得下"异类"、容得下"狭窄"、容得下"偏颇"，并善于发现"异"处的美、"窄"处的慧、"偏"处的真，世界因不同才变得有趣，才需要相互包容，取长补短，团结协作。

（三）审美泛化演绎下的享乐主义

文化审美古已有之，但随着社会结构的变革、政治经济的流变、文明程度的提高，其主体、对象、意识、体验、标准、行为等也在不断变化。在现实生活中，每一个生命个体能够知道什么是"好"、什么是"不好"，什么是"应该"、什么是"不该"，他能够根据自己的生活智慧对"真、善、美"等得出自己的见解，给出自己的定义，并在此基础上指导和调节自身的行动。在网络文化构建的场域中，由于网络数字化、扁平化、交互性、即时性、共享性的特质，高雅文化与通俗文化、主流文化与大众文化、艺术与生活之间的界限日渐消失。文化审美的边界不

1　[德] 马克思·韦伯：《新教伦理与资本主义精神》，郑志勇译，江西人民出版社 2010 年版，第 149 页。

2　李振：《"要资本，不要资本主义"如何可能——基于"资本形而上学"批判的时代反思》，《同济大学学报》（社会科学版）2019 年第 3 期。

断扩延，开放包容、自由平等、互通共享成为现代审美意识的核心理念。在此意义上，网络技术给人类审美文化的提升带来了质的飞跃，但每一种技术都有其自身内蕴的文化偏向和价值导向，当沿着这种价值导向发展到极致，其"文化偏向"就会演绎成"文化错向"，最终破坏人类文化的良序发展。现时代，虽然人们对审美泛化的正当性或合理性仍存在意见分歧，但是审美边界的扩延是不争的客观事实。事实上，无论是从经典的角度出发维护审美的高雅性，还是从发展的角度出发强调审美的大众化，问题的核心在于如何克服审美边界变更中对经典的解构、对市场的谄媚、对文化的消释、对精神的怠懈。

　　审美文化边界的扩容在资本逻辑的左右下，借助网络空间，存在着明显的泛娱乐化倾向。谈及娱乐，人们常将其追溯至古希腊伊壁鸠鲁学派的"快乐论"伦理学，把"伊壁鸠鲁主义"看作是"享乐主义"的同义词。伊壁鸠鲁所追求的"快乐"是指精神上的安宁和肉体上的淡泊，而不是声色犬马的放荡，快乐的根本在于心灵的宁静。但这种与善相连的"快乐主义"在历史发展中逐渐蜕变成"享乐主义"。人们往往抱着"存在即合理"的观念，在猎奇心态和价值抑扬的心理背后，规避了现实文化的规约，开始借助于网络去寻求文化的慰藉和心灵的安抚，而网络文化的生产者和传播者紧紧抓住网民的享乐心态，不断碰触文化的合理边界。美国的尼尔·波兹曼对此现象指出："一切公众话语都日渐以娱乐的方式出现，并成为一种文化精神。我们的政治、宗教、新闻、体育、教育和商业都心甘情愿地成为娱乐的附庸，毫无怨言，甚至无声无息，其结果是我们成了一种娱乐至死的物种。"[1] 雅斯贝斯也曾指出："本质的人性降格为通常的人性，降格为作为功能化的肉体存在的生命力，降格为凡庸琐屑的享乐。劳动与快乐的分离使生活丧失了其可能性的严肃性；公共生活变成了单纯的娱乐；私人生活则成为刺激与厌倦之间的交替，以及对新奇事物不断的渴求，而新奇事物是层出不穷的，但

1　[美]尼尔·波兹曼：《娱乐至死》，章艳译，中信出版社 2015 年版，第 4 页。

又迅速被遗忘。没有前后连续的持久性，有的只是消遣。"[1] 惊人眼目的"标题党"、哗众取宠的"发烧友"、翻空出奇的"扒粪族"，都僭越了正常的文化边界，使得优秀的思想在网络中成为娱乐品、崇高的精神在网络中成为不屑品。然而，人们只要以自我为中心，拥抱享乐主义的价值观，就会在无形中放弃任何抗争，把无度享乐理解为最合理、最美好的生活态度。

文化转型中"由一到多"的变化是近代国人文化体悟最为深刻、最为明显的文化感觉。从统治长达千年的封建专制主义文化到国门被迫打开后的中西文化交汇，从新文化运动的文化启蒙到新民主主义文化的确立巩固，从社会主义过渡时期的文化建设到长达十年的"文化大革命"，再到改革开放后的文化多元多样多层化的发展，这其中有所变，有所不变，不变的是"一与多"的张力存在，变的是"一与多"的多重内涵。而身处近代中国，特别是经历了改革开放前后两个阶段的人们，无不惊叹和惊奇于中国文化转型的变化之快，这种文化的转变深深影响着人们的文化选择、文化心态，甚至已经触及国人的文化命脉。主流文化的式微、消费文化的崛起、流行文化的兴盛、低俗文化的滥觞、大众文化的发展，各种文化呈现出争奇斗艳的壮丽文化景观。文化也已不再是统治阶级所独占的，也已不是精英分子所独享的，而是包括普通大众所共享的，文化的边界在人们的思想观念和生活实践中的内涵已大大扩展。有学者忧心忡忡地提出："当人们从过去那种大一统的'精神王国'走出来后，马上又遇到一种新的极端，这就是精神生活日益出现混乱与贫乏：理想主义坍落了，崇高信仰崩溃了，精神世界走向无序。"[2] "无序"的表现就是生活中时常可以看到，为了实现自我利益，可以不择手段，为了达到自我目的，可以为所欲为。许多合理的价值准则受到唏嘘，不

1　[德]卡尔·雅斯贝斯：《时代的精神状况》，王德峰译，上海译文出版社 1997 年版，第40—41 页。
2　丰子义：《发展的反思与探索——马克思社会发展理论的当代阐释》，中国人民大学出版社2006 年版，第 152 页。

少崇高的东西受到践踏，人世间的真善美失去了往日的光辉，人们不禁也为此发出一阵阵感叹。具体到文化领域，主要表现为随着大众文化的兴起，文化发展严重扭曲。在不少人眼里，文化仅仅被认为是娱乐、游戏、消遣的方式，为了寻求刺激性、新奇性、娱乐性，各种色情的、凶杀的、腐败的东西蜂拥而上，使得文化原本具有的教育性、启迪性、思想性被轻视和否定。娱乐主义的兴起和理性精神的缺失，在使得人们文化心理获得解放的同时，也使得文化发展出现了混乱低俗的局面。在此意义上，社会主义文化的健康发展也离不开良好的边界形塑。

　　当今社会，资本向社会各领域的全面拓殖已成不争的事实，它在为人类带来幸福与便利的同时，如影随形地带来了苦闷与烦恼，其内含的扩张逻辑是显而易见的。而文化作为不同国家和民族身份象征的标识码，有其特定的活动范围和存在空间，即有其边界。在全球化、信息化、网络化时代，资本的"肆意横行"与文化的"边界守护"成为横亘在人们面前的一道难题，处理得好，两者皆成，处理不好，两者皆败。实践也一再证明，社会主义文化边界及其形塑的内外变量不可能是一潭静水，更不是一马平川，其中无论是有利因素还是不利因素，无论是积极因素还是消极因素，均会随着国内和国外历史境况的变化而不断地发生变化。对社会主义文化边界所面临的时代症候进行分析，直接影响到人们对于社会主义及其时空场域的正确认识，它是人们对于社会主义未来发展加以决策的一个重要判据。因此，当代中国社会主义文化边界的形塑，不能故步自封，也不能任意流变，对此，我们需要放眼全球、善于体察，认真做出分析和研判。唯有直面现实情势、分析研判，做到胸有成竹、有的放矢，才能把新时代新征程中国的社会主义文化繁荣发展提升到一个新的"段位"和新的"佳境"。

第六章 社会主义文化边界形塑的路径选择

　　社会主义文化的良序发展离不开合理有效的边界形塑，但边界的形塑处在全球化、市场化、信息化交织营造的时空场域中。时代的浪潮不可逆之，历史的脚步不会驻足，都给社会主义文化发展带来了安危并存的时空境遇。不同学者为此提出了相异的优化思路。悲观论者认为，现时代是文化特别是高雅文化没落的时代，进而提出了善意的批判。乐观论者认为，现时代是文化特别是多元文化兴盛的时代，进而溢出了欣喜的热情。一个时代有一个时代的文化，诗经楚辞、汉赋唐诗、宋词元曲、明清小说都是中国历史发展在不同时代的文化样态。全球化的时代须确立开放化的思维，市场化的时代须树立多元化的思维，信息化的时代须拥有网络化的思维。因此，社会主义文化边界的形塑要主动摒弃单向守护或偏执激进的思路，正确处理好社会主义文化发展中的多对重要关系。但是，社会主义文化边界形塑的提出不是划定一个框框，而是提供一个文化发展的路堤；不是圈定一个闭环，而是提供一个文化进步的路标；不是标榜一个旗帜，而是提供一种文化优化的路向。因此，我们思考社会主义文化边界及其形塑问题实则是人类寻求真正和谐、有序、乐观、健康生存下去的一种选择。

一、 社会主义文化边界形塑的思路

文化的演进与人类的发展相影相随、相伴相成，其在不同时期有着不同的矛盾冲突需要人们化解。"轴心时代"的东西方文化打破了古老的神学文化，实现了文明的一次重大转折。以文艺复兴和宗教改革为标志的启蒙运动打破了中世纪的宗教文化，实现了文明的又一次重大转折。现时代东西方文化发展似乎又到了转折的临界点，中国作为文明大国与古国理应积极为人类文明发展贡献中国智慧。

（一） 文化方向上：处理好一元指导与多元发展的关系

任何国家的指导思想、意识形态，任何民族的理想信念、精神信仰，任何个人的文化寄托、核心价值观，都应当是一元的、一致的，具有稳定性、持久性，这是国家、民族、个人保持健康稳定持续发展的必备条件。在中国，居于主导地位的意识形态是马克思主义，因为它揭示了人类社会发展的一般规律，是立党立国和治党治国的指导思想，放弃马克思主义的指导地位，就会改变前进的方向、就会走上改旗易帜的邪路。但另一方面，在全球化、市场化、信息化的时代，文化思想上的多元、文化样态上的多样、文化发展中的多变、文化等级中的多层是社会发展客观的不争的事实。精英文化、消费文化、流行文化、低俗文化、网络文化等在异常喧嚣的文化市场上"竞相绽放"且呈现出"争奇斗艳"的样态。精英文化坚守着文化的高雅阵地，试图维护文化的那份纯真；消费文化伴随着经济的增长异军突起，通过引诱欲望牵引着大众的审美；网络文化借助电子科技的发展大行其道，通过网络平台客户端推送着繁杂的信息。"多元文化的有序和谐发展必然要有一元化思想的指导和核心价值的引领，否则就会出现文化上的'千人千面'，形不成文化上的凝聚力、向心力，而只会助长离心力、消解力。"[1] 因此，在"乱花渐欲迷人眼"的文化景观中，正确处理"一元指导"与"多元并存"的关系就尤为重要。

坚持马克思主义的一元指导，就是要用马克思主义思想来引导和协调社会各种文化价值取向和行动实践，使社会上的各种文化样态和文化行为能够符合良性的发展要求，但是它并不否认文化的多样多元存在。"阳光有七种颜色，世界也是多彩的"，[2] 坚持文化的多样多元存在，就是要让各种有利于人类文明进步、社会发展和人民生活水平提高、精神素养提升的文化并存，在多元文化价值取向中保持合理的张力，但它并不是文化的"无边无界"。这里"一"与"多"的关系主要包括两方面内容：一是要处理好一元指导与多元文化的关系。中国特色社会主义文化发展就是要正确处理这两者间的关系，要用马克思主义思想指导和协调多元的文化形态，使社会的各种文化形态都能够朝着正确的方向发展。二是要处理好核心价值与外围价值的关系。社会中不同主体由于不同的经济利益关系、不同的社会地位结构、不同的文化价值需要，使得价值多元成为常态。文化的多样性是人类社会进步的象征，是文化发展、繁荣的表征，是不以人的意志为转移的历史必然。但这些看似"杂乱无章"、"人人相异"的价值观背后，一定有居于统治地位的核心价值观来决定和支配。"对一个民族、一个国家来说，最持久、最深层的力量是全社会共同认可的核心价值观。核心价值观，承载着一个民族、一个国家的精神追求，体现着一个社会评判是非曲直的价值标准。"[3] 这里习近平提出的"价值标准"本质上划定了中国特色社会主义文化的边界。这就要求在现实生活中，用一元思想指导和引领多元文化、以核心价值整合和规范外围价值，即用一元化的指导思想提升多元文化的品质，消除多元文化中某些落后变异的思想残渣，以核心价值来统引外围

---

[1]　刘旺旺、俞良早：《习近平"以人民为中心"文化思想的形成根据论析》，《探索》2017 年第 4 期。

[2]　习近平：《在联合国教科文组织总部的演讲》，《人民日报》2014 年 3 月 28 日。

[3]　《习近平谈治国理政》，外文出版社 2014 年版，第 168 页。

价值的导向，消除外围价值中某些偏离人类文化本质的泛化俗化，有效整合多元文化，在以一统多、以一导多、以一带多的动态互动中，在文化边界"坚持"与"宽容"的动态平衡中铸就社会主义文化的新辉煌。另一方面，也要防止在"以一导多"中出现"唯意识形态化"和"去意识形态化"的固化思维，要防止在"以核统外"中出现因"外围"而废"核心"和重"核心"而除"外围"的单向思维，应在"以一导多"的张力中，在"以核统外"的互动中，保持各自的边界，在张力与互动中，在对话与协商中实现思想上的高度统一、文化上的高度自觉，走出一条"和而不同、互相补充"的文化发展之路。

主流文化的存在是凝聚人心、维护统一、引领发展的重要力量，不可或缺，不能泯灭。多元文化的存在是激发活力、守护多样、美美与共的客观趋势，无处不在，无时不有。身处特定时代和国度的人们总是身不由己地感受到一种超越个体的文化力量存在。这是成为个体萦绕在心且挥之不去的文化力量，它对人的各种行为实践形成边界约束和价值引领。当前中国社会的主流文化是中国特色社会主义先进文化，它以马克思主义为指导，继承和发展中国优秀传统文化和革命文化，以社会主义核心价值观为主导引领多元文化发展。不能回避的是，文化的多元共存是当前我国文化场域的客观事实，它们中有以刺激经济增长为核心的消费文化，以批量生产输出为标志的大众文化，以时装时髦时尚为旗帜的流行文化，以低俗庸俗恶俗为内容的逆反文化，等等。中华文化的历史流变表明，中华文化是一种"求一尊多"的存在，即"认同多、包容多与代表多的一，与认同一、认同共同性与整体性的多的结合。"[1] 事实上，坚持文化发展的多元、多层、多样态势与发展国家的主流文化和践行社会主义核心价值观并不矛盾。一方面，坚持发展马克思主义一元化指导下的主流文化能够明确我们的文化立场，表明我们的文化观点，指明我们的文化方向；另一方面，尊重多元，宽容多样，理解多层，可以

---

[1]　王蒙：《王蒙谈文化自信》，人民出版社 2017 年版，第 155 页。

使人们在文化交流互融中体验异彩纷呈的文化享受。正确处理"一"与"多"的关系，就是一方面要通过主流文化的引领来提升多元文化的品格，让主流文化成为中华文化逶迤群山的主峰，成为中国社会精神大厦的主心骨，成为中国文化走向世界舞台的当然主角；另一方面，要尊重多元文化的健康有序发展，尊重文化发展的规律，保持文化多元发展活力，让多元文化成为社会文化活力的激发者，成为人民丰富精神食粮的提供者。既要坚持社会主义主流文化的规范性和严肃性，又要防止理论上和实践上的极端化和偏执化现象，既要发挥多元文化的创造力和生命力，又要防止用多元来否定一元与消解核心的动向。当代中国的文化发展再也不能走过去那种绝对统一、绝对一致的发展道路，只有实行多元的统一，只有追求总体的和谐，才能真正造就一个百花盛开、万紫千红的文化世界。

（二）文化创新上：处理好资本逻辑与人民立场的关系

随着中国综合国力的增强，社会资本对文化发展的注入显著增加。由此带来的结果是，一方面，资本对文化领域的介入解决了社会主义文化发展中的很多现实问题，且为文化的繁荣兴盛和强国建设提供了种种可能，另一方面，资本及其派生物不同程度地激发与引诱着人性中的贪欲、自私的本能，进而使得免疫力与抵抗力较差的人在文化实践中进退失据，甚至将文化当成摇钱树，当作招牌旗，不惜沦为资本的附庸。因为人们在现时代，听从内心的声音、遵从内心的需求比过去更带有诸多不确定性。在资本操纵下，机械化的快餐式文化生产、调侃化的扭曲式文化消费、荒诞化的颠覆式文化传播，是非不分善恶不辨地渲染社会阴暗面、搜奇猎艳一味媚俗地寻找低级趣味、粗制滥造牵强附会地制造文化垃圾等现象在当今文化生活中均有存在。人皆有欲望。适度的欲望，会让人有前进的动力，过度的欲望，就会使人迷失方向，丧失理智。对此，习近平特别强调，文化发展不能成为市场的奴隶，不能沾满了铜臭气，需要既在思想艺术上取得成功，又在市场检验中取得成果，需要发行量、收视率等量化指标，但不能被这些指标牵着鼻子走。人作为文化发展的主体，要清楚什么可为，什么不可为，什么坚决不为，反思自身做人做事是否自量、是否尽力、是否得法、是否恰当，不以善小而不为，不以恶小而为之。

社会的转型有快有慢、有急有缓、有轻有重，但文化作为社会存在整体的精神内核，转型更多表现为慢、缓、重。在传统社会中，人们日出而作，日入而息，凿井而饮，耕田而食，过着慢节奏的田园生活。近代以来，在资本逻辑的强力推动下，速度和效率成为引领人们生活的重要法则。世界各地的人们纷纷踏上了"快节奏"的列车匆匆向前。改革开放以来，中国经济社会的变化之快举世称奇。"快"已成为经济、政治、社会、文化等诸多领域的价值标尺，甚至营造出一种"快文化"的氛围。"快文化"片面化、非理性地追求娱乐快感，容易导致历史理性的匮乏和美学理想的沉落。"快文化"在今日中国的盛行有其复杂的时代背景，是多种因素的凝聚，如近代中国在国际比较中"追赶"的境遇，国人在挣脱"穷怕了"的记忆阴霾中"求变"的心态等。以"大众文化"为标识的"快文化"日益横行，以"精英文化"为标识的"慢文化"日渐式微。

在市场化的浪潮中，在资本利润的驱使下，人们内心的各种私欲渐渐地被引诱出来，出现了道德没有善恶、行为没有底线、审美没有雅俗、观念没有对错、认知没有真假的边界失范行为。因此，在社会主义文化发展中如何处理人民立场与资本逻辑之间的关系尤为重要。对此，习近平说："在发展社会主义市场经济的条件下，许多文化产品要通过市场实现价值，当然不能完全不考虑经济效益。然而，同社会效益相比，经济效益是第二位的，当两个效益、两种价值发生矛盾时，经济效益要服从社会效益，市场价值要服从社会价值。"[1] 社会主义文化发展中处理人民立场与资本逻辑的关系，一方面要坚守人民立场的边界内核不

---

[1]　《习近平谈治国理政》第 2 卷，外文出版社 2017 年版，第 320 页。

能动摇，否则，社会主义文化就会失去方向，当然，不能打着"人民立场"的旗帜走上"反人民"的道路；另一方面要坚持市场驱动的边界要求不能松懈，否则，社会主义文化就会失去动力，当然，也不能打着"市场驱动"的招牌走上"资本化"的道路。在市场经济竞争环境中，令人眩晕的发展速度，文化也愈加趋向"速度化"、"快餐化"、"速效化"。市场经济的开放性为各种文化形态共同竞争提供了平台和阵地，这就决定了谁能适应市场需求，谁就能抢占文化市场的高地。文化作品追求复制类型化的"流水线制造"，文化审美追求一己悲欢的"感官刺激"，这种情况屡见不鲜。为了追逐金钱利益，机械化生产的有之，快餐式消费的有之，过度包装的有之，搜奇猎艳的有之。文化的浮躁化、泡沫化、空心化，失去了对文化真实、真诚、人文、向善本质品格和道德责任的敬畏，进而伤害了文化，更伤害了社会精神。习近平对此言道："这样的态度，不仅会误导创作，而且会使低俗作品大行其道，造成劣币驱逐良币现象。"[1] 面对当今社会中的各种文化乱象，人们在内心又不禁发出"守护文化之神"、"守护诗意的心境"、"精神返乡"等的呼唤。

追逐利益最大化是资本固有的本性，它必然驱使资本不断努力去突破一切边界的限制进行逐利扩张，终极目标在于超越束缚、打破一切羁绊，超越自然、彻底改造自然，超越文化、摆脱一切束缚去追求无限和无界。众所周知，"快"是一把双刃剑，不越边界，合乎规律，遵循科学之快，将给人类带来巨大的好处。"快文化"幕后的操盘手是资本及其扩张增值逻辑。资本给现代生活装上了一个无法停转的轮子，使原本诗意的生活成为一部永动机，由此产生了现代性的"文化焦虑"和"骚动不安"。而文化的生成、发展和培育决非一日之功，也不能一蹴而就，它是润物细无声的慢活，需要缓下来、沉下来、静下来，更需要耐心、虚心、实心。但文化的灵韵在工业化时代不断丧失，不当快而求快，必

1　习近平：《在文艺工作座谈会上的讲话》，人民出版社2015年版，第9页。

受其害，会背离初衷，适得其反。文化的发展和繁荣要面向且进入市场，但千万不能放低品格而顺从和依附于市场。适度，"快文化"将上升为美感，养眼更养心。过度，"快文化"将沦落为宣泄，伤力更伤情。这就要求在发展社会主义文化时，必须正确处理好市场经济与文化发展间"快"与"慢"的关系，既要坚定不移发展社会主义市场经济，又要忠贞不渝建设社会主义文化，坚持"快有规律、快要适度"，而不是急功近利，盲目蛮干，又要防止"快"对文化生态的破坏，对精神世界的侵蚀；既要坚持"慢有品质、慢有韵味"，而不是消极懈怠，慢慢吞吞，又要防止"慢"对经济发展的懈怠，对变化世界的抵制，达到一种"快中有慢、慢中有快、相兼有度、和谐共生"的经济与文化和谐共生、携手共进的状态。

时代前进的脚步匆匆而来，"资源"、"成本"、"收益"成为明码标价。资本的出现大大加快了历史前进的步伐，人类从未经历过一个如此快速、多变的物质世界，"快"从未创造出如此多的期待、欲望和执念，从未促成过如此频繁的买与卖。生活中随处可见"快"的疆域：随处可见的快餐店、骑着小车的快递员、信息传播的快速化等，这些已经融入到社会生活和个人生活的方方面面。资本通过诱惑、消费、时尚等制造出以娱乐为特点的享乐文化、以时尚为特点的消费文化、以复制为特点的大众文化。这背后是资本逻辑使然，资本扭转了时代，承载着无边无际的愿景，也承载着可怕的危机。无论是文化实践上的功利主义，还是文化思想上的拿来主义，浮躁背后伤害的是文化的生态样貌和社会的精神面貌。"快"节奏的生活并没有给人们带来精神上的愉悦和文化上的享受，在现实生活中，生活节奏的加快使得人们开始对"慢"有了更多的回味。在浮躁的氛围中，急功近利者有之，竭泽而渔者有之，粗制滥造者有之，沽名钓誉者有之。面对市场经济大潮，面对网络世界的洪流，如果失去了文化的定力，泯灭了文化的追求，怎能创造出有思想、有力度、有生命的传世之作。因此，社会主义文化发展必须处理好进程中"快"与"慢"的关系，既要使文化能够在开放的环境中开拓创新、赢得赞誉，不让其在市场经济的大潮中迷失方向，又要使文化坚持以人民为中心，悲悯人民命运，关切人民悲欢，彰显人民情怀，不让其在为什么人的问题上发生偏差。

（三）文化传承上：处理好现代文化与传统文化的关系

"万物有所生，而独知守其根；百事有所出，而独知守其门。"[1] 树有根，方有木，非根，何以成木，固根正向，方有百尺良木。世间万物都有其生存与发展的不同规律和具体特性，世间百事都有其产生和变化的诸多动因和具体根据，因此都需要保持住自己的本源。守根、归根、护根、养根是中华文化的优良传统之一。对于中国特色社会主义文化发展来说，"根"在"5000 多年文明发展中孕育的中华优秀传统文化，在党和人民伟大斗争中孕育的革命文化和社会主义先进文化"，这些文化"积淀着中华民族最深层的精神追求，代表着中华民族独特的精神标识。"[2] 延绵古今的中华文化作为一种现实力量存续于中国社会、政治、文化生活之中同样是不可否认的。如果说传统文化是"根"，那么外来文化可以看作是"叶"。世界上不同国家、不同地区、不同民族、不同信仰都创造了异彩纷呈的文化，其优秀之处不一而足，都是中国特色社会主义文化发展的重要养料。

文化作为历史发展的"幕后"推手一直伴随着人类前进的脚步，但在当代世界则成为显性问题。因为人类在漫长的历史发展中，主要是进行物质生产活动，而不是精神生产活动。只有在不断的现代化进程中，人类才一次次从物质生产的劳动中解放出来，一方面，它使得人们在从事物质生产的同时，有更多的时间去从事文化生产和消费，另一方面，它使得文化生产和消费自身获得了前所未有的广阔前景。这种双重的解放使得人们不断去扩展文化的边界。在文化边界的扩展中，出现了现代

1　《淮南子·原道训》。
2　习近平：《在庆祝中国共产党成立 95 周年大会上的讲话》，《人民日报》2016 年 7 月 2 日。

文化与传统文化之分。当两种文化之间出现明显鸿沟时，人们往往采用二分法去看待原本紧密相连的文化，或讴歌传统文化、否定现代文化，或拥抱现代文化、贬低传统文化。因此，要防止误入文化滞后与激进的歧途，不要肆意贬抑传统文化，不要简单拒斥现代文化，而是要正确看待传统文化并合理对待其与现代文化的关系。与此同时，随着网络的普及，应运而生的网络文化作为现代文化的重要内容成了人们"喜新厌旧"文化心理的最佳表达方式。人们在虚拟的网络空间中，享受着网络文化给予的精神美餐，忘记了优秀传统文化给予的心灵滋养。

"夫物芸芸，各复归其根"。[1] 实际上，现代文化和传统文化之间并没有一条泾渭分明的鸿沟，现代文化根源于传统文化，传统文化滋养着现代文化。文化虚无主义代表着现代社会中的一种悲观和颓废情绪，它把任何信仰、任何价值、任何权威都看作是可有可无、可大可小、可遵可废的东西。在现实的文化生活中，对中华优秀传统文化嗤之以鼻者有之，对革命文化尽情戏虐者有之，对社会主义先进文化冷嘲热讽者有之。为了迎合公众阅读习惯，断章取义打造精悍内容；为了博得公众大量点击，大肆宣扬解密揭秘内幕；为了迎合公众猎奇心理，改头换面披上时髦外衣；为了隐蔽实现自身目的，故意丑化抹黑英雄人物。事实上，文化虚无主义无论出于何种目的、采取何种方式、利用何种手段，本质上都在于试图通过所谓的"现代文化"（这种所谓的现代常常与个人主义、享乐主义、自由主义等紧密联系在一起）的新颖性来直接否定或间接销蚀优秀传统文化的权威性。"身处这样的文化环境中，一些人会有一种精神上'魂不守舍'的痛苦，他们在咀嚼人类精神嬗变的过程中体味着文化价值的变迁。"[2] 结果便是，一切传统的价值标准不再被遵从，人们内心所拥有的法则化为乌有，精神无所皈依、灵魂无所慰藉。

改革开放以来，中国以博大的胸怀广泛吸收和借鉴了世界各国的思

1　《道德经·第十六章》。

2　孟宪平：《嬗变与重组：转型期社会主义文化建设机制研究》，人民出版社 2014 年版，第 33 页。

想文化成果，其中有精华，也有糟粕；有先进，也有落后；在一定程度
上呈现出"鱼龙混杂"的文化吸纳。这背后不免带有资本在非传统安全
形势下利用社会思潮、商品输出、信息技术等手段扩张的痕迹。正如美
国学者萨义德所言："在我们这个时代，直接的控制已经基本结束；我
们将要看到，帝国主义像过去一样，在具体的政治、意识形态、经济和
社会活动中，也在一般的文化领域中继续存在。"[1] 可见，西方资本主义
扩张的本质无改变，变的只是形式和面孔。外来文化的大面积、多方位
"走红"，致使传统的经典文化、称赞的革命文化、当代的先进文化在后
现代的时空境遇中出现了不同程度的"式微"，表现为：跟风流行文化，
自抑传统文化；探寻低俗文化，冷眼革命文化；嘲讽先进文化，崇拜西
方文化等。国人在多元文化的"景观社会"中，不同程度地出现了"迷
茫"、"眩晕"、"凌乱"、"无魂"的文化焦虑综合征，这就要求我们必须
处理好生活中的文化矛盾。守护好传统文化的边界，防止文化上的"复
古主义"，守护好外来文化的边界，防止文化上的"西化主义"。在中国
特色主义文化发展中，要不断探索传统文化、传统艺术、传统观念的当
代化、融媒化、青春化、网感化转换，与当代受众的行为习惯、审美喜
好不断适配，实现可持续价值引领的效果，力求中西合璧、优势互补、
和而不同、与时俱进，实现文化的根固叶茂，让文化成为人类进步的助
推器。

　　科技进步与人类福祉息息相关，与人类追求的价值理念紧密相连。
但科技决不是价值中立的自由存在，而是与人类的文化追求相伴相生。
近代以来，科技与人文一直存在着边界的张力。科技在沿着实证主义轨
道取得显著进步的同时，人的情感、灵性和想象的空间却被严重挤压。
时至今日，科技发展已不再是单纯地追求进步，而是要看其在多大程度
上推动了人类文明进步。恩格斯在《反杜林论》中评论摩擦生火和蒸汽

1　[美] 爱德华·W. 萨义德：《文化与帝国主义》，李琨译，生活·读书·新知三联书店 2016
　　年版，第 10 页。

机的历史作用时就指出："毫无疑问，就世界性的解放作用而言，摩擦生火还是超过了蒸汽机，因为摩擦生火第一次使人支配了一种自然力，从而最终把人同动物界分开。"[1] 即表明，蒸汽机虽在社会领域实现了巨大的解放性变革，但摩擦生火对人的解放意义更大。因此，科技进步是否在实质性意义上推动人类文明的进步将是评价其历史地位的重要评判标准。事实上，科技进步与文化发展并不是此盈彼亏的对立关系，而是紧密相连、互相促进的辩证关系。正确处理好科技进步与文化发展的关系，防止科技进步对文化发展的边界践踏，成为现代社会的突出问题之一。

纵观历史发展，每一次科技革命都会带来文化发展的腾跃。面对网络科技的日渐兴盛，将其视为"洪水猛兽"加以拒之是不可取的，面对网络文化的野蛮生长，抱以包容心态听之任之更是失之偏颇。我们既要学会适应时代发展中的科技进步，又要充分认识到科技发展的边界，既要发展科学技术为人类追求美好生活提供条件，又要努力遏制工具主义的无边蔓延，从而保证人们的文化空间不会因此而挤压变形。在处理两者的关系上，不能为了追求科技的"高速"飞跃，而不顾人类文化的精气灵魂；更不能为了追求文化的"纯洁"发展，就因噎废食去阻止科技的进步。在网络文化发展中，过分重视科技进步的实用性特征往往会忽视对文化精神的保护，过分强调文化精神则会造成实际生活中的保守倾向。只有在科技进步与文化发展的双向互动、正向前进中，我们才能实现真正意义上的文化与自由同向共进，而不是沦为异化的"工具人"和"单面人"。因此，无论时代如何变化，无论万物何以纷繁，返归其根源，依照其根本，守住其根基都是一种精神上的必需和实践上的必要。

（四）文化建设上：处理好民族文化与外来文化的关系

文化因交流而多彩、因互鉴而丰富。从丝绸之路开辟到玄奘西行求

1　《马克思恩格斯选集》第 3 卷，人民出版社 2012 年版，第 492 页。

法，从鉴真东渡日本到郑和七下西洋，在兼容并蓄、海纳百川的历史变迁中，中华优秀传统文化成为中国在世界文化激荡中站稳脚跟的根基。今天，中国前所未有地接近实现中华民族伟大复兴的目标，前所未有地走近世界舞台中央，中国需要更好了解世界，世界需要更好了解中国。从不同文明中寻求智慧，汲取营养，融会贯通，以文明交流超越文明隔阂、文明互鉴超越文明冲突、文明共存超越文明优越，让中华文明焕发出更加蓬勃的生命力、创造力、凝聚力、影响力。纵观数千年的世界文明史，以欧洲为中心的西方文明为一方，以中国为中心的东方文明为一方，地球文化层被划分为中西两大文化圈，且各有影响范围和势力边界。虽然在漫长的历史发展中，中西方的文化互鉴交流一直存在，但都没有像现在这样紧密地联系在一起。这种关系的呈现不仅源于作为文化发展基础的经济实现了全球化，而且源于作为文化发展载体的科技实现了现代化。现代科技尤其是互联网络的发展，造就了不同国家、不同地域、不同民族、不同肤色的人们可以异地同时享用全球实时直播的文化盛宴。这种文化盛宴在满足人们极大文化需求的同时，也在隐性地改变和形塑着人们的文化心理和文化选择。由于西方文明在走向现代化的进程中起步早、发展快，因而在全球文化交流互鉴日益频繁的进程中表现出巨大的优势效应，进而使得人们在文化选择中，往往以西方文化为模板、为标杆、为旗帜、为方向来衡量其他文化。"在某种意义上可以说，当代中国人的全部思考和行为都奠基于东西方生活方式的比较。"[1] 这种比较背后是西方文化对中国文化的遮蔽和虚化。

　　全球化与现代化相伴相生，相随相行。全球化开启的不仅是经济上的互惠，还有文化上的互融，更是打破了有形的地理边界，冲击着无形的思想边界。吊诡的是，全球化时代似乎造成了现代与传统"二元对立"的局面，进而引发了国人在文化上的"认同危机"。伴随着全球化的扩展，中国近代以来出现了两次关于文化认同的激烈纷争，一次是新

1　俞吾金：《新十批判书》，商务印书馆 2018 年版，第 179—180 页。

文化运动前后，一次是改革开放初期。全球化时代，推动文化发展与建设文化强国都必须加强文化认同。唯有此，文化的力量才能凝聚起来，作用才能发挥出来。但是，加强文化认同究竟认同的是什么，有两种价值偏向值得警惕，一是传统的文化复古主义，一是向外的文化西方主义。这两种价值偏向都不是我们文化认同的方向，新的认同，既不是也不能回到过去；恢复传统，更不是也不能全盘西化、崇洋媚外，而是要重建民族和国家的文化价值体系。在新的历史条件下，当代中国人文化认同的关键是社会主义核心价值观的培育与养成。因为，核心价值观在一个社会的文化中起着内核作用，是决定文化性质与方向的最为深层的质料。但是，培育和践行社会主义核心价值观，必须坚守中华文化立场，从中华文化中汲取营养，并使传统文化实现创造性转化和创新性发展。

一般而言，任何一种优秀文化都兼具继承传统和与时俱进的品质，随时代变化而创新内容，依实践发展而革新样式，形成一条生生不息的文化长河。从马克思、恩格斯原初的社会主义文化表达到列宁社会主义实践中的文化阐释，从毛泽东革命与战争时代的文化观到改革开放新时期的中国特色社会主义文化观，社会主义文化边界的外延虽有嬗变，但其本质内核并没有变。在社会主义文化实践中，不能因为现代文化的新颖与时髦，就用现代文化抨击传统文化，认为传统文化不符合时代发展潮流，需要摒弃。与此同时，也不能因为传统文化的底蕴和深沉，就用传统文化诋毁现代文化，认为现代文化丢失了传统优秀精华，需要提防。这种"非此即彼"的二元思维本质在于企图用一种固定不变的范式将所涉及的文化归类于传统和现代之中。结果往往是，或者为追求现代文化而泯没传统文化，或者为保护传统文化而拒斥现代文化。无论是传统文化还是现代文化都不是抽象的、僵化的、空洞的，而是鲜活的文化之河。全球化时代的社会主义文化不应该也不能成为彻底的西方文化附庸，更不应当也不会完全抛弃传统文化底蕴。在两者关系上，既不故步自封和妄自尊大，也不崇洋媚外和妄自菲薄，在追求文化创新的同时保持文化的连续性，在推进文化交流的同时保持文化的民族性，构成了当代中国社会主义文化发展的边界要求。

在处理现代文化与传统文化的关系上，一方面，不能因为现代具有新颖品格，就将现代文化视为"异己"拒之门外，因为当前的国情决定了必须要通过创新来优化资源配置，为人民群众提供更多、更好、更优的文化产品和精品，不断满足人民群众日益增长的文化需求。但同时，要坚决遏制创新在资本自我增值逻辑主导下的肆意扩张及其对文化本质的消解。另一方面，不能因为文化要守护本性，就将传统文化视为"至宝"高高托起，因为全球化、市场化、信息化的时代潮流决定了文化必须要顺势而为，不断增强文化发展的活力、动力、生命力。但同时，要防止"文化复古主义"思潮对网络文化不断前进的干扰和羁绊。面对网络文化的洪流，面对市场经济的巨浪，如果泯灭了文化的追求，失去了文化的定力，如果不向低俗媚俗的垃圾说"不"、不向脱离大众的浮夸说"不"、不向追利逐益的炒作说"不"，文化必将失去灵韵，沦为金钱的奴仆。因此，文化的发展既要让文化能够在开放的环境中奋力前进，又不能让其在市场经济的大潮中迷失方向，既要让文化坚持以人民为中心，又不能让其在为什么人的问题上发生偏差。针对文化在生产、传播、消费、评价等环节的资本扩张倾向，人们必须要做到心中有边界、言说有畏戒、行为有底线，扶持主流网络文化发展、形成积极向上的文化能量、强化主流文化的价值认同。

（五）文化样态上：处理好现实文化与网络文化的关系

"人类的需求，除生物性的需求外，其强度、满足程度乃至特征，总是受先决条件制约的。"[1] 这就提醒人们要守护好人类需求的边界，逾越、践踏、无视边界就会走向反面。网络为文化的繁荣兴盛提供了

1　［美］赫伯特·马尔库塞：《单向度的人——发达工业社会意识形态研究》，刘继译，上海译文出版社 2008 年版，第 5 页。

难得的机遇，但文化作为人之为人的精神旗帜和思想灵魂，不能在网络化的浪潮中迷失方向、丢掉灵魂，要守护好边界、保得住底蕴。现实文化与网络文化是互相映衬、互相作用的关系，现实生活的文化景象可以在网络空间中得到影像展示，网络空间中的文化景象可以在现实生活中找到自身还原。但两者也具有不同的文化特征，现实文化具有网络文化所不具备的真情实感性，网络文化具有现实文化所不享有的超越时空性。

在当今社会生活中，人既是现实文化的存在者，也是网络文化的存在者，表现为一种"综合文化体"的存在。这就要求人们自身处理好"网上"与"网下"的边界关系。网络的交互性使得人们可以游走于网上的各个角落，可以随意地进入网上的各个领域，摆脱了现实世界的时空束缚。由于网络空间的"不设防"，使得网络文化的边界出现"凌虚"状态，网络道德失范、网络信息失控、网络语言变异、网络空间污浊、网络生态恶化，使得现实生活中经过长时间培育的文化观点、立场和价值可以在瞬间被"网上"的行为所消解，出现"网下百句不如网上一句"的被动局面。为此，正确处理"上"与"下"的关系要做好以下几方面工作：一是"虚"与"实"并重。网络主体以虚拟身份进入网络空间，进行着形式各异的文化生产与消费、文化交往与享用，但这些文化活动本身是一种真实存在，表征着现实生活中人的文化选择。"虚"应以"实"为基础，并服务于"实"，"实"应在"虚"中映射，并引导好"虚"。二是"内"与"外"结合。"内"是指网民自身要树立正确的网络文化观，文明上网、理性发言、守法用网，实现"自律"。"外"是指要有常态化的规章制度来规范网络文化行为，使网民有章可循、有法可依，实现"他律"。三是"疏"与"堵"互充。由于网络空间的自由性、隐匿性，当网民在现实文化中难以找到心灵慰藉时，往往到网络空间里寻找排遣的机会。反过来，现实文化中的文化教化、灌输、培育，时常因网络文化中的一条"热点"就瞬间消解了。"网下"文化的疏导与"网上"文化的管理必须相协调，实现"网上"

与"网下"的互相补充，以期构建"网上网下要形成同心圆"的良好精神家园。

资本追求的扩张决非单纯经济利益的增值化，文化作为资产阶级意识形态的载体，必然会在思想上进行扩张，将其边界不断推向远方，而网络的兴起给资本的文化扩张提供了便捷的平台和天然的沃土。实际上，网络文化发展中的种种不良行为打破了资本与文化的边界、混淆了网上与网下的边界、剥离了网络文化与现实的人的边界，这背后常常是资本利益的驱使。但人作为有文化灵性的独特存在，必须清醒认识到网络文化可以无中心，但人的文化情愫必须有中心；网络文化可以居无定所，但人的文化家园必须充满温馨；网络文化可以自由传播，但人的文化情感不能随波逐流。网络文化极大丰富了人们表达文化情感、获取文化食粮的范围和渠道，扩添了人们文化交流和文化分享的方式，人们能够摆脱空间和时间的制约在网络空间实现"海阔凭鱼跃、天高任鸟飞"的自由。但网络文化来源于现实、折射着现实、影响着现实，是现实生活在网络空间的文化反映。网络文化不是"独立王国"，必然受到现实映射；不是"自由王国"，必须受到现实规约；不能"为所欲为"，必须守住边界；不能"肆无忌惮"，必须守住底线。人们由于思维惯性的影响，往往把"放纵"与"宽容"等同起来。事实上，这两者具有本质区别，放纵是指对待低级趣味的、消极影响的文化形式采取听之任之、放任自流的态度。宽容则是为优良文化提供一个宽松的环境，以便实质性地促使其发展。

文化的虚拟性并非始于今日，远古的神话传说、昔日的宗教信仰、近代的抽象艺术等都不同程度、不同形式地存在着某种虚拟成分。文化虚拟化成为今日之热词，在于人类所处的时空环境发生了巨变，出现了显性的异于现实世界的虚拟世界。借助于数字仿真技术，网络构建了一个与以往现实世界迥然不同的虚拟世界，即世界出现了二重化，从而使人们不仅生活在现实世界之中，也生活在虚拟世界之中。虽然文化自古都有虚拟性的一面，如神话、宗教、艺术等都存在虚拟成分，然而当代网络文化的虚拟与先前文化的虚拟却有质的差别。质言之，当代网络文化的虚拟是人们基于科学技术的进步而建构的虚拟世界，它是程序计算的结果，而先前文化的虚拟是人们基于对现实世界的惊奇而建构的虚拟世界，它是头脑想象的产物。但无论何种虚拟，人总是文化的人，人是文化的主体这一本质并未发生改变。因此，人在现实世界中的文化选择、文化行为、文化规范等必然要随着人进入虚拟世界。虽然虚拟世界开辟了文化发展、文化形态、文化传播的新天地，极大地拓展了人们的文化传播渠道，极大地满足了人们的文化精神需求，极大地丰富了人们的文化灵魂世界，但随着"落网"人数的增多，虚拟世界中文化行为失范、文化规则失控的风险不能不引起人们的关注和思考。

虚拟世界以迅速、彻底、新颖的方式改变着人类的文化活动，其中最为显著的表征是人们似乎一进入虚拟世界，现实世界的文化规则、文化规范、文化规矩就变得可有可无、似存似亡。原本现实文化中难以露面的文化形式在虚拟空间大肆上演，原本现实文化中长期形成的文化规范在虚拟空间仿佛不复存在。由于网络的虚拟性，尽管人们体验到诸多现实世界中无法体验的文化享受，但人们可能在某种程度上逐渐脱离现实生活，对现实产生某种疏远感、淡漠感。由于网络的自由性，尽管人们摆脱了诸多现实世界中遵从敬畏的规范约束，但人们可能在自由自在中逐渐冰释经典文化，消解文化霸权，淡漠"阳春白雪"，抬高"下里巴人"。由于网络的社群性，尽管人们拥有了诸多现实世界中难以寻找的文化知音，人们也可能在不加设防的网络集合中滑向无根无魂、无边无界的深渊。上述种种，最终会使得人们发现自身看似处在极其丰富的各种可能性之中，实则处于一种价值的巨大缺失和空虚境地。作为现实文化与虚拟文化集于一身的人，往往处在"心头疑云起，无处可拂拭"的文化纠葛之中，最终会走向虚无的深渊，在思想上迷失方向，在实践中缺乏动力。

网络正在成为各种虚无主义思潮积极抢占的高地。网络时代固然需要公共讨论的氛围、支持自由的文化选择、尊重多元的文化喜好，然而在看似自由开放的文化场域中，话语权力却存在极严重的不平衡状况。源自西方的文化虚无主义，在经历了古代形而上学虚无论、近代理性主义虚无论、现代价值主义虚无论、后现代本质规律虚无论之后，互联网成为现时代文化虚无主义观点集中呈现的"跑马场"。在网络文化空间，用美国大片否定中国影片的大有人在，用西方文化规则评价中国文化现象的不在少数。在现实生活中，明目张胆地崇拜西方文化可能会受到谴责，但在网络空间中，这种文化心理却可以恣意而为。在接受了西方文化所推崇的个人主义、自由主义、多元主义之后，文化虚无主义者在网络空间开始大肆地把偶然的、随意的、非理性的文化从边缘扶持到中心、从冷门炒作为热点。他们强调无所谓真善美与假恶丑之分、无所谓真理与谬误之别、无所谓高雅与低俗之争，这些只不过是一种文化差异而已。事实上，这种看似模棱两可、似是而非的文化观点，本质上崇尚的是西方文化，或者说是用西方文化来衡量中国文化。

全球信息网络技术正在彻底改变着人们对于"实与虚"的理解。在处理现实文化与网络文化的关系上，对于现实文化，既不能视之为"怀中瑰宝"，溺之爱之，也不能认为其"不合时宜"，抛之弃之。对于网络文化，既不能视之为"洪水猛兽"，畏之远之，也不能认为其"虚无缥缈"，听之任之。关键在于，网络能否在遵守规则的前提下积极生产和传播先进文化、坚持主流文化，这是社会主义文化边界形塑需要思考的问题。生活中，现实文化与网络文化之间的界限也并非泾渭分明，网络文化映射着现实文化，现实文化投影着网络文化。无论科技如何发达，人终究是人，应当以现实的态度直面虚拟世界。社会主义文化的发展，不能因为网络文化的"虚"就抱着不管不问的态度使其随风摇摆，也不能因为现实文化的"实"就抱着事必躬亲的态度使其敝帚自珍，而是要主动适应时代发展和科技发展的浪潮，善于运用文化发展规律，科学规范文化秩序，严厉整治不良文化，持续优化文化环境，集聚强大文化合力，使整个社会的文化生态优良起来。网络文化发展中的边界形塑是希望人们在拥抱网络、享受文化的同时，能够担负其文化所承担的历史情感、共同记忆、精神信仰、价值追求。网络文化的健康发展离不开党的领导和主流文化的引领，离不开法律法规和技术制度的匡正，更离不开人的道德自律和文明提升。

（六）文化品位上：处理好高雅文化与通俗文化的关系

雅者，正也。雅文化是在人类活动以及劳动过程中产生的，以"高雅、典雅、幽雅、儒雅"为显著特点的文化，多与精英知识分子的审美创造和严肃思考有关。中国是礼仪之邦，崇尚"雅正"是中国古代士大夫知识分子乃至一般民众的人生准则和审美理念，影响着人们的文化修养、生活方式、价值观念等各方面。俗文化多指通俗化、大众化、平民化的文化，是人们日常生活中的文化，多与底层民众的朴素表达和消遣休闲相连。俗文化自古有之，其特点是朴素易懂，便于流行，如俗语、谚语、歇后语、民谣、民歌，等等。实际上，任何一种理想的文化形态必定是"雅俗兼得、和谐相融"的，单向度追求"雅文化"或"俗文化"是背离文化规律的，也是不能实现的"乌托邦"。

任何一个时代、任何一个民族，不仅要有精妙绝伦的高雅文化，这是引领时代和民族发展的旗帜，更要有趣味横生的通俗文化，这是满足广大人民文化渴求的必需品。事实上，高雅文化与通俗文化不是完全对立，也并非水火不容，真正的文化经典往往能够集雅俗于一身。因此，在文化认知上，不能孤芳自赏，固守高雅文化，而视通俗文化为洪水猛兽加以拒之，也不能毫无下限，放低高雅文化的品位去拥抱格调低下的"庸、低、恶"文化。文化的边界在网络时代得以大大扩延。网络成为文化发展的主要平台，其海量、快捷、实时、共享等特点极大提高了文化的生产效率和传播方式，成为人们获得文化资源的主要途径。然而，网络一旦成为"三俗"文化的寄生地，就将如"蝴蝶效应"般地影响整个文化生态。当色情、暴力、炒作、戏谑、低俗等元素成为网络文化获取高点击率的"制胜法宝"时，网络空间就会蜕化成"三俗"文化的"温床"。在如今多元的文化场域中，人们常常将通俗文化完全等同于低俗、恶俗、庸俗、媚俗。为了博得眼球，传播色情文化；为了能上热搜，恶搞低俗文化；为了标新立异，制造虚假文化，使得堆砌着陈腐思想和低级笑料的文化沉渣不断泛起，使得借古讽今、含沙射影、指桑骂槐的文化解构暗流涌动，使得无下限娱乐、无底线恶搞、无边界漫渲的文化炒作成为常态。睥睨礼法的行为、戏谑社会的语言、黄色赌毒的弹幕，一再拉低网络文化的格调，都在不断触碰着社会公序良俗和法律道德底线。人们在尽情享受网络文化的"盛宴"中，不知不觉地开始沉溺于虚拟的自我世界之中，逐渐树立起"以自我为中心"、"以愉悦为目的"的价值导向，用无深度感代替了对精神信仰的追求。以"快手"直播为例，直播平台虽然设置了作品发布的规章制度，网民自身内心也有着文化律令，但不少网民或为了名利追求、或出于价值张扬、或基于猎奇心态、或寻求文化狂欢仍发布情趣低俗、格调低下的作品。尽管网民可以按照平台给出的十种分类（如违法违规、色情低俗、内容不适合孩子观看、盗用作品等）进行举报，但这种举报及后续反馈是滞后的，并未对"三俗"文化进行前置性管控。因此，必须要明确网络文化发展中的边界存在，不能让人性的假恶丑披着文化的外衣在网络空间横行，要重视对社会、文化和主题性内容的呈现，重视向观众提供更为向上向善、向真向美的文化和审美示范。

随着科学技术的快速发展，文化的边界在信息化的滚滚巨浪中已由现实生活空间扩展至网络虚拟空间。网络文化已是社会主义文化的重要组成部分，它不仅成为一个更宽广的文化平台，而且构成人们获得文化享受的主要渠道。同时，文化领域的新问题也伴随着边界的扩伸因网而生、因网而增，如低成本的恶搞特搞、黄赌毒的肆意传播、惊艳化的过度渲染等。这些文化劣象均在不同程度地消解着主流文化的权威性，稀释核心价值的正统性。人们在"宁可信其有不可信其无"、"我的空间我做主"的心理中容易滑出原本的文化边界，去追寻无边的世界。无规矩不成方圆，无五音难正六律。对此，习近平强调："无论什么形式的媒体，无论网上还是网下，无论大屏还是小屏，都没有法外之地、舆论飞地。"[1]信息化时代，人们文化心理最大的恐惧，莫过于乱象纷呈的文化景观会彻底把人类奴役，把人变成不能思考，没有灵魂的"僵尸"。但人终究是有文化的人，文化发展中现实与虚拟的真正危机不在于"人与机器的对抗"，很可能是人性的对抗。从这个意义上说，科技本身不是一个邪恶的"发明"，但它却极易因获取信息的便捷性，让人行为上变得懒惰，因其对娱乐的包容性，让人思维上渐渐退化。因而，一切与互联网、数码技术、人工智能有关的问题都不单纯是技术问题，而是关于现实的人如何面对自己的问题。

　　当下，消费文化、网络文化、景观文化盛行，"文化消费"、"大众娱乐"等成为窥探社会现状的关键词。本质上来讲，建设一种文化，决不是为了让其远离人们的现实生活，更不是为了将其神话，而是为了让其生活化。因为只有实现了文化的生活化，让文化回归于生活，文化才能具有现实的生命力。同时，也只有生活化了的文化，才能对人们的现实生活产生边界形塑的作用。但在现实的文化生活中，急功近利的文化浮躁大行其道，"三俗"文化随之泛滥，虽饱受诟病，但屡禁不止。应该说，在全球化时代、市场经济条件下，这些现象的出现有其正当合理性和历史必然性。但是对于文化中出现的"越界"行为及其表征出的"娱乐至死"、"盲目狂欢"、"拒绝崇高"、"反讽经典"的现象，必须敢于"亮剑"。文化是人生命的构成要素，不可能是"无菌的真空"，文化的发展也不可能完全杜绝"三俗"。只是"三俗"文化不能溢出界域，更不能成为大众文化市场的榜样，甚至成为占据主导地位的文化。一方面，精英知识分子试图通过文化批判将雅文化拉回"高堂之庙"，但面对俗文化的广泛传播却显得"无力回天"。另一方面，普通民众试图通过追求雅文化以提升自身文化素养和品位，但面对雅文化的"金科玉律"却显得"心有余而力不足"。实际上，雅之于俗的意义在于，以庙堂之正纠江湖之偏，俗之于雅的价值在于，以江湖之活调庙堂之僵，最

1　《习近平谈治国理政》第3卷，外文出版社2020年版，第318页。

终达到一种"雅俗兼得"的美好状态。

二、 社会主义文化边界形塑的原则要求

变革和创新是文化获得生命活力、激情诗意、优化提升的有效方式。但是，变革和创新绝不是没有方向的边界自流，更不是没有规则的边界销蚀，也不意味着凡"变"必升，更不意味着凡"新"必优。关键在于变什么，如何变，究竟创在哪里，究竟新在何处。只有在因变而达优，因新而臻美的情况下，变革和创新才具有正面价值。因此，社会主义文化的发展不仅要确立边界，更要提出边界形塑的原则，使其朝着正确与美好的方向发展。

（一） 坚持科学性与时代性相聚合

所谓"科学性"，即必须坚持科学的导向，尊古不化和崇洋媚外的文化导向都是不可取的。社会主义文化先进性的首要标志在于是否具有科学性。科学性体现在能否反映社会主义文化的本质规定与客观规律，能否代表人民群众的根本利益与价值真理。毛泽东在《新民主主义论》中提出新民主主义文化思想，其中一个重要维度就是科学性。他说："这种新民主主义的文化是科学的。它是反对一切封建思想和迷信思想，主张实事求是，主张客观真理，主张理论和实践一致的。"[1] 这不仅是对新民主主义文化的规定，更是为社会主义文化边界形塑明确了要求。它启示我们，社会主义文化边界形塑首先要坚持实事求是，其次要坚持客观真理，最后要坚持理论和实践相一致。具体而言，一是指导思想的科学。社会主义文化边界的变迁伴随着科学社会主义从西方到东方，从理论到实践的发展过程，它要求必须把坚持马克思主义的指导与发展马克思主义结合起来。这不仅是因为从理论上讲，马克思主义科学揭示了人

1　《毛泽东选集》第 2 卷，人民出版社 1991 年版，第 707 页。

类社会和整个世界发展的客观规律和一般规律，而且从实践上看，能否科学坚持和发展马克思主义是社会主义建设兴衰成败的关键。二是形塑方法的科学。实事求是是科学性的基本要求。社会主义文化的发展要顺势而行，因事而为，不能尊古不化，更不能崇洋媚外。毛泽东说："我们必须尊重自己的历史，决不能割断历史。但是这种尊重，是给历史以一定的科学的地位，是尊重历史的辩证法的发展，而不是颂古非今，不是赞扬任何封建的毒素。"[1] 三是文化内容的科学。毛泽东说："必须将古代封建统治阶级的一切腐朽的东西和古代优秀的人民文化即多少带有民主性和革命性的东西区别开来。"[2] 这里强调的"区别开来"，即表明社会主义文化在发展过程中要注意文化内容的科学性，以是否科学为依据来划清界限。

所谓"时代性"，即必须坚持时代的引领，滞后时代和空想超越的文化实践都是不合宜的。时代在发展，世界在变化，实践在推进，人的思想情愫、精神诉求和生活方式等所呈现出的文化样貌在时空流转与变革中寻求新的边界突破。社会主义文化自马克思、恩格斯以来，先后经历 19 世纪资本主义一统天下的时代，20 世纪帝国主义和"冷战"对峙的时代，21 世纪"和平与发展"成为时代主题的多元化时代。每一时代都有其文化精神，社会主义文化在不同的时代就会展现出不同的样态，表达着不同的话语，建构起不同的边界。如马克思、恩格斯的著作中少有"社会主义文化"的直接表达，列宁在十月革命前使用"无产阶级文化"较多，在十月革命后使用"社会主义文化"较多。话语使用频率的变动表明人们对社会主义文化内涵与外延的边界体悟也在发生着转变。中国共产党在领导中国革命、建设和改革的进程中先后提出了新民主主义文化、社会主义文化、中国特色社会主义文化，本质虽然一致，但边界却又相区别。十月革命胜利后，苏俄出现了"无产阶级文化协会"组

1　《毛泽东选集》第 2 卷，人民出版社 1991 年版，第 708 页。
2　《毛泽东选集》第 2 卷，人民出版社 1991 年版，第 708 页。

织。该组织试图在苏俄进行纯而又纯的无产阶级文化创造，结果在时代
的浪潮中被淘汰。中国在社会主义文化建设过程中也曾出现过严重失误
和挫折，这不仅与当时的国际国内时代环境有关，也与社会主义建设的
经验不足有关，更与新中国成立初期社会主义文化建设没有顺应时代发
展有关。因此，社会主义文化的发展必须要准确把握时代发展的潮流，
认识世界文化的趋势，洞察实践探索的动向。习近平讲："古今中外，
文艺无不遵循这样一条规律：因时而兴，乘势而变，随时代而行，与时
代同频共振。"[1] 因此，社会主义文化边界形塑必须遵循时代性的原则。
游离于时代主潮之外，疏远时代脉动的文化创造，注定不会成为精品佳
作，而只能是生活对琐屑的、边缘的和非本质的捞取和意象撷拾。

　　综上，科学性要求社会主义文化边界的形塑必须尊重科学，游离或
教条都是不对的。时代性要求社会主义文化边界的形塑必须与时偕行，
滞后或超越都是不妥的。因此，社会主义文化边界的形塑要实现科学性
与时代性相聚合，既不墨守成规，也不崇洋媚外，既不落后时代，也不
追求超越，而是在科学性的指导下尊重文化发展规律，在时代性的鞭策
下创新文化发展样态，因科学而正确，随时代而前行。

（二）　坚持人民性与实践性相融合

　　所谓"人民性"，即必须坚持以人民为中心，脱离人民和疏远人民
的文化宗旨都是不正确的。社会主义文化建设必须坚持为人民服务、为
社会主义服务的方向，不允许毒害人民、反社会主义的余渣滋生与泛
滥。这是由人民群众在人类社会和历史发展中的地位与作用决定的，也
是由社会主义文化的性质与任务决定的，是社会主义文化发展的内在要
求。人民性之所以是社会主义文化边界形塑的第一原则，绝不仅仅是因
为马克思主义经典作家文化思想的史证使然，最根本的是人民本位代表
了所有人都应当且都能够遵循的底线规则。因此，社会主义文化边界的

1　《习近平谈治国理政》第 2 卷，外文出版社 2017 年版，第 350 页。

形塑赖以建立的基础或出发点就是看其是否扎根人民群众最广泛、最真实的现实生活和行为实践。1944 年 10 月 30 日，毛泽东在《文化工作中的统一战线》中讲："我们的文化是人民的文化，文化工作者必须有为人民服务的高度的热忱，必须联系群众，而不要脱离群众。"[1] 习近平强调："社会主义文艺，从本质上讲，就是人民的文艺。"[2] 人民之于文化，并非云天之于山石，乃系泥土之于树木。社会主义文化发展必须要牢牢把握住人民性的边界要求。这种要求首先是一种底线要求，而非某种高高在上的理想化、形式化、教条化的抽象要求。同时，人民也不是抽象的符号，更不是空洞的概念，而是有血肉、有情感、有爱恨、有梦想的实实在在的人。我们不能把人民当成自身幻想的海市蜃楼，把边界视为远离尘烟的高天浮云。相反，以人民为中心必须基于我们的日常生活实践和生活世界，文化边界的形塑也必须深深植根于人间生活世界的肥沃土壤之中。人民永远都是社会进步和时代变革的原动力，这就决定了社会主义文化发展应当皈依人民和表现人民、服务人民和歌颂人民，从人民所创造的历史鸿绩和现实生活中汲取丰富营养，不能沦为无根之木、无源之水。

所谓"实践性"，即必须坚持实践的检验，空喊口号和自吹自擂的文化做法都是不恰当的。文化本身是一种抽象的存在，因此在生活中追问"文化是什么"，人们并不容易给以明确回答。但如果换个角度追问"什么是文化"，人们就易于回答。文不能坐论，化不能空谈。社会主义文化并非封闭僵化的抽象概念，而是蕴含于社会生活的细节之中，体现在人民群众的行为之中。因此，社会主义文化的发展与边界的形塑必须要面向生活，融入实践，不能失之于粗，流于形式。只有具备了人格化、形象化、具体化的文化承载形式，人们才能在实践中感知它、领悟它，进而使得社会主义文化起到润物无声、熨帖心灵的作用。习近平指

1　中共中央文献研究室编：《毛泽东文艺论集》，中央文献出版社 2002 年版，第 111 页。

2　《习近平谈治国理政》第 2 卷，外文出版社 2017 年版，第 314 页。

出："人民生活中本来就存在着文学艺术原料的矿藏，人民生活是一切文学艺术取之不尽、用之不竭的创作源泉。"[1] 离开这一点，文艺就会变成无根的浮萍、无病的呻吟、无魂的躯壳。实践的无限丰富性，决定了社会主义文化的多姿多彩、源广流长。但在现实的文化发展中，有名无实的空喊口号，雷大雨小的自吹自擂，表肥里瘦的花样翻新等文化乱象多有存在。当前，社会主义文化发展一个最为紧迫和急切的问题就是必须静下来，沉下去，深入发展前沿，扎根群众生活，彻底摆脱功利与浮躁之心的羁绊，直抵生活实践的内质和底蕴。因此，社会主义文化边界的形塑不能在"外围"打转转，也不能在"内核"空对空，而要立足生活实践，因为它不但可以提供社会主义文化发展的材质，而且也赋予社会主义文化发展的动能。同时，社会主义文化边界的形塑还需要打造中国文化范式，传播中国声音，展示中国风貌，创造出具有时代精神和民族基因的中国特色社会主义文化，表达出具有中国根脉和中国愿景的精神诉求和价值取向。

综上，人民性要求社会主义文化边界的形塑必须扎根人民，抛弃或疏远都是不当的。实践性要求社会主义文化边界的形塑必须立足现实，空喊或吹擂都是不对的。因此，社会主义文化边界的形塑要实现人民性与实践性相融合，既不能虚化人民，也不能淡化实践，而是要在人民性的宗旨下把牢文化发展核心，在实践性的衍变中革新文化发展思路，因人民而崇高，随实践而凯歌。

（三）坚持发展性与整体性相结合

所谓"发展性"，即必须坚持发展的理念，盲目复古和满足现状的文化自负都是不可取的。人类在历史发展进程中，不断超越现有文化模式和文化形态，不断剔除现存文化中的糟粕成分，革新那些限制人甚至压迫人的渣滓，创造出更能提升人精神境界的文化产品。社会主义文化

---

[1]　《习近平谈治国理政》第 2 卷，外文出版社 2017 年版，第 316 页。

发展具有与时俱进的精神品格，它不是既定不变的概念，更不是闭塞狭隘的体系，而是富有自我更新与生命活力的思想洪流。因此，它要求社会主义文化边界的形塑遵循发展性原则。在人类文化心理中，每当新的文化发展呈现不尽善尽美之貌时，人们就会不自然地去怀旧，甚至寄希望于"重走正道"。基于这种思维方式，不少人认为当前中国社会主义文化发展中存在的种种问题是由资本与市场的操纵使然，进而从理想和应然的层面判定这是对经典马克思主义的背离。尽管，这种文化情愫可以理解，但实践指向却难以成立。因为时代背景和实践基础都已发生巨变，遇到问题应该往前看，而不是往回看。因此，社会主义文化的繁荣兴盛之路必须要走好脚下的路，放弃不切实际的想象，目光向前务实才能走得更好、更稳。与此同时，当今社会，或鉴于世界发展不确定性疑虑的增加，或基于自身成长压力源的上升，不少人开始采纳"佛系"观望与"躺平"心态。在这种文化心态基础上，部分人对中国特色社会主义文化发展秉持一种"随波逐流"和"安于现状"的"流浪"心态。但这种文化心态只能存于一时，不能留于一世，只能存于个人，不能寄于整体。文化发展不仅要延续历史的辉煌，展现当代中国的蓬勃生机，还要开拓未来发展的光明前景。社会主义文化追求的是好品质、好形态、好前景，但是好总是伴随"不好"而存在。因此，社会主义文化边界形塑不是要把社会主义文化框起来，更不是要把社会主义文化裱起来，而是要在社会主义的实践发展中更好推动其进步。文化的整体性是在时间、空间环境中呈现出来的。时间上，坚持发展的观念要求跳出眼前从长远看眼前，正确看待眼前和长远的关系，从社会主义文化发展的历史长河中把握其完整性。空间上，坚持发展的观念要求跳出局部从全局看局部，把握好局部和全局的关系，把社会主义文化发展置于更为宽广的外部大环境中来把握，把握好文化自身与外部大环境的关系。这就需要遵循文化发展的一般规律，摆脱固化或教条的思维与经验制约，立足实践不断革新思维、创新理论、推动发展，在制定文化发展战略时既要着眼现实，又要指向未来。

所谓"整体性",即必须坚持整体的思维,拘泥局部和刻意拔高的文化战略都是不合适的。整体性的思维要求理顺文化与社会主义发展中其他要素之间的关系、顺序、比例,使其相互配合,构成最佳的合理结构,其目的是充分发挥社会主义的整体优势,实现社会主义优越性。但在社会主义发展史上,偏执一隅地错解马克思主义文化思想的不在少数。针对有人将马克思关于现实生活的生产与再生产在历史过程中具有决定性作用的观点歪曲为"单一经济决定论",恩格斯批驳道,这种观点是把马克思的命题变成了毫无内容和抽象荒诞的空话。为此,他提出了历史发展的"合力论"。这表明,马克思、恩格斯并没有将经济看作是唯一决定性因素,而是强调社会发展动力的整体性。实践表明,文化如果不能与经济、社会、科技等同步前进,同样形成巨大的辐射力和广阔的覆盖面,就会使社会主义建设之路受到梗阻。列宁在探索社会主义的实践进程中深有体会。他说:"新经济政策在经济上和政治上都充分保证我们有可能建立社会主义经济的基础。问题'只'在于无产阶级及其先锋队的文化力量。"[1] 即表明,社会主义的基础应该是经济、政治和文化的整体。邓小平在改革开放的进程中也特别强调要防止埋头经济工作,忽视思想文化工作的倾向。因此,在东方落后国家建设社会主义,要特别防止"重经济、轻文化"的"经济中心主义"理念与做法。但同时,随着文化在综合国力中地位的凸显,文化问题成为人们普遍关注的热点问题,以致形成了多轮的"文化热"。其中,出现了不少刻意拔高文化在社会主义整体结构中地位的呼声。但是,文化发展本身不是自足的,如果没有经济实力的显著增强、政治发展的持续稳定、社会环境的良序发展,谈文化强国建设或成为"空中楼阁",或沦为"水中月亮",或流为"盲人摸象",或错作"误诊误断"。因此,社会主义文化的形塑需特别注重边界的整体性。只有从整体视角出发,才能对文化发展有一个全局性的把握。但这种边界的整体性要求不是追求固化,因为固化只

---

[1] 《列宁全集》第 43 卷,人民出版社 2017 年版,第 67 页。

能导致死水一潭。为此，社会主义文化必须加强与世界各国文化的交流交融，在吸收国外先进文化成果的同时传递中国好声音，边界的意义在于申明不能在对外交流中"迷失自我"。

综上，发展性要求社会主义文化边界的形塑必须顺水推舟，复古或躺平都是不妥的。整体性要求社会主义文化边界的形塑必须胸怀全局，狭隘或拔高都是不对的。因此，社会主义文化边界的形塑要实现发展性与整体性相结合，既要注重发展，不能作茧自缚，也要注意整体，避免木桶效应，在发展性的原则中走稳文化前进的步伐，在整体性的全局中明确文化发展的位置，因发展而繁荣，随整体而兴盛。

三、 社会主义文化边界形塑的体系建构

几千年来，人类的生活方式和精神面貌发生了巨大的演进变化，但是人的本性并没有改变，人之初到底是本性善还是本性恶的争论仍旧在现时代延续。事实上，人性的善恶只会在不同的时空场景中体现出来，需要借助外在才能体现出内在。在利益一致时，人们为了共同目标的实现，相互之间的行为往往是友善的，就会呈现出善的一面；在利益发生冲突时，有的人就会为了一己私利，伤害他人或社会，就会呈现出恶的一面。这给我们的方法论启示在于，社会主义文化边界形塑的核心在于趋善除恶，目的在于尊法崇德，最终达到"从心所欲而不逾矩"的理想境界。具体说来，社会主义文化边界形塑的体系构建包括以下内容。

（一） 健全明确化的规范体系

人的意向性是文化发展的动力和指南。或者说，人总是在自认为比较"混乱"的文化状态中努力做大量建构性工作，极力促使各种事情有条不紊地发展，使秩序和规则成为人生命存在的维护形式。因此，历史发展中关于文化如何发展的争论并不鲜见，本质上均体现为对文化发展弊病的忧思和道路的探寻。为社会主义文化良性发展进行"制度性"的

努力，首要问题是对制度作一个本体论的释义。制度是人类社会的神经网络，失去制度，人类及其创造的世界将会整体解构。自古以来，国有国法，家有家规，即使在封建时代的君王制度下和传统社会的家族宗法下，法律、法规、乡约、家规均在维系社会稳定中发挥着举足轻重的作用。因此，"无规矩不成方圆"已成为世人皆知的共识。但人类在社会生活中似乎又陷入一种悖论：一方面从国家到地方，各种法律法规都普遍存在，另一方面违法乱纪行为依然层出不穷。诚然原因是多方面的，有的是为了政治地位、有的是为了经济利益、有的是为了谋求私利。其中隐含的问题是，作为"形而上"层面的法律条文与作为"形而下"层面的社会实践之间存在鸿沟，不过这一鸿沟的存在也属正常，关键是要在合理的边界限度之内。具体到社会主义文化发展，由于文化自身的特性，它不能像经济犯罪、政治犯罪那样"有据可查"，因此文化领域的法制建设不同程度存在制定的滞后性、界限的晦涩性、实施的软弱性等问题。"制定的滞后性"即文化领域的法律法规制定常常落后于快速发展的文化实践，其多以文化实践事后的一种补救措施而出现。"界限的晦涩性"即文化领域的法律法规所划定的界限不够明确，以致人们在文化实践中往往忽略了文化法律法规，打着"百花齐放"与"创新创造"的旗号，有意或无意触碰文化的边界。"实施的软弱性"即文化领域的法律法规常常体现为导向性，引导人们要肯定什么与否定什么，支持什么与反对什么，不但较少涉及违法犯罪的惩治，而且在惩治的力度上也较为宽容，这就为少数人敢践踏文化边界留下了空隙。

　　一是法规先行，党要坚持社会主义文化发展的领导权，政府要依法主导社会主义文化发展的治理权。制度是社会成员共同遵守的行为规范与准则。"凡将立国，制度不可不察也，治法不可不慎也，国务不可不谨也，事本不可不抟也。制度时，则国俗可化而民从制；治法明，则官无邪；国务壹，则民应用；事本抟，则民喜农而乐战。"[1]作为社会关系

---

[1]　《商君书·壹言》。

的组织体系，制度具有鲜明的价值导向，旨在形成某种价值秩序服务于社会发展。文化的发展要有严明的法度，以法治文，依法治文。党的十八大以来，中国共产党、全国人大、国务院以及有关部门在不同时间以不同形式出台了多项有针对性的繁荣发展社会主义文化的法律法规和指导意见，旨在为社会主义文化的健康发展指引航向，明确边界，如《中共中央关于繁荣发展社会主义文艺的意见》（2015年10月3日）、《中华人民共和国公共文化服务保障法》（2016年12月25日）、《关于实施中华优秀传统文化传承发展工程的意见》（2017年1月25日）、《网络短视频内容审核标准细则》（2019年1月9日）、《关于加强网络文明建设的意见》（2021年9月14日），《关于推进实施国家文化数字化战略的意见》（2022年5月22日），等等。其中，2015年10月3日，《中共中央关于繁荣发展社会主义文艺的意见》就指出："修订、制定促进和保障文艺繁荣发展的法律法规。依法管理文化市场，深化文化市场综合行政执法改革，加强文化市场执法，深入开展'扫黄打非'，进一步提高依法行政水平。加强知识产权保护，维护文艺工作者和文艺机构合法权益。"[1] 要通过文化立法，为人们的文化实践提供行为边界标准，使人们在行为前知道可以做什么或不可以做什么，必须做什么或不得做什么。上述法律、行政法规、部门规章、规范性文件等的出台，可以为社会主义文化发展形塑正确的价值方向、优秀的思想境界、精美的呈现形式、健康的表达主题。

二是明确界限，党出台的社会主义文化方针、意见，政府出台的法规、条例要明确文化实践中的对错界限、善恶界限、美丑界限、真假界限。一个社会没有标准很可怕，一种文化没有边界很危险。社会主义文化发展中的种种失范、偏常、破界行为的发生正是文化标准缺失或蔑视文化边界的结果。当然，明确界限也不是要用刻板的模式来整齐划一，而是提倡理性思考、要求遵法守德。国家要加强文化领域的事前制法，

---

1   《中共中央关于繁荣发展社会主义文艺的意见》，《人民日报》2015年10月20日。

并通过主流媒体进行宣传，尽可能达到一种"人人皆知"的理想状态。人们在文化生活中的是非界限、善恶界限、真假界限、美丑界限、对错界限不是不清晰，如在社会主义文化发展中，"以洋为尊"、"以洋为美"、"唯洋是从"是错误的，"去思想化"、"去价值化"、"去历史化"、"去中国化"、"去主流化"是不对的。在宣传思想领域，口无遮拦、毫无顾忌、淡漠党性是错误的，壮大主流思想、弘扬主流旋律、传播正向能力是正确的。新闻舆论工作，要成为发展的"推进器"而不是动乱的"催化剂"，民意的"晴雨表"而不是民众的"迷魂汤"，社会的"黏合剂"而不是社会的"分离器"，道德的"风向标"而不是杀人的"软刀子"。诚然，作为制度具体形态的法规、条例等的出场，并非表明诉诸制度就一定能解决一切棘手的文化问题。因为，制度的制定者和执行者都还是人自身。"法令滋彰，盗贼多有"也在提醒我们，法律法规多了，也可能有更多违法之人。社会个体若内心失去边界，法律规范和规则条文也将沦为一纸空文。值得注意的是，制定规则和明确边界，根本目的在于激发文化的创造活力，从而实现文化的善治，而不是为了淹没文化的生命活力。

三是执法必严，要树立文化发展领域的法规权威，不能让法律制度成为"墙上画"和"水中月"。法规的权威是规范体系的核心部分，因为没有获得权威性认同的规则，只能是规则的次品或赝品。现代社会是法理社会和文明社会，必须要确立起法规的权威性，但是法规的权威性生成不是一下子或一次性就可完成的，需要多方面因素综合来实现。首先，它需要的是法规的正义性，非正义的法规自然不会获得人们的认同，即使它可以依靠武力手段、政治权威或神明假竟。欲达到这样的要求，社会主义文化边界形塑要始终坚持中国特色社会主义文化发展方向，片刻不能游离，达到"思无邪"、"行有度"。其次，它需要的是法规的人民性，高高在上的法规不会获得人们的真正认同，即使它制定得再完备、考虑得再周全，因为其不接地气也会成为一纸空文。社会主义文化边界形塑要以通俗化的方式实现区分功能、规约功能、凝聚功能、引导功能。最后，它需要的是法规的持久性，即表明法规权威性的形成需要一个从认知到接受、从接受到理解、从理解到认同、从认同到信仰的长时间的过程。边界的形塑不能一时宽一时严、不能一时松一时紧。对于文化行为，好的方面，要激之扬之，恶的方面，要淘之汰之，中性的方面，要引之导之。良性的制度能够强化道德力量和社会文化的作用，使人的行为能够有章可循，达到"文成规矩，思合符契"。

需要说明的是，在理解明确化的规范体系时有两种思想或实践倾向需要避免。一是规范体系的约束行为不是针对个体的，而是针对集体的。任何规范体系作为一种社会边界准则都具有外在的强制性作用，因为它是集体意志的体现，特别是政治、法律制度体系，更体现着国家政体、政权的性质和原则，体现着统治阶级的思想和意志。"从这个意义上说，制度和法律一开始就不是为个人而设的，而是为了集体的利益、等级的利益、国家或王权的利益等制度的。"[1] 二是规范体系的约束行为不能走向凝固、僵化之路。人类各种社会文化制度的创造原本是为了自身更好地生存和延续，但是当各种社会文化制度作为一个外在的价值体系像无言的边界强迫人们接受一种不属于他的价值的时候，自然也就背离了创造它的初衷而成为异己的强制力量了。如青年一代的"文化叛逆"或"文化反抗"就是例证。这时，需要的是对作为文化边界形式的制度进行顺时顺民的调整，不能让制度成为坚硬的外壳禁锢人们的心灵，不能让制度成为软性的刀子左右人们的思想。

（二）强化多元化的监督体系

社会主义文化边界形塑的首要任务是明确清晰的规则体系，但是这一体系需要良好的运行，运行不起来的规则体系终究是空中楼阁。虎兕出于柙，监者有其责。社会主义文化发展的法律法规、政策文件在制定

1　司马云杰：《文化悖论——关于文化价值悖谬及其超越的理论研究》，安徽教育出版社 2011 年版，第 123 页。

与出台以后，贯彻与落实尤为重要。这一过程需要的是监督，一方面监督社会主义文化制度中的立界情况，即是否依规办事、依法行事，另一方面监督社会主义文化发展中的越界行为，即哪些文化思想超出边界、哪些文化行为突破边界。当然，监督本身不是目的，而只是为了少一些越界行为，多一些依界而行，少一些消极现象，多一些积极生活。社会主义文化发展中出现的诸多越界行为，并不是因为没有相关的法律条文和规则体系，而是缺少有力的执行与监督。诚然，真正做到高水准的以德治国再好不过，但是历史的发展往往不尽如人意。人类不仅需要有规则的制度体系，因为靠德治有时候往往不够可靠，更需要有对规则的监督体系，因为规则有些时候也会成为一纸空文被束之高阁，有些时候又会成为鸡毛令箭被肆意滥用。所以，良好的前行需要时时刻刻的监督，多元多样的监督，否则文化工作就成为一项"可上可下"、"可松可紧"的工作，文化事业也就沦为一项"喊喊口号"、"装装门面"的事业。社会主义文化发展不仅是国家富强、民族复兴的重要内容，更是人民幸福的核心要素。因此，社会主义文化边界的形塑需要上层、中层、下层携手并进、多元监督，以期实现文化相关制度的依规实施和文化涉及方面的寻道而流、沿堤而行。

　　一是来自上层的监督，主要是指党和政府等权力部门的监督。国家层面的监督是指对社会主义文化发展的方向选择、核心要旨、本质规定、阶段任务、战略举措等进行宏观把握和调控。梳理中国共产党改革开放进程中历次全国代表大会的报告可以发现，从宏观层面来看，文化价值观经历了从"精神文明建设"到"先进文化建设"，再到"社会主义核心价值体系"，一直到当前"社会主义核心价值观"，体现为一种抽象到具象的变化。文化发展目标经历了"富有特色"到"文化强国"，再到"铸就辉煌"，体现为一种被动到主动的变化。文化心态经历了从"抵御"到"适应"，再到"传播"的过程，体现为一种由自觉到自信的变化。从微观层面来看，领导力量和指导思想上始终强调要坚持中国共产党的领导和马克思主义的科学指导，核心宗旨上始终强调文化发展要依靠人民、为了人民，方针方略上始终强调要坚持"二为"方向和"双百"方针，思想道德建设上始终强调要培育和弘扬民族精神和时代精神，把爱国主义、集体主义、社会主义教育和实施公民道德建设紧密结合起来，负面文化批判上始终强调要抵制腐朽落后文化的侵蚀。可以看出，国家层面的文化宏观管理和监督对社会主义文化健康发展的作用是不言而喻的，但从实际运行来看也存在一些问题。如党和政府在文化领域中的"越位和缺位"问题。"越位"是指一些权力机关对社会主义文化发展中的微观主体、微观形态进行过度干预、管办不分、职能交叉等行为。"缺位"是指一些权力机关对社会主义文化发展缺少必要监督管理，淡化文化的意识形态属性，导致恶俗文化的滋生蔓延。正确的做法是，"一方面，该管的要坚决管住管好，政策到位，管理到位，营造有利文化发展的体制机制和社会环境；另一方面，不该管的坚决不管，能够由地方和市场解决的事情应真正'放下去''交出去'，政府不作更多干预"。[1] 因此，上层监督既不"越位"又不"缺位"的合理有效领导与监督对社会主义文化边界的形塑尤为重要。

二是来自中层的监督，主要是指技术平台等文化载体的监督。一个社会要形成稳定的文化生活秩序和创造良好的道德风气，保证社会生活的良序发展，必须建立起有效的文化评价与监督机制。文化评价是指人们依据一定文化价值观对特定的文化行为或现象所做出的有关正与负判断的评论。文化监督是指通过人们的日常文化生活，赞许或谴责某些文化行为，对人们的言行起到鼓励和限制作用，从而调节和控制人们的文化行为。现时代的社会主义文化发展常常依托一定的平台（主要包括报纸、广播、电视等新闻阵地，文化馆、图书馆、博物馆等文化场所，自媒体、电影院、出版社等行业矩阵）。"平台"和"阵地"是开展文化工作的空间场所。因此，加强对平台的文化监督和优化平台对文化的监督就成为一种实践上的必需。一方面，要加强对承载各种文化内容平台的

---

[1]　丰子义等：《当代文化发展的理论审视》，北京大学出版社 2021 年版，第 468 页。

监督。因为，这些平台如果刊登"政治上不正确"、"方向上有偏颇"、"品位上低媚庸"、"内容上不积极"的文化作品，甚至出现一些攻击党和政府、诋毁社会主义等的内容，必将会通过现时代的网络媒体给全社会特别是青少年带来较大的精神毒害。另一方面，要优化平台对文化作品的监督。自媒体时代，人人都是文化的制造者、传播者、享用者。这里存在一些品位不高、格调不雅的人为了炒作流量、吸引眼球，肆意践踏社会主义文化的边界。这时，作为文化载体的平台就要及时发现并制止不良文化的传播。尤其是党和政府的主流文化平台，特别需要树立"阵地意识"，做到守土有责，聚焦人民关切的重大文化问题不"缺位"、回应人民关注的重大文化疑惑不"失声"。文化载体的监督使人们能够用赞许或否定的方式判明文化行为是否符合社会道德的边界准则，也可以向人们提供关于文化思想和行为的信息，使得人们明确何种文化思想和行为值得点赞，何种文化思想和行为应该遭到禁止。

三是来自下层的监督，主要是指作为文化主体的个人的监督。形塑文化的边界和治理不良文化不能只依靠官方的努力和平台的担责，更需要千千万万文化个体的合力共建。普通民众在传统社会中，由于技术条件的限制，很难有机会表达自己的声音，更多的是以受众者身份出现，文化发展中的"雅俗"之别较为明显，往往呈现为"你走你的阳关道，我走我的独木桥"的状态。但在网络化时代，技术的革新催化了文化的发展，其概念、性质、特征、功能、内容、样态、方式等发生了巨大甚至颠覆性的变革。作为文化主体的个人，一方面要实现内在监督，不能成为垃圾文化的制造者，不能成为不良文化的传播者；另一方面要保持外在监督，勇于揭发和抵制虚假、炒作、低级的文化作品和文化行为。只有发动起人民群众磅礴的"监督力量"，社会主义文化发展的康良有序局面才能形成。需要提醒的是，外在监督不能成为打压他人、争夺流量的手段，不能沦为禁止争鸣、窒息多元的伎俩。总的来说，在中国特色社会主义文化理念的引导下，坚持人民群众的主体地位，强调文化自觉，意味着每一个普通公民作为中国公民身份，在积极参与社会的经济生活、政治生活、社会生活过程中，要成为这一文化实践所需要的"合格公民"，并为形成一个公序良俗的社会尽自己的公共责任。监督的不力或缺位往往会给社会主义文化发展边界问题的存在留下了更多的空间，进而使得制度成为墙上的风景，使得法律成为社会的摆设，使得规则成为谋私的利器，进而导致边界的约束力下降、影响力减弱、公信力失宠、凝聚力不足。

（三）树立科学化的引导体系

理论不能仅仅是抽象的逻辑和高深的内容，它的生命力在于影响群众与群众践行。否则，理论的"庙堂"与实践的"江湖"之间的距离将会越来越远。马克思说："理论一经掌握群众，也会变成物质力量。理论只要说服人，就能掌握群众；而理论只要彻底，就能说服人。"[1] 社会主义文化边界的形塑需要有科学化的理论引导，但是这种理论不应是高悬在天空中的"自话自说"，而应是文化生活的"意识总结"，不应是流布于社会中的"心灵鸡汤"，而应是普遍认同的"价值体系"。制度规定了人的思想和行为不能随心所欲、随波逐流，不能天马行空、独来独往，构成了社会稳定与发展及规约人们言行的最后底线。这一底线如果时常被践踏，则意味着一个社会将会走向灾难的深渊，而加强对民众的道德引领是在现实生活中常态化的规引之道。加强道德引领绝对不是"空喊口号"的"无魂之灵"，要坚持正确方向。放眼历史，文化无疑是一种特殊的力量，在潜移默化、润物无声中激励人民前进，引领社会进步。

新时代社会主义文化发展引导体系的核心在于培育和践行社会主义核心价值观。社会主义文化发展坚持把人民放在最高位置，关键是要通过好的文化作品在人民中间叫得响、传得开、留得住，而不能为了少数人的一时之欢向庸俗媚俗低头，不能为了少数人的一己之利向拜金玩娱

---

1 《马克思恩格斯选集》第1卷，人民出版社2012年版，第9—10页。

弯腰。唯有此，文化之树才能实现枝繁叶茂、四季常青。强化道德引领决不是"守住传统"的"空抱佛脚"，而要坚持锐意创新，推进文化创造。文化发展的动力要求创新，文化繁荣的魅力源自创新，这既是适应新时空环境的客观需要，更是满足人民群众文化需求的必然要求。但是，文化创造不等于文化滥造，要处理好文化发展中"质"与"量"的失衡问题、"慢"与"快"的背反问题。只有让优秀先进文化的引领如空气遍布，如清河流淌，才能让文化浸润人们的"心灵土壤"，成为人们的"精神罗盘"。这就要求我们：

一是要强化集体主义的教育。这是由社会主义性质所决定的，它既符合社会主义初级阶段经济基础与经济关系的需要，也适应建立社会主义市场经济体制的客观要求，既符合社会主义的本质属性，又符合中国传统的文化禀赋。集体主义原则不仅是社会主义道德的基本原则，也可以作为社会主义文化边界形塑的基本原则，因为它在调节社会利益关系时，既强调维护社会的整体利益，也强调保证个人利益的实现。但当两者发生矛盾时，又要求个人利益服从国家利益和集体利益，局部利益服从全局利益，暂时利益服从长远利益。这种处理利益关系的原则并不简单否定个人利益，维护整体利益的目的是为了长远的保障和发展正当的个人利益。当代中国正处在从传统社会向现代社会的转型过程中，原先一些被人们所接受且一直公认的文化价值渐渐远离现实生活，变得抽象、陈旧、老套、不合时宜，而另一些原本看起来难以接受的新观念，却逐渐为人们所熟知、接受、认同、采纳、树立。什么样的行为、品质、境界是高尚的、优秀的，取决于以何种价值观和价值标准去衡量。社会主义文化所宣扬的，并在大量的文化实践中所实现的规定、原则以及"应有"的文化理想，在社会中已经形成一种规范性的价值体系。人们的文化思想和文化行为正是在这种"默会"意识中进行着持续的、稳定的文化生活。因此，集体主义作为社会主义文化边界形塑的要求能够反映社会主义社会的基本属性和价值导向，可以有效协调与整合各方面的文化利益，有利于社会的文明进步和社会成员道德境界的提升，如共产主义的道德情操，社会主义、爱国主义的思想信念，以国家利益和社会利益为重的价值取向等。这些社会理想道德具有先进性，尽管当下阶段不能成为全体成员人人遵守的行为准则，但并不妨碍引导社会成员朝着这个方向努力。

二是要落实公正互利的原则。公正互利是社会主义与生俱来的基本品格，因为社会主义出场是伴随着对资本主义"不公正"、"重私利"的批判而登台的。社会公正作为一种价值，蕴含着一种公共性的实践品质与理性追求。社会公正的践履，是关涉该社会共同体公共生活之正当性的内在依据。中国改革开放之后，人们议论最多、感受最深的问题之一就是社会公正方面的问题。当面对社会存在的"不公正"现象时，不少人从文化情愫上开始出现"念旧"和"怀旧"心理，因为公正在"往日"的社会主义中一直是最基本的要求和最鲜亮的底色。当然，不能因为现时代的中国社会主义发展中出现了某些领域的不公正就试图走回头路，这是万万不可取的。"人们之所以怀念过去生活的'岁月静好'，并不是羡慕以往社会的低水平发展，而是羡慕以往社会生活的稳定状态"。[1] 这种稳定的状态不仅给人们带来了心灵归属感，而且带来了生活安全感，尤其对中国人来说更是如此。这种稳定感和安全感恰恰构成了人们日常心理健康发展的重要基石。因此，当社会主义发展中出现边界失守的问题时，就会要求社会必须在各个领域建立和完善社会公正的原则，用公正原则来调节各种关系。否则，因"不公"引发的"次生"危机，包括文化危机、经济危机，就会大大削减人们对社会主义的坚定信念和政治认同，甚至出现否定党的领导和歪曲社会主义的错误文化思想。与此同时，社会主义文化边界的形塑要注重互利要求，因为互利原则是人际交往的基本要求，没有互利就没有平等，进而也就不会有公正。只有坚持互利原则，在不妨碍他人、危害他人的前提下，在法律规定的范围内，才有可能有效地协调各方面的关系，既保证各方面利益的

1　丰子义等:《当代文化发展的理论审视》，北京大学出版社 2021 年版，第 193 页。

公正享有，又反对损人利己、损公肥私等利己行为。文化发展亦是如此，不能因为确立了社会主义文化的边界，就拒斥一切资本主义文化，不能因为确立了文化的边界，就抵挡经济、政治上的互通互融。

三是要树立底线思维和意识。"底线思维不只是红线思维或高压线思维，它实质是一种发展型思维方法。底线思维在要求人们不踩红线、不碰高压线的同时，以积极的态度面对可能出现的风险，在避免风险或化险为夷的过程中，按规律办事，向最好的目标努力，争取最好的工作效果或工作质量。"[1] 底线是做任何事情必须坚持的最低的界限、标准、原则、要求和规定。一旦突破这个临界点，就会产生不可估量的危害、导致难以承受的后果。底线思维是以底线为基本导向，客观地设定最低目标，立足最低可能值并争取最大期望值的一种思维方式。因此，底线思维不是保守型思维，而是发展型思维，不是慵懒型思维，而是战略型思维。在社会主义文化发展中，树立底线思维和意识就可以明确什么是不可跨越的底线，什么是不可触碰的红线，从而科学有效地限定思考、决策、行动和评价的范围，明确不可逾越的边界。从一定意义上讲，底线思维是弘扬高尚道德的思维，可以激发人的精神动力，成就理想人格。一旦这一防线守不住，其他的防线也会失守。因此，我们应当明大德、守公德、严私德，坚守法治底线和廉洁底线，努力使自己的内心操守、处事行为融入社会主义的价值取向。但是底线思维不是一种消极、被动和单纯防范的思维方式，更不是仅仅要求守住底线而无所作为。如在社会主义文化实践中，底线思维要求人们的文化选择不能低俗化，但不低俗并不意味着只要高雅。换言之，不低俗就意味着高雅的论调是对文化边界的一种误读。再如"和而不同"体现了中华文化兼容并包的广阔胸襟。中国传统主流文化对多元文化的容纳带来的启示是，只有守住文化底线，承认异质文化的生存权利，而又不被文化殖民，才能使得多元文化的和谐共存成为可能。

1　王小锡：《底线思维》，江苏人民出版社 2015 年版，第 1—2 页。

（四）建设生活化的教育体系

"道不远人，人之为道而远人，不可以为道。"[1] 社会主义文化边界的形塑是贴近人心、贴近生活的事情，不能流于空谈，归于虚拟，要通过生活化的教育体系增强人民群众对社会主义的认同感，强化民众的文化归属感。国民教育是提高公民科学文化素质的基本途径，既有国家的政策保障，又有强力的经费支持，不仅对民众开展各类文化知识的教育，而且将文化精神的涵养作为其内在要求。国民教育在对人的文化心理和文化行为规范中所起的作用是潜移默化的，它对边界的形塑是通过对行为主体的身正示范、道德教化等的陶铸来实现。1842 年 10 月上半月，马克思来到科隆，从 10 月 15 日起担任《莱茵报》编辑。在他的主持下，该报开始具有越来越明确的革命民主主义倾向。就在这时，德国出现了一个名为"自由人"的青年黑格尔派小组，他们脱离现实生活，醉心于抽象的哲学争论，最后陷入了主观主义和无政府主义的泥潭。马克思在 11 月 30 日致阿尔诺德·卢格的信中批评了"自由人"的观点。他说："少发些不着边际的空论，少唱些高调，少来些自我欣赏，多说些明确的意见，多注意一些具体的事实，多提供一些实际的知识。……我向他们建议，如果真要谈论哲学，那么最好少炫耀'无神论'招牌，而多向人民宣传哲学的内容。"[2] 列宁也认为，无产阶级教育工作中的缺陷在于："我们很少用现实生活各个方面存在的生动具体的事例和典型来教育群众"。[3] 经典作家的论述可以为当今中国的社会主义文化边界形塑提供方法论上的启示，即社会主义文化边界的形塑不是唱高调，更不是喊口号，不是自我欣赏，更不是高谈阔论，而是要有明确的意见、实际的知识、生活的事实、入心的话语。因此，为了建设生活的教育体系：

一要实现由"单向灌输"到"多向融入"的转变。灌输是社会主义

---

1   《中庸·第十三章》。

2   《马克思恩格斯选集》第 4 卷，人民出版社 2012 年版，第 403—404 页。

3   《列宁选集》第 3 卷，人民出版社 2012 年版，第 573 页。

实现理想信念教化和理论介入实践的一种传统方法。这种方法在社会主义革命和建设的进程中曾经发挥过极为重要的作用。由于历史惯性的影响，长期以来，社会主义发展中并没有形成一套较为明晰且具有指导性和可操作性的文化体系。因此，我们的文化教育方式常常单纯诉诸并依靠的是一种"自然而然"的自发性文化教化方式。新中国成立后，出于某种狭隘的意识形态需要而脱离现实和民众的文化生活制定、出台了一些大而无当的"教化"。人们总是希望生活在一种知识与理性并存、自由与秩序和谐、发展与幸福同在的美好世界中。因此，人们也总是"主观性"地构建了一个由人所发明创制的观念、思想、制度、习俗等文化形式组成的世界，并有意识地"灌输"给芸芸众生，以希望他们能够摆脱"野蛮"走向文明、脱离"俗套"走进高雅、摆脱"压抑"走近自由。但是，历史与现实的客观存在告知我们，人类的心智萌生至今，从来没有获得过完整且理想的成熟形态，只是在不断地通过各种努力优化人类的生存空间，其中就包括文化边界的形塑。文化边界形塑的教育倡导的是一种"全过程融入"。"全过程"是指包括家庭教育、社会教育、学校教育、自我教育的多维立体推进，而不是一个"方面"或一个"阶段"。"融入"是自然且有机的结合，而不是强制手段的"挤进"或"塞入"。现时代社会主义文化的发展并不排斥灌输的时效性和功效性，"一花独放不是春，百花齐放春满园"的文化现实要求以更加多元、更加多维的方式来实现文化的繁荣发展。

二要实现由"庙堂之雅"到"江湖之俗"的转变。一个社会不能没有感性欲望的叙事，除非这个社会是"禁欲社会"，一个社会也不能没有理性精神的叙事，否则这个社会将"六神无主"。因为人始终是理性与感性的综合体，因而由人组成的社会也必然如此。但问题是，何以保证感性化能量的扩张不会超过或取代社会正常积存下来的理性精神。因为谁也无法预知，一旦真的出现这种文化动能与势能的全面逆转，社会生活会变成什么样的状况。为此，乐观者认为，尽管世人再怎么"折腾"，理性的力量永远大于感性的力量，悲观者认为，如果世人再继续

"折腾"，感性的力量将会爆发出难以控制的势能。就文化发展而言，面对琳琅满目的感性文化样态，面对眼花缭乱的大众文化风靡，所有关于文化边界形塑的积极努力似乎都显得微不足道。但是，关于文化边界形塑的努力不能放弃，必须不断引导民众正确看待自身的利益追求，科学定位自己的行为选择。"文化讨论的是价值而不是价格，是道德而不是物质，是高尚情操而不是平庸市侩。它探索的是作为目的本身来开发人的力量，而不是为了某个不光彩的功利动机。"[1] 社会主义文化边界的形塑就是要通过强化社会主义核心价值观的合法性教育、科学性教育、现实性教育、思想性教育来增强人民群众在文化上的凝聚力、吸引力、创造力、向心力。习近平提出："要完善公共文化服务体系，加强基层场地设施建设，让村村、乡乡、县县都可以广泛开展文化体育活动。要把农村小喇叭、小广播建起来，深入推进广播电视村村通、农家书屋、乡镇综合文化站等重点文化惠民工程，加快图书馆、文化馆、体育馆、少年文化宫等建设"。[2] 这表明，公共文化基础设施建设好了，群众在业余时间就会有好的去处，就会在各种各样的文化活动中提高自己的文化素养，进而使得文化成为人类进步的助力。

三要实现由"明镜高悬"到"扎根落地"的转变。社会主义文化强国实现的真正磅礴力量在人民群众之中，而欲想真正实现扎根人民，把思想转化为人民自觉的行动准则，就要少说些漂亮话，多做些平凡事、少说些客套话，多做些有用功。根据美国学者安·兰德的观点，人类没有自动的规范、没有自动的活动进程、没有自动的价值观，因此人的意识不会告诉他何为善恶，何为利弊，为此就需要合理规范的引导与规则，来达到"正人心"的目的。但是，明心、养心、润心、护心、洗心、清心等"正人心"的文化教育不能是"高悬"的空中楼阁，必须是"落地"的安居之策。人们越来越认识到，由于最起码、最基本的文化

1　[英] 特里·伊格尔顿：《理论之后》，商正译，商务印书馆 2009 年版，第 25 页。

2　中共中央文献研究室编：《习近平关于社会主义文化建设论述摘编》，中央文献出版社 2017 年版，第 187 页。

边界缺失与失守，导致了社会生活中的道德冷漠、"三俗"文化等现象时有发生，背后折射着人心的冷漠和世间的冷暖。人们期望的是一种"文明化生存"，但面对的往往却是"非文明生存"的严峻现实。文化创造能力与供给能力的不足，使得整个社会对个体偶尔的文化失界行为缺乏必要的足够补偿，进而使得良好的文化导向、良性的文化边界无法形成一种持续性的经常性动力。如"扶不扶"、"帮不帮"、"救不救"的问题时常被拷问，就足以说明整个社会的文明程度还有较大的提升空间。不仅如此，社会缺乏体制性、常规性的文化制度措施，使得人们时常感到社会主义文化发展中的国家行为担当有余，而社会与个体的文化收效却甚微。因为边界规范只是人类文化观念和价值导向的"文本"表达。文化行为的发生最终需要人的实践活动来确认和推动。问题的关键可能在于，国家的文化理想、文化战略、文化举措等没能有效转化为生活化的文化思想、文化实践、文化行为。言教不如身教之行也，用事实来教化真实可信，真实可信则不必太费力就会成功。生活化的教育体系必须把握好力度，不能滞后于不断发展的实践，不能滞后于人民群众的理论需求，要不断宣传阐释能够反映规律、指导实践、引领人民的社会主义文化政策方针。生活化的教育体系，不能为取悦受众而"失去方向"、不能因盲目发力而"失去标准"、不能为吸引眼球而"失去本真"、不能因过分渲染而"失去示范"、不能为刻意迎合而"失去原态"。

（五）完善常态化的发展体系

"兴利无太急，要左视右盼；革弊无太骤，要长虑却顾。"[1] 社会主义文化边界的形塑是一个长期且艰巨的工作，不能太急，要有长远打算，不能突击，要有常态体系。它不是一两个"政绩工程"能达成的，也不是一两项改革措施能实现的，更不是一年半载的时间光景能完成的。因此，它需要构建常态化的发展体系，确立常态化的发展理念，习

1　《呻吟语·治道》。

用常态化的措施方法。常态化的发展体系更加符合人们思想认知的规律，因为一种文化观念的确立不是硬性强迫的事情，温和的话语和亲切的行为更能实现悦心动人。常态化的发展理念更能促进科学持续的发展，因为文化的繁荣兴盛是一个层递累进的过程，社会主义文化强国的实现也不是纯粹的主观臆断。毛泽东在《同文艺界代表的谈话》中就曾指出："对人民的教育是一个长期的过程。解决思想问题，不能用专制、武断、压制的办法，要人服人，就要说服，而不能压服。"[1] 当前，一些地方对中央实施社会主义文化强国战略领会得不够深透，在战术战法上或操之过急，盲目冒进；或不切实际，超越现实；或方法简单，行为失当，引起一些不良的社会反响。如在社会主义核心价值观的培育和践行方面，不愿意做耐心细致的工作，而是希望通过一级压一级的方式，将文化工作当作政治任务随意摊派到各个部门中去。结果造成行政压制多，心悦诚服少，被动而为多，主动作为少，完成任务就好，入心入脑甚少的尴尬局面。社会主义文化强国是全面的、全局的、全新的战略，慢不得，也急不得，需要平稳健康有序推进。因此：

一是形塑理念要坚持常态化，不搞"一阵风"。所谓形塑理念常态化是指，作为前提性认知，要明白社会主义文化边界的形塑是一个潜移默化、久久为功的过程，必须常抓不懈、常塑不松，使社会主义文化建设的各个方面成为生活中的思想品味和个人心理环境的底色，并在以后的岁月中永不褪色。社会主义文化发展要达到这种效果，不能指望通过一道法令就扫清文化发展中的违法犯罪行为，也不能指望通过一纸政令就直抵人民群众的文化心底，更不能指望通过一条指令就换来风清气正的文化环境。在社会主义文化发展中，任何"政绩工程"往往只能换来局部效应，给人以景观式的投影，难以实现长期的认同。任何"速效工程"常常只能带来花红柳绿，给人以烟火般的熏染，实则违背文化的规律。列宁在领导社会主义文化建设的实践中非常清楚，如他在1921年

---

1 《毛泽东文集》第7卷，人民出版社1999年版，第252页。

10月的有关讲话中就提出："从问题的性质看，这需要一个较长的时期，我们应该使自己适应这个较长的时期，据此规划我们的工作，发扬坚忍不拔、不屈不挠、始终如一的精神。"[1] 文化建设不能只靠行政命令和法律强制来实现，不能寄希望于一下子改造过来，它需要广大群众的热情参与和社会责任以及大量的思想文化工作者。事实上，人与文化是一种双向互动关系，一方面人以文化创造者的身份成为文化主体，另一方面文化以其超越性引导着个体存在的人，从而不断形塑着人类的文化边界。纵观历史，中国文化传统的精要正是在千百年的发展中不断融入、浸透到百姓的日常生活，促成共同体成员在不知不觉中养成文化习惯。因此，只有在形塑的理念上保持常态化，才能达到内聚力强、包容有序、稳步前行的目标。

二是形塑方法要坚持常态化，不搞"一刀切"。社会主义文化边界的形塑涉及政治、经济、社会等方方面面，它不单是文化领域的"独幕剧"和"单打一"。因此，在形塑的方法上，不能以局部代替整体，一叶障目不见泰山，不能以突击代替长期，只顾眼前不思长远。具体说来，一是应掌控好尺度。社会主义文化边界的形塑应拿捏好火候，掌握好分寸，不能统统用顶格管理或二元对立的方式推进。顶格管理就会以"最全事项、最高标准、最严要求、最快速度"实施管理，这需要具备最优条件、能够承受最大代价。二元对立就会以"非此即彼、非社即资、非今即古、非中即外"思考问题。社会主义文化边界的形塑着眼点在于从根本上扭转文化发展中的"破界"行为，不是为了打造形象工程，不能脱离经济社会发展水平，如果一开始就用最高标准去要求，远超实际需求进行投入与建设，不现实也不可能，更没有必要，极有可能欲速则不达，甚至造成难以挽回的损失。二是应测控好向度。社会主义文化边界的形塑应具备多方位、多角度、多层次的向度思维，科学把握整体与个体、全局与局部、长远与眼前、表象与本质的辩证关系。"常

1　《列宁选集》第 4 卷，人民出版社 2012 年版，第 591 页。

态化措施不以浮词悦心，不以利禄动人，它在现实社会的发展中给人以真实的思想寄托，在动态的社会场景中给人以切实的利益，在健康的社会发展中给人以坚定的行为理念。"[1] 进而，社会成员个体才会在现实生活中不断优化习惯养成，在思想观念、生活态度、行为选择等各方面，从小到大、从点到面，一步步扎根成型。

三是形塑进程要坚持常态化，不搞"大呼隆"。社会主义文化边界的形塑是一项系统性的全民工程，它需要政府、社会、个人等多方面的合力支持。但是，合力支持并不意味着一哄而上搞"运动式"治理，更不意味着一蹴而就搞"大呼隆"治理。"运动式"的办法经常被打上政治意识的标签，因而不为人们在思想和实践上所重视，更可能会在人民群众的文化心理上产生出一种别样的疏离感。"大呼隆"的办法表面上给人以激情高涨的感觉，但当热情褪去后的"冷场"却令人唏嘘，久而久之就会造成人们把对文化发展的种种努力都看作是"形式化"操作、"走过场"演示。结果往往如风过青萍，如浪过无痕，留下些许雪泥鸿爪。列宁晚年针对如何开展文化工作也指出："必须在工厂工人中组成许多以经常帮助农村发展文化为宗旨的团体（党的、工会的、个人的）。"[2] 邓小平在谈到文化创作和宣传时也指出："要接受过去的教训，不能搞运动"，"批评的方法要讲究，不要搞围攻，搞运动"。[3] 这些都提醒后人，在社会主义文化建设的进程中要注重"经常性"而减少"运动式"。中国共产党明确提出，到 2035 年基本实现社会主义文化强国，再到 2050 年建成富强民主文明和谐美丽的社会主义现代化强国。文化发展的每一阶段必须与国家总体发展的进程相一致。总体谋划，分步推进，既不能急于求成，也不能老牛拉破车、半天迈一步，更不能在起步阶段就用一套模式、一个标准、一把尺子衡量，只有因地因时制宜，循序循规渐进，才能事半功倍。

1　孟宪平：《社会主义核心价值体系建设常态化研究》，人民出版社 2018 年版，第 254 页。

2　《列宁选集》第 4 卷，人民出版社 2012 年版，第 765 页。

3　《邓小平思想年编》，中央文献出版社 2011 年版，第 276 页。

（六）优化自律化的人格体系

任何一种道德言说的出场，其潜在的原初动机都伴随着对人的非完满性、非自足性的深信不疑。如果一个社会的文化自律度很高，那么就根本无需借助于文化他律。但遗憾的是，这只是一种理想状态，很难找到这样的现实存在。"每一种文化都不遗余力地致力于建立自己合理的道德文化形态，每一共同体中的个体也都期望在一种优良的道德文化场域中成就自己的高尚道德人格。"[1] 社会主义文化边界的形塑，就文化的个体而言，离不开在具体的社会实践和文化发展中不断塑造健康完整的人格。社会主义先进文化的真谛，一定是优良人性应达的高度、优良文化应有的深度以及人性自身价值限度的理性攀升和拷问。当代的文化个体，不仅需要具备必要的文化知识结构和能力素质体系，更应该具备符合时代特色的道德修养。

自律是道德修养中一个具有基础性、原点性的品格，它赋予人生命的意义，提升人的生存价值，充实人的现实内涵。自律，并不意味着绝对的自控或消极的禁欲，真正的自律并不是自我设限，而是用自律的行动创造一种井井有条的秩序来为人类的生活争取更大的自由。因此，自律是在自我激励中改变，而不是在自我束缚中僵化。加强自律，关键在于能否做到慎独、慎微、慎言、慎行，面对形形色色的诱惑坚持自我约束，面对异彩纷呈的景观坚持言行规范。加强自律，必须牢固树立"底线意识"，始终秉持"如临深渊、如履薄冰"的态度和"自我净化、自我革命"的觉悟，常常扫除尘垢，保持敬畏之心，不放纵、不越轨、不逾矩，在严格自律中收获成长，走向远方。从他律走向自律，提升道德的修养水平，是人素质提高的重要指标，也是社会文明程度提升的必备要素。马克思在谈到哲学与无产阶级的关系时指出："哲学把无产阶级当做自己的物质武器，同样，无产阶级也把哲学当做自己的精神武器；

1　袁祖社：《文化与伦理：基于公共性视角的研究》，人民出版社 2016 年版，第 117 页。

思想的闪电一旦彻底击中这块素朴的人民园地，德国人就会解放成为人。"[1] 此即表明，一旦当一种思想成为人们内心的主导时，当理性的知识照在人们的心里时，它必然会极大地推动人们的觉醒，不仅是思想的觉醒，更有行为的觉醒。这种觉醒的力量必将大大推动历史的进步、社会的发展、人类的文明。自律化人格体系的形成在社会主义文化边界的形塑中扮演的就是这样一种"觉醒"的力量。人类要真正保障可持续发展成为现实，就必须节制自己的贪欲，通过人性的培育，人格的塑造，素质的提高，人的理智、情感、欲望的制衡，自觉承担起对民族、对国家、对人类所应负的责任。

一是要知行合一，培育文化责任感。自赋责任是一种伟大的行为，更是神圣的使命，有了文化责任感，就会更加自觉维护文化秩序，推动文化发展。一个风清气正、民风纯良的社会，有赖于个体基于良心、良知、良能基础上坚定而清醒的理智选择，这是现代社会保持文化生活正常化的保障。有行则成，注重实践养成。道不可坐论，德不能空谈。崇高的道德准则，恒远的价值目标，如果缺乏人们的实践，只能沦为空洞的理念而变得遥不可及。一个社会的核心价值观并非封闭抽象的概念，而是蕴含于社会生活的细节里，体现在公民的日常行为中。法治，不去奉行就无以彰显其公正；思想，不去引领就难以成其为风尚。因此，具有正确边界导向的价值观必须依附于优秀的文化作品，具备人格化、形象化、具体化的形式，才能让人们在实践中感知它、领悟它。人作为文化的人，其身、其语、其意、其行都有一定的边界规范，身体行为是文化的外在表征，因此要非礼勿动，把握行为边界。语言表达是文化的直接呈现，因此要慎言止语，防止口无遮拦。义理哲思是文化的意义延伸，因此要慎独谦诚，坚持思想底线。没有责任意识，也就没有合理的社会秩序，继而也就会产生各种不确定的风险。通过责任意识的呼唤，人们在社会公共生活中建立起良好的规则和秩序并遵守之，从而使自己

1　《马克思恩格斯选集》第 1 卷，人民出版社 2012 年版，第 16 页。

的生活充满可预期性，这就大大降低了日常生活的不确定性。所以，要想克服人们的文化焦虑，减少生活中的边界失防，关键在于社会的共同应对。责任意识或责任伦理的建立，正是整个社会为应对边界问题所提供的优质公共产品。

二是要激浊扬清，增强文化判断力。文化边界之所以被人们所忽视，其中一个重要原因在于价值航标的迷失，道德准则的失范，没有了文化上的判断力。近代西方著名的启蒙思想家卢梭在《论人类不平等的起源》中，面对资产阶级市民社会对利润无限追求所造成的道德生活窘境言道，他所生活的时代是："有荣耀而无美德"、"有理性而无智慧"、"有快感而无幸福"。依照尼采等思想家的识见，由于社会的日益世俗化，人们生活在一种"道德外乡人"的状态中，因为原本崇高的道德被金钱吞没和解构了。面对社会发展中出现的文化乱象，整个社会可怕的是陷入一种集体性盲然的状态，进而缺乏必要的文化自信，丧失了起码的文化认知水平和文化行动能力。阿尔贝特·施韦泽对此种存在作出了如下描述："一个不自由的人，一个浮躁的人，一个不完整的人，一个迷失于非人道之中的人。一个把自己的精神独立和道德判断出卖给组织化社会的人，一个在任何方面都遭遇到文化信念障碍的人；现代人就这样在一个昏暗的时代走着昏暗的路。"[1] 现实的社会虽然并非如他描绘的这样"悲观"与"昏暗"，但它却警示着现实社会中的人要趋向光明。实事求是地看，上述思想家们在百年前所感慨和担忧的文化场景，正在当今中国社会的文化生活中变为我们不愿意看到的现实。在这个资本逻辑和大众文化肆虐难控的年代，文化边界依靠往日的"正当性"或"应当性"说教根本不足以抵挡金钱的诱惑和抵抗俗化的侵扰。这就需要旗帜鲜明地弘扬真善美，鞭笞假恶丑，树立正确导向，澄清模糊认识，匡正失范行为，引导人们自觉做优秀文化的传播者、先进文化的建设者。人生有边界，贵在心有所戒，重在行守其度，关键要做到知耻、知止、

1　[德] 阿尔贝特·施韦泽：《文化哲学》，陈泽环译，上海人民出版社 2008 年版，第 60 页。

知足。知耻，就能够提升自我修为、善于自我反省，规范自己的操行。知止，就知道适可而止，什么时候需要前进，什么时候需要止步。知足，就不会揠苗助长、杀鸡取卵、竭泽而渔、饮鸩止渴。

三是要修身律己，校准文化行为标。我们身处的社会，是一个由各种生存与生活理念充斥其中，难辨其义理的复杂性社会。人们欲想在纷繁复杂的现实世界中守望一种精神，保持一种境界，崇奉一种品行，践行一种人格，从而以一种"特立独行"的方式保持一种"完整性"进而不偏向、不迷航是何其艰难。文化在更深刻、更根本的意义上关涉人性，其最高成果，是现代公民个体的"人文素养"。以身作则胜过口头教诲，发号施令不如身体力行，社会主义文化边界的形塑蕴藏在亿万民众的文化实践之中，作为个体的人必须不断省察自身、加强自律。为此，社会主义文化边界的形塑要从细处着眼、从细节着手，目标要细化、态度要细致、措施要细密，才能起到润物无声、熨帖心灵、形塑边界的作用。从这个意义上说，边界就是自己管理和约束自己，是一种理性的"内在要求"，而不是外在的"强迫限制"。具体说来，一方面，个体在私域空间中要自我形塑，即个体因自我意识的存在而不断调整自我、开发自我，最终实现自我的丰富圆满；另一方面，个体在公域空间中要自我形塑，即注意文明礼仪、法律意识、社会责任等综合素质的培养。在此基础上，全社会逐渐形成一种基于责任、信任、关切、包容的公民个体与共同体之间的共享、共荣、共进、共生的良性交互文化样态。进而，慈爱、善心、良知、诚信、正义、廉耻等精神价值成为民族精神的重要品格，在此基础上养成以优雅、尊严、体面、高贵、舒适、从容为基本特征的属于中国人的生存状态。诚然，坚持个体的文化自律在社会生活中并不完全可靠，寄希望于全体社会成员都能依规按矩行事也不现实，这是人自身的存在悖论。这种悖论要求既不能否定客观制度，也不能否定主观道德，而是要求两者之间的恰当的张力和统一。

事能知足心常惬，人到无求品自高。心中有边界，得之淡然、失之泰然，才会进入达观的境界，活出生命的惬意。社会主义文化边界的形塑更是如此。它绝不是关起门来的孤芳自赏，更不是唯我独尊的高傲自大，而是希望能引起人们对文化承担历史情感与共同记忆、寄托灵魂升华与走向文明之用的敬畏之心。文化在多元复杂的时空环境中进行建设，面临着诸多挑战，逆时代的前进步伐，必将被时代所淘汰。只有作为文化存在的人类，主动迎接文化发展的挑战，文化的百花园中才会百花盛开、争奇斗艳，而不是杂草丛生、凌乱凋敝。文化大到无边无界，小到穿衣吃饭，自今及古，其名不去。文化的边界在多种因素的影响之下不断发生着变化，而当前中国特色社会主义文化建设的关键在于，在全球化时代，面对资本的扩张、逐利、求快，能够坚定文化自信，保持文化自觉，增强主动性、掌握主动权、打好主动仗。面对是非不分、善恶不辨的文化论调，要敢于发声；面对搜奇猎艳、低级趣味的文化庸俗，要敢于亮剑；面对粗制滥造、追逐金钱的文化垃圾，要敢抓敢管，划清是非、善恶、雅俗的文化界限，以保文化发展空间天朗气清。

思想的现实与现实的思想，在社会发展中具有难以割舍的联系，思想总是试图贴近现实，并希望引领其发展，现实总是希冀靠近思想，并不断地矫正思想，两者互动发展是社会变迁的必然逻辑。"一个事物的概念和它的现实，就像两条渐近线一样，一齐向前延伸，彼此不断接近，但是永远不会相交。"[1] 因此，用现实的坐标去衡量思想，用思想的航标去评价现实，总是会有不尽如人意之处。但历史恰恰就是一个从"不尽如人意"到"臻于至善"的过程。社会的发展、时代的进步、文明的升华，需要秩序的守护。秩序是一种有组织、有条理安排其自身内在结构或要素以求达到正常运转的良好状态。自然生态平衡要有秩序，社会持续发展也要有秩序，文化作为人之为人的生命要素和国之魂脉的精神要素更要有秩序。中国这样的后发展国家，在社会大转型期，呈现

---

1 《马克思恩格斯文集》第 10 卷，人民出版社 2009 年版，第 693 页。

出某种无序性或过渡性状态，人们的文化栖息地变得不安和浮躁。而文化对于国家和民族来说是千秋伟业、大业和雄业，必须着眼于长远和未来，必须舍得花时间和精力，必须守得住边界和底蕴，让文化之光在民族复兴的征程中更加熠熠生辉。

参考文献

一、马克思主义经典著作

《马克思恩格斯选集》第 1—4 卷，人民出版社 2012 年版。

《马克思恩格斯文集》第 1—10 卷，人民出版社 2009 年版。

《列宁全集》第 33—43 卷，人民出版社 2017 年版。

《列宁选集》第 1—4 卷，人民出版社 2012 年版。

《毛泽东选集》第 1—4 卷，人民出版社 1991 年版。

《毛泽东文集》第 1—8 卷，人民出版社 1993—1999 年版。

《邓小平文选》第 1—3 卷，人民出版社 1993、1994 年版。

《江泽民文选》第 1—3 卷，人民出版社 2006 年版。

《胡锦涛文选》第 1—3 卷，人民出版社 2016 年版。

《习近平谈治国理政》，外文出版社 2014 年版。

《习近平谈治国理政》第 2 卷，外文出版社 2017 年版。

《习近平谈治国理政》第 3 卷，外文出版社 2020 年版。

《习近平著作选读》第 1—2 卷，人民出版社 2023 年版。

习近平：《在文艺工作座谈会上的讲话》，《人民日报》2015 年 10 月 15 日。

习近平：《在中国文联十大、中国作协九大开幕式上的讲话》，《人民日报》2016 年 12 月 1 日。

习近平：《在中国文联十一大、中国作协十大开幕式上的讲话》，《人民日报》2021 年 12 月 15 日。

中共中央文献研究室编：《习近平关于社会主义文化建设论述摘编》，中央文献出版社 2017 年版。

《新时代公民道德建设实施纲要》，人民出版社 2019 年版。

《中共中央关于深化文化体制改革　推动社会主义文化大发展大繁荣若干重大问题的决定》，《人民日报》2011 年 10 月 26 日。

《中共中央关于繁荣发展社会主义文艺的意见》，《人民日报》2015 年 10 月 20 日。

《关于实施中华优秀传统文化传承发展工程的意见》，《人民日报》2017年1月26日。

二、重要著作

冯天瑜、何晓明、周积明著：《中华文化史》，上海人民出版社2021年版。

陈序经著：《文化学概观》，中国人民大学出版社2005年版。

欧阳雪梅主编：《中华人民共和国文化史》（1949—2012），当代中国出版社2016年版。

梁漱溟著：《东西文化及其哲学》，中国人民大学出版社2010年版。

陆贵山、周忠厚著：《马克思主义文艺论著选讲》（第五版），中国人民大学出版社2011年版。

陆贵山主编：《中国当代文艺思潮》（第三版），中国人民大学出版社2014年版。

殷海光著：《中国文化的展望》，上海三联书店2002年版。

何怀宏著：《底线伦理》，辽宁人民出版社1998年版。

何怀宏著：《新纲常：探寻一个好社会》，广西师范大学出版社2021年版。

童世骏著：《论规则》，上海人民出版社2019年版。

王小锡著：《底线思维》，江苏人民出版社2015年版。

张世明、王济东、牛昢昢主编：《空间、法律与学术话语：西方边疆理论经典文献》，黑龙江教育出版社2014年版。

胡海波、郭凤志著，《马克思恩格斯文化观研究》，中国书籍出版社2013年版。

贺来著：《边界意识和人的解放》，上海人民出版社2007年版。

衣俊卿、胡长栓著：《马克思主义文化理论研究》，北京师范大学出版社2012年版。

李艳艳著：《马克思主义文明理论及其当代价值》，人民出版社2017年版。

陆扬主编：《文化研究概论》，复旦大学出版社2013年版。

沈壮海、佟斐著：《吸引力　影响力　文化软实力》，武汉出版社2014年版。

韦政通著：《传统与现代之间》，中华书局2011年版。

牟钟鉴著：《中国文化的当下精神》，中华书局2016年版。

刘汉俊著：《文化的颜色》，中国人民大学出版社2013年版。

白嗣宏著：《无产阶级文化派资料选编》，中国社会科学出版社1983年版。

马龙闪著：《苏联剧变的文化透视》，中国社会科学出版社2005年版。

俞思念著：《社会主义文化建设的历史理论与实践》，中国社会科学出版社2008年版。

俞良早著：《马克思主义东方学》，人民出版社2011年版。

张涛甫著：《"中国梦"的文化解析》，重庆出版集团2014年版。

薛涌著：《中国文化的边界》，云南人民出版社2006年版。

王东著：《文化创新论——中国文化从何处来，向何处去》，吉林人民出版社 2015 年版。

丰子义等著：《当代文化发展的理论审视》，北京大学出版社 2021 年版。

孟宪平著：《嬗变与重组：转型期社会主义文化建设机制研究》，人民出版社 2014 年版。

孟宪平著：《马克思主义文化动力思想及其实践研究》，北京师范大学出版社 2018 年版。

张凤阳著：《现代性谱系》，江苏人民出版社 2012 年版。

王伟著：《文化研究与中国问题》，上海三联书店 2016 年版。

周宪著：《视觉文化的转向》，北京大学出版社 2008 年版。

黄力之著：《马克思主义与资本主义文化矛盾》，河南大学出版社 2010 年版。

樊浩著：《文化与安身立命》，福建教育出版社 2009 年版。

高占祥著：《文化力》，北京大学出版社 2007 年版。

朱瑛、李运祥著：《毛泽东文化思想探析》，东南大学出版社 2008 年版。

艺衡著：《文化主权与国家文化软实力》，社会科学文献出版社 2009 年版。

韦定广著：《后革命时代的文化主题——列宁文化思想研究》，人民出版社 2011 年版。

赵林著：《启蒙与重建——全球化与"国学热"张力下的中国文化》，人民出版社 2015 年版。

赵凯等著：《马克思主义文艺理论中国化论纲》，安徽文艺出版社 2016 年版。

朱宗友著：《中国文化自信解读》，经济科学出版社 2017 年版。

王蒙著：《王蒙谈文化自信》，人民出版社 2017 年版。

艾菲著：《文艺之灯》，山西教育出版社 2017 年版。

操奇著：《文化发展哲学引论》，中国社会科学出版社 2016 年版。

张曙光等著：《价值与秩序的重建》，人民出版社 2016 年版。

高兆明著：《道德失范研究——基于制度正义视角》，商务印书馆 2016 年版。

徐梦秋等著：《规范通论》，商务印书馆 2011 年版。

俞吾金著：《新十批判书》，商务印书馆 2018 年版。

袁祖社著：《文化与伦理：基于公共性视角的研究》，人民出版社 2016 年版。

苗伟著：《文化优化论》，人民出版社 2020 年版。

郝立新等著：《当代中国文化阐释：中国特色社会主义文化发展道路研究》，北京人民出版社 2020 年版。

［美］伊恩·夏皮罗、卡西亚诺·海克考登主编：《民主的边界》，张熹珂、孟玫译，中央编译局出版社 2016 年版。

〔美〕戴维·温伯格著：《知识的边界》，胡泳、高美译，山西人民出版社2014年版。

〔美〕马歇尔·伯曼著：《一切坚固的东西都烟消云散了——现代性体验》，徐大建、张辑译，商务印书馆2013年版。

〔美〕赫伯特·马尔库塞著：《单向度的人——发达工业社会意识形态研究》，刘继译，上海世纪出版集团2008年版。

〔美〕爱德华·W.萨义德著：《文化与帝国主义》，李琨译，生活·读书·新知三联书店2016年版。

〔美〕丹尼尔·贝尔著：《资本主义文化矛盾》，严蓓雯译，江苏人民出版社2012年版。

〔美〕尼尔·波兹曼：《娱乐至死》，章艳译，中信出版社2015年版。

〔法〕让·鲍德里亚著：《消费社会》，刘成富、全志钢译，南京大学出版社2014年版。

〔法〕米歇尔·德·塞尔托：《多元文化素养：大众文化研究与文化制度话语》，李树芬译，天津人民出版社2002年版。

〔法〕居伊·德波著：《景观社会》，张新木译，南京大学出版社2017年版。

〔法〕吉勒·利波维茨基著：《轻文明》，郁梦非译，中信出版集团2017年版。

〔德〕阿尔贝特·施韦泽著：《文化哲学》，陈泽环译，上海人民出版社2008年版。

〔德〕马克斯·韦伯著：《新教伦理与资本主义精神》，郑志勇译，江西人民出版社2010年版。

〔德〕马克斯·舍勒著：《价值的颠覆》，刘小枫编，罗悌伦译，生活·读书·新知三联书店1997年版。

〔加拿大〕D.保罗·谢弗著：《文化引导未来》，许春山、朱邦俊译，社会科学文献出版社2008年版。

〔以色列〕尤瓦尔·赫拉利著：《人类简史》，林俊宏译，中信出版集团2017年版。

〔以色列〕尤瓦尔·赫拉利著：《未来简史》，林俊宏译，中信出版集团2017年版。

〔英〕安东尼·吉登斯著：《现代性后果》，田禾译，译林出版社2011年版。

〔英〕汤林森著：《文化帝国主义》，冯建三译，上海人民出版社1999年版。

〔英〕特里·伊格尔顿著：《理论之后》，商正译，商务印书馆2009年版。

〔英〕迈克·费瑟斯通著：《消解文化——全球化、后现代主义与认同》，杨渝东译，北京大学出版社2009年版。

〔英〕尼尔·保尔森、托·赫尼斯著：《组织边界管理：多元化观点》，佟博、陈树强、马明等译，经济管理出版社2005年版。

〔澳〕乔治·戴德著：《自我边界》，李菲译，江苏凤凰文艺出版社2019

年版。

[俄] 戈尔巴乔夫基金会编：《全球化的边界——当代发展的难题》，赵国顺等译，中央编译出版社 2008 年版。

三、论文类

范印华：《提升社会主义思想文化软实力——划清社会主义思想文化同封建主义、资本主义腐朽思想文化的界限》，《求是》2010 年第 13 期。

郁建兴：《马克思主义文化理论与现时代》，《中国社会科学》2001 年第 6 期。

黄力之：《资本主义文化矛盾理论与马克思的文化思想及其延伸》，《中国社会科学》2012 年第 4 期。

闫志民、王寿林：《关于划清社会主义思想文化同封建主义、资本主义腐朽思想文化界限的若干问题》，《中国特色社会主义研究》2010 年第 3 期。

魏佳：《近期关于划清社会主义思想文化同封建主义、资本主义腐朽思想文化界限的研究》，《思想政治教育导刊》2010 年第 9 期。

赵汀阳：《跨文化聚点研究：文化边界，新百科全书与综合文本》，《中央社会主义学院学报》2019 年第 5 期。

段建军：《人整个地生存在边界上——巴赫金人学思想简论》，《哲学研究》2010 年第 3 期。

马大康、周启来：《越界的冲动——论巴赫金的边界思想》，《浙江学刊》2011 年第 5 期。

张康之：《在全球化、后工业化中看人的活动的边界》，《内蒙古社会科学》2021 年第 4 期。

张强：《论系统边界》，《哲学研究》2000 年第 7 期。

田广兰：《权利的边界》，《哲学动态》2014 年第 5 期。

贾磊磊：《文化的界限——关于文化研究的 N 个不等式》，《东岳论丛》2015 年第 1 期。

唐雪琼、杨茜好、钱俊希：《社会建构主义视角下的边界——研究综述与启示》，《地理科学进展》2014 年第 7 期。

后雪峰、陶伟：《建构与批判：二战后西方边界研究进展及启示》，《地理科学进展》2021 年第 7 期。

初冬梅：《西方政治地理学对边界问题的研究》，《中国边疆史地研究》2017 年第 3 期。

钱俊希、朱竑：《新文化地理学的理论统一性与话题多样性》，《地理研究》2015 年第 3 期。

杨明洪、王周博：《"边界"的本质：主权国家的利益分割线》，《新疆师范大学学报》（哲学社会科学版）2022 年第 3 期。

周尚意、戴俊骋：《文化地理学概念、理论的逻辑关系之分析——以"学科树"分析近年中国大陆文化地理学进展》,《地理学报》2014 年第 10 期。

赵剑英:《论中国特色社会主义文化发展观》,《马克思主义研究》2008 年第 5 期。

廖开怀、何金廖、蔡云楠:《国外政治地理学边界理论研究进展与评述》,《世界地理研究》2020 年第 2 期。

张传民:《马克思、恩格斯的文化发展观及其当代价值》,《江西社会科学》2013 年第 3 期。

李鹏程:《文化危机三题》,《江海学刊》2014 年第 3 期。

王恩涌:《国家的边界及其类型》,《地理教学》1997 年第 4 期。

王永贵、吴锦春:《从马克思主义视角看中国特色社会主义文化发展道路》,《思想政治教育研究》2013 年第 12 期。

刘飞:《道德共识及其边界》,《伦理学研究》2018 年第 5 期。

任祥:《网络文化的自由边界与匡正路径》,《思想理论教育》2012 年第 23 期。

孙代尧、何海根:《马克思恩格斯的文化观及其当代价值》,《理论学刊》2011 年第 7 期。

王成龙、刘慧、张梦天:《边界效应研究进展及展望》,《地理科学进展》2016 年第 9 期。

刘同舫:《马克思文化解放的维度及其政治旨趣》,《天津社会科学》2011 年第 3 期。

潘天群:《技术的边界》,《科学技术与辩证法》2003 年第 5 期。

欧阳雪梅:《毛泽东对中国特色社会主义文化发展道路的探索与贡献》,《湖南社会科学》2012 年第 2 期。

向长艳:《论自媒体意见表达自由之边界及其限制》,《河南社会科学》2018 年第 9 期。

杨凤城:《十六大以来中国共产党的文化发展观述论》,《教学与研究》2012 年第 3 期。

陈华:《全球化时代国家认同的三种边界形态与功能》,《教学与研究》2017 年第 5 期。

孙熙国:《中国文化发展的基本路径》,《北京大学学报》(哲学社会科学版)2011 年第 6 期。

王郅强、尉馨元:《"底线思维":历史寻根与现代价值》,《马克思主义与现实》2016 年第 3 期。

邹广文:《现代文化创新的四个尺度》,《山东社会科学》2016 年第 5 期。

龙新民:《建设社会主义文化强国的理论基石——学习邓小平关于文化建设的战略思想》,《中共党史研究》2014 年第 8 期。

刘洪一:《"界"的范畴意义与工具价值》,《哲学研究》2021 年第 11 期。

董学文:《建构 21 世纪中国的马克思主义文艺学》,《中国高校社会科学》

2015 年第 4 期。

郝立新：《中国特色社会主义文化发展道路的制度特征论析》，《社会科学家》2015 年第 8 期。

吴忠民：《共享理念的合理边界》，《天津社会科学》2021 年第 2 期。

沙健孙：《毛泽东关于社会主义文化建设的若干思想》，《毛泽东邓小平理论研究》2012 年第 8 期。

章锦河、汤国荣、胡欢等：《文化全球化背景下地理学视角的文化间性研究》，《地理研究》2018 年第 10 期。

冯宏良：《中国特色社会主义文化发展道路的历程、经验与问题》，《当代世界与社会主义》2013 年第 4 期。

邓晓芒：《中国道德的底线》，《华中科技大学学报》（社会科学版）2014 年第 1 期。

陈秉公：《探索当代中国文化发展的现实道路》，《学术界》2017 年第 9 期。

张三元：《马克思主义有没有文化理论——丹尼尔·贝尔"马克思主义文化矛盾"批判之一》，《马克思主义研究》2013 年第 7 期。

徐黎丽、杨朝晖：《论文化戍边》，《新疆社会科学》2013 年第 3 期。

陶文昭：《关于中国特色社会主义文化发展道路的若干问题》，《思想理论教育导刊》2012 年第 1 期。

陆扬：《论文化的主导作用》，《马克思主义与现实》2013 年第 4 期。

张春玲：《中国语境下资本逻辑的边界意识》，《云南社会科学》2016 年第 6 期。

丰子义：《当代文化发展的新特征》，《北京大学学报》（哲学社会科学版）2018 年第 2 期。

孟宪平：《马克思主义视域中的文化边界及其守护分析》，《南京师大学报》（社会科学版）2016 年第 4 期。

李春华：《文化的先进性及其"尺度"问题探析》，《贵州社会科学》2015 年第 11 期。

刘旺旺：《全球文化交融背景下提升文化自信的意蕴、挑战及对策——学习习近平关于文化自信的重要论述》，《社会主义研究》2018 年第 1 期。

胡剑：《毛泽东文化发展思想及其当代意义》，《探索》2013 年第 5 期。

陈鹏：《"物理-逻辑性"与"生物-文化性"之间：人工智能技术的文化边界》，《首都师范大学学报》（社会科学版）2020 年第 6 期。

戴圣鹏：《论文化的社会规范功能》，《华中师范大学学报》（人文社会科学版）2016 年第 4 期。

常宝：《反思的"边界"：中国多民族研究的另一种维度》，《社会科学战线》2020 年第 6 期。

［俄］弗·阿·科洛索夫：《国家边界学理论：新的研究方法》，牟沫英译，《国外社会科学》2013 年第 5 期。

〔芬〕Jussi P. LAINE：《当代全球化背景下的边界和边界景观》，《地理科学进展》2017 年第 12 期。

四、报纸类

李慎明：《坚持中国特色社会主义文化发展道路》，《光明日报》2011 年 11 月 25 日。

李捷：《走中国特色社会主义文化发展道路》，《光明日报》2011 年 10 月 26 日。

陈先达：《文化自信与民族自强》，《人民日报》2016 年 12 月 5 日。

沈壮海：《促进人民精神生活共同富裕》，《光明日报》2022 年 4 月 29 日。

秦宣：《中国特色社会主义文化发展道路》，《光明日报》2011 年 11 月 24 日。

王列生：《文艺是人民精神家园》，《文艺报》2011 年 12 月 2 日。

洪晓楠：《深刻理解习近平新时代中国特色社会主义文化思想》，《中国教育报》2018 年 1 月 2 日。

范玉刚：《以中国特色社会主义文化蓬勃发展坚定文化自信》，《中国文化报》2017 年 11 月 13 日。

胡长栓：《当代中国马克思主义文化理论的历史使命》，《光明日报》2012 年 10 月 9 日。

乐黛云：《"和而不同"的多元文化发展》，《学习时报》2001 年 9 月 17 日。

林尚立：《党内民主及其边界》，《学习时报》2002 年 1 月 7 日。

陈来：《"创造性转化"观念的由来与发展》，《中华读书报》2016 年 12 月 7 日。

五、外文文献

Henri Lefebvre, *Toward a Leftist Cultural Politics: Remarks Occasioned by the Centenary of Marx's Death*, in *Marxism and the Interpretation of Culture*, Cary Nelson and Lawrence Grossberg, ed. University of Illinois Press, 1988.

Anthony Giddens, *The Consequences of Modernity*, Stanford University Press, 1990.

Michael Hardt and Antonio Negri, *Empire*, Harvard University Press, 2000.

后　记

　　此书是本人主持的国家社会科学基金青年项目"社会主义文化边界及其形塑路径研究"（20CKS011）的最终成果。同时，此书还得到了南京师范大学瑞华慈善文化研究院、南京师范大学国家级一流本科专业建设点"行政管理"、江苏省重点学科"政治学"和南京师范大学校级重点学科"公共管理学"的资助。

　　谈起社会主义文化边界的研究，源自于我读博士期间"无意"之间的"有心"阅读。我的博士论文选题与社会主义文化边界虽有关联，但并没有实质性关系。"无意"是因为我平常的阅读习惯，只要与我研究主题相关的文章、评论、图书、新闻，甚至鸡汤等，都尽可能地进行略看，发现精美的词语、有意的观点、创意的表达就随手记录下来。在阅读中可以与经典对话、与先贤对话、与现实对话、与他人对话，就能够产生思想的火花，新意的想法。"有意"是因为"边界"一词是人们在日常生活中常见的，但是文化作为一个综合性概念，是否有边界？如果有边界，边界在哪里，是清楚还是模糊？随着这个追问，加之自己的学科背景，我就延伸到了"社会主义文化边界"这一主题。结果，实现了"无心插柳柳成荫"的良好状态。

　　为什么说实现？一是因为围绕这一主题撰写多篇论文，并得以顺利发表，并且发表在 CSSCI 收录期刊上，虽然论文发表并不能说明或代表什么，但是它却极大地增强了本人的研究兴趣和信心。在"僧多肉少"

的论文"难"发表的大环境中，诸多期刊给我这个博士生发表的机会，我实在是万分感激！到目前为止，本人围绕这一主题共发表了 12 篇 CSSCI 收录期刊文章，其中也有文章被中国人民大学复印报刊资料全文转载和《新华文摘》论点摘编收录。这里，特别对发表我文章的期刊道一声"谢谢"！二是因为围绕这一主题申报课题，并得以成功立项，且获得省级和国家级项目，极大地增进了本人的研究长度和深度。申报课题不容易，研究课题更不容易。因此，自课题立项以来，本人日思夜想的都是文化的边界问题，思考还有哪些问题值得挖掘，哪些问题值得追问。这里，要特别感谢在各种场合对我研究主题和观点提出质疑的人，正是你们的不断质疑，才有了我不断创作的动力。因此，我也特别喜欢和希望他人对我写的文字提出质疑。因为，"质疑"在某种程度上说，是人类思想进步的一个重要力量。

至此，本人对社会主义文化边界的研究可能会随着这本书的出版而告一段落，但是对这一主题的关注我将会一直持续。由于本人的学识和水平有限，还有一些问题没有进行深入探究，比如中国传统文化中的边界思想、西方文化中的边界思想有哪些。本书的撰写过程中，汲取了大量前人的研究成果，在此表示感谢。学术研究的实质性进步往往不会因为一本书的出版、一篇文的发表而达成，特别是在现时代。但是，人类的思想进步又何尝不是在"人梯"搭建中实现的。因此，我是多么希望我的文字能够给读者带来一丝的愉悦，而不是厌恶，一点的思考，而不是无聊，一刻的停留，而不是划走，足矣！

无聊之思的"神经"结束，行动之劲的"精神"开启！

刘旺旺

2024 年 2 月于窝中

图书在版编目（CIP）数据

社会主义文化边界及其形塑路径研究/刘旺旺著.
上海：上海三联书店，2024. 8—ISBN 978 - 7 - 5426
- 8580 - 3

Ⅰ．①G12

中国国家版本馆 CIP 数据核字第 2024DE8423 号

社会主义文化边界及其形塑路径研究

著　　者 / 刘旺旺

责任编辑 / 张大伟

装帧设计 / 徐　徐

监　　制 / 姚　军

责任校对 / 朱　强

出版发行 / 上海三所书店

　　　　　（200041）中国上海市静安区威海路 755 号 30 楼

邮　　箱 / sdxsanlian@sina.com

联系电话 / 编辑部：021 - 22895517

　　　　　发行部：021 - 22895559

印　　刷 / 上海惠敦印务科技有限公司

版　　次 / 2024 年 8 月第 1 版

印　　次 / 2024 年 8 月第 1 次印刷

开　　本 / 655 mm×960 mm　1/16

字　　数 / 320 千字

印　　张 / 20.75

书　　号 / ISBN 978 - 7 - 5426 - 8580 - 3/G・1726

定　　价 / 85.00 元

敬启读者，如发现本书有印装质量问题，请与印刷厂联系 021 - 63779028